Knaur
MensSana

Von Christopher A. Weidner sind außerdem erschienen:

Die Gesetze des Feng Shui
Astrologie für Einsteiger
Das Arbeitsbuch zum Horoskop

Über die Autoren:

Christopher A. Weidner, Jahrgang 1967, ist Astrologe und lebt als freier Autor in München. 1996 gründete er das Projekt »Phoenix Astrologie«, wo er Vorträge, Kurse und Seminare über Astrologie für Anfänger und Fortgeschrittene anbietet. Neben seiner Tätigkeit als astrologischer Berater setzt er sich intensiv mit den Techniken des Feng Shui auseinander. Seit 1997 veranstaltet er in ganz Deutschland Präsentationen und Vorträge zu den Themen Astrologie und Feng Shui.

Nicole Truckenbrodt hat Islamwissenschaft und Diplompädagogik studiert und arbeitet als Beraterin und Trainerin für Unternehmen und für Einzelpersonen. Ihre Schwerpunkte liegen neben Organisationsberatung im ganzheitlichen Zeit- und Stressmanagement und Faszinationstraining. 2000 gründete sie die TRUCKENBRODT DEVELOPMENT Organisationsberatung in München und London.

Christopher A. Weidner

Nicole Truckenbrodt

Der Weg der Sterne

Astrologische Prinzipien
zur Persönlichkeitsentwicklung

Knaur
MensSana

Besuchen Sie uns im Internet:
www.droemer-weltbild.de

Originalausgabe 2001
Copyright © 1998 Droemersche Verlagsanstalt Th. Knaur Nachf.,
Alle Rechte vorbehalten. Das Werk darf – auch teilweise –
nur mit Genehmigung des Verlags wiedergegeben werden.
Redaktion: Anja Schmidt
Umschlaggestaltung: ZERO Werbeagentur, München
Satz: Ventura Publisher im Verlag
Druck und Bindung: Nørhaven A/S
Printed in Denmark
ISBN 3-426-87117-3

2 4 5 3 1

Inhaltsverzeichnis

Der Weg der Sterne 7

Astrologie und Persönlichkeitsentwicklung 16

Was ist Persönlichkeitsentwicklung? 20

Fragebogen: Wie sieht Ihr Leben zurzeit aus? 37

Widder 49

Stier 66

Zwillinge 82

Krebs 97

Löwe 112

Jungfrau 127

Waage 146

Skorpion 157

Schütze 172

Steinbock 190

Wassermann 209

Fische 229

Weitere Möglichkeiten, mit diesem Buch zu arbeiten 243

Anhang 252

für Jan

»Du bist deine eigene Grenze. Erhebe dich darüber.«
Schamsoddin Mohammad Hafes (1325-90)
persischer Lyriker und Mystiker

Der Weg der Sterne

»Wo auch immer die aufeinander bezogenen Bewegungen
von Sonne, Mond, Planeten und Sternen benutzt werden,
um Ordnung in die Verwirrung unserer alltäglichen Welt
zu bringen, dort ist Astrologie.«

Dane Rudhyar

Wenn Sie zum ersten Mal in eine astrologische Beratung
kommen, bewegt Sie wahrscheinlich eine Frage ganz besonders: Kann der Astrologe mir in die Seele sehen? Kann er das
Verborgene ans Tageslicht bringen – nur indem er sich auf ein
Gewirr aus Kreisen, Linien und Symbolen, genannt Horoskop,
bezieht? Vielleicht erwarten Sie, dass der Astrologe Ihnen mit
salbungsvoller Stimme Dinge ins Gesicht sagt, die Sie niemandem je erzählt oder die Sie selbst noch nicht einmal
gewusst haben. Möglicherweise stellen Sie sich vor, dass der
Astrologe im Horoskop wie in einer Kristallkugel liest und
so entdecken kann, welches dunkle Familiengeheimnis über
Ihnen lastet, wer in der Arbeit Intrigen gegen Sie spinnt oder
ob Ihr Partner wirklich letzte Nacht Überstunden machen
musste.

Wenn der Astrologe sich nicht auf Taschenspielerei verlegt
hat und es ernst mit Ihnen meint, wird er nichts dergleichen
erzählen. Er wird Ihnen gegenübersitzen und beginnen, über
Ihr Horoskop zu sprechen – auf der Grundlage einer speziellen
Zeichnung, die den Himmel zum Zeitpunkt und am Ort Ihrer
Geburt abbildet (vgl. Abbildung Seite 12). Er wird zunächst
versuchen, eine Verbindung zwischen dieser Zeichnung und
Ihrer Persönlichkeit aufzubauen. Selbstverständlich vermag
der Astrologe nicht, in Ihre Seele zu blicken – im Gegenteil: er

benötigt Ihre Mitarbeit, um ein möglichst genaues Bild Ihrer Persönlichkeit zu entwerfen, und zwar der Persönlichkeit, wie sie *jetzt* ist.

Dazu muss man verstehen, dass das Horoskop vom ersten bis zum letzten Atemzug immer dasselbe bleibt: nicht eine Linie verändert sich, nicht ein Symbol verschiebt sich im Laufe eines Lebens. Ob Sie fünf, fünfundzwanzig oder fünfzig Jahre alt sind: immer wird der Astrologe dieselbe Zeichnung vorlegen und aus ihr lesen. Dies widerspricht offensichtlich einer grundlegenden Erfahrung des Menschen: nämlich dass er sich verändert und *nicht* derselbe ist, der er mit fünf, fünfzehn oder mit fünfzig Jahren war. Und dennoch gilt für jedes Lebensalter nur dieses eine einzige Horoskop.

Wie ist dies zu erklären? Ganz einfach: Das Horoskop bildet nicht Ihre Persönlichkeit ab, sondern lediglich die Anlagen, auf Grund derer sich Ihre Persönlichkeit entwickeln wird. In der Regel kann ein Astrologe nicht wissen, wie Sie diese oder jene Konstellation gerade leben. Aber mit absoluter Sicherheit kann er dem Horoskop nicht entnehmen, *wer Sie gerade sind.*

Umgekehrt aber vermag er sehr wohl Ihre gegenwärtige Situation zu Ihrem Horoskop in Verbindung zu setzen: er kann Ihnen zeigen, wie das, was Sie im Augenblick sind, sich aus den Anlagen des Horoskops entwickelt hat – und wie nahe oder wie entfernt sich Ihre Persönlichkeit von ihren ursprünglichen Fähigkeiten und Talenten bewegt.

Astrologie hat grundlegend etwas mit Persönlichkeitsentwicklung zu tun. Aus astrologischer Sicht ist Persönlichkeitsentwicklung der Weg, den wir einschlagen, wenn wir unsere Anlagen in der Konfrontation mit unserer Umwelt anwenden und entfalten. Das Horoskop ist ein Abbild dieser Anlagen und es ist genauso einzigartig wie wir selbst. Niemals wieder wird der Himmel so aussehen, wie er zum Zeitpunkt und am Ort unserer Geburt ausgesehen hat. Das Horoskop verbindet unsere Persönlichkeit mit diesem speziellen Augenblick in Zeit und Raum, in welchem die Einzigartigkeit des Himmels zum Symbol unserer eigenen Einzigartigkeit geworden ist. Das Horoskop bewahrt diesen Moment für uns auf, speichert ihn, und jederzeit können wir über dieses Symbol Kontakt zu ihm aufnehmen, um uns an unsere Einzigartigkeit zu erinnern und uns unserer Anlagen, den Geschenken, die wir in dieses Leben mitgebracht haben, wieder gewahr zu werden.

Im Kontakt mit dem Horoskop verknüpfen wir unsere Gegenwart mit einem Augenblick unseres Lebens, in dem noch alles möglich war, was die Entwicklung unserer Persönlichkeit angeht. Die Türen zur Zukunft standen weit offen. Und genau dies macht das Horoskop zu einem so wertvollen und machtvollen Symbol der Persönlichkeitsentwicklung: In Momenten, in denen uns die Zukunft verschlossen scheint, in denen wir an Grenzen stoßen und das Gefühl nicht loswerden, in unserer Entwicklung einen falschen Weg eingeschlagen zu haben – in diesen Momenten erinnert uns das Horoskop an das Versprechen der Einzigartigkeit unseres Lebens. Es erinnert uns daran, dass unser Leben uns gehört, und vor allen Dingen, dass wir die Kraft haben, dieses Leben durchzusetzen. Der Kontakt mit dem eigenen Horoskop vermag uns die Zukunft wieder zu öffnen und den Sinn für unsere Möglichkeiten wieder zu schärfen.

In diesem Buch geht es nun nicht um die komplexen Formen der Astrologie, wie sie etwa in einer Beratung zum Tragen kommen. Im Gegenteil: dieses Buch verlangt weder, dass Sie astrologische Grundkenntnisse vorweisen, noch dass Sie solche künftig erwerben müssen. Das Konzept dieses Buches basiert nichtsdestoweniger auf der Sprache der Astrologie – genauer gesagt auf ihrem Grundwortschatz, dem Tierkreis mit seinen bekannten zwölf »Sternzeichen«, die wir besser Tierkreiszeichen nennen.

Während der Tierkreis in einem Horoskop lediglich einen Aspekt unter vielen darstellt, betrachten wir ihn hier isoliert. Streng genommen kann ein Programm zur individuellen Persönlichkeitsentwicklung nur unter dem Signum eines vollständigen Horoskops erarbeitet werden. Aber dieses Buch hat nicht die Absicht und schon gar nicht die Möglichkeit, für jeden Menschen eine Lösung zu finden. Vielmehr möchten wir hier einen Weg aufzeigen, über die eigene Persönlichkeit zu reflektieren und sich mit den ersten Schritten vertraut zu machen, um seinem Leben eine neue Richtung zu geben. Dieses Buch ist kein Rezeptbuch für ein glücklicheres Leben, sondern es soll helfen, die eigene Situation zu klären und geeignete Antworten darauf zu finden. Es lädt zur Selbstentdeckung ein und lässt uns einen kritischen Blick hinter die Kulissen dessen werfen, was wir unsere Persönlichkeit nennen. Ganz im Sinne des astrologischen Ansatzes soll es einen Weg zeigen, wie wir ein Gespür dafür bekommen können, wie nahe unsere momentane Persönlichkeit dem ist, was wir eigentlich im Leben erreichen wollen. Dazu benötigen Sie kein Horoskop, keinen Astrologen und nicht einmal das Wissen, welches »Sternzeichen« Sie sind.

Tatsächlich hat die Art und Weise, in der hier der Tierkreis als Grundlage zur Selbsterkenntnis und als Ausgangspunkt für eine Entwicklung der Persönlichkeit angewandt wird, mit den herkömmlichen »Sternzeichen« auf Zuckerwürfeln, Kaffeetassen und in den Boulevardblättern überhaupt nichts zu tun. Das, was die meisten Menschen heute mit den Tierkreiszeichen verbinden, ist eine Art Typologie, das heißt eine Lehre, nach der die Menschen in zwölf Kategorien eingeteilt werden können. Mit diesen Schubladen werden bestimmte Charaktereigenschaften verbunden: der »draufgängerische Widder«, die »charmante Waage«, der »unterkühlte Steinbock« und der »leidenschaftliche Skorpion«. Weit verbreitet ist der

Glaube, Astrologie erlaube es, den Charakter eines Menschen anhand seines Geburtsdatums bestimmen zu können. So wird behauptet, alle Menschen, die zwischen dem 20. April und dem 21. Mai zur Welt gekommen und damit unter dem Tierkreiszeichen Stier geboren sind, seien etwa genussfreudig, gesellig, aber auch stur und träge. Das »Sternzeichen« wird zu einem Etikett, mit dem wir glauben unsere Umwelt katalogisieren zu können.

Diese Form der Astrologie ist weit entfernt von den Ansprüchen einer Astrologie, die sich als Mittel zur Persönlichkeitsentwicklung versteht, denn sie spiegelt nichts anderes wider als das Bedürfnis der Menschen nach Schablonen und Kategorien, um das Unbekannte begreifbar und damit berechenbar zu machen. Das Gegenüber wird nicht mehr an seiner Einzigartigkeit gemessen, sondern an dem Etikett, welches es trägt. »Mit Widdern kann ich nicht so«, »Jungfrauen müssen immer Recht haben«, »Typisch Steinbock!« – Floskeln dieser Art hört man nicht nur unter astrologischen Laien sehr oft. Es ist sehr wichtig zu verstehen, dass echte Astrologie damit nichts zu tun hat. Deutlicher ausgedrückt: Die Verwendung der Tierkreiszeichen als »Sternzeichen«-Typologie ist ein Missbrauch der Astrologie. Bestenfalls handelt es sich hierbei um Unterhaltung.

Vergessen Sie also alles, was Sie bislang über die Sternzeichen zu wissen geglaubt haben. Auf dem *Weg der Sterne* erzählen Ihnen die zwölf Tierkreiszeichen etwas ganz anderes.

Ein Blick in jedes beliebige Horoskop mag veranschaulichen, dass der gesamte Tierkreis, also alle Tierkreiszeichen in ihm enthalten sind.

Jeder Mensch verfügt somit im Grunde über das gesamte Potenzial des Tierkreises – vielleicht in der einen oder anderen Gewichtung, aber ganz allgemein gibt es kein Tierkreiszeichen, das einem Menschen völlig fremd sein kann. Um zu ver-

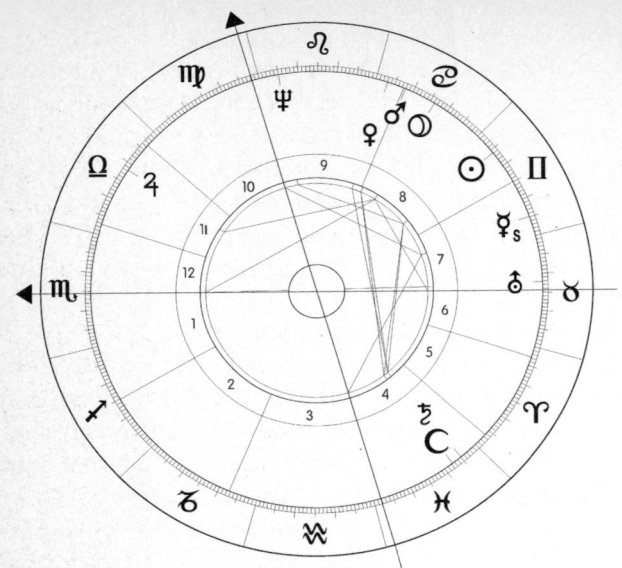

Abbildung 1: Ein Horoskop. Der äußere Kreis ist der Tierkreis mit seinen zwölf gleich großen Abschnitten – den Tierkreiszeichen, im Volksmund »Sternzeichen« genannt. Die Erklärung der Symbole finden Sie im Anhang.

stehen, was Tierkreiszeichen bedeuten und wie sie zur Grundlage der Entwicklung der Persönlichkeit werden können, muss man wissen, wie sich die Qualitäten der einzelnen Zeichen herleiten.

Aus astronomischer Sicht spiegelt der Tierkreis nichts anderes als den scheinbaren jährlichen Lauf der Sonne um die Erde. Sie wissen ja: Im Sommer erreicht die Sonne ihren höchsten Stand über dem Horizont, im Winter ihren tiefsten – dies ist die Grundlage für das Entstehen der Jahreszeiten. Die Bedeutung der Tierkreiszeichen ist eng mit den natürlichen Veränderungen im Laufe eines Jahres verbunden. Man könnte sie mit einem Kalender vergleichen, welcher das Jahr in zwölf

Abschnitte einteilt, die jeweils die Qualität der vorherrschenden Jahreszeit anzeigt. Aber die Tierkreiszeichen geben nicht einfach die natürlichen Prozesse wieder, sondern sie spiegeln sie aus der Sicht des Menschen: sie zeigen, wie der Mensch seine Handlungen auf die natürlichen Zyklen abstimmen kann, wenn er in Einklang mit ihnen leben und von ihnen profitieren möchte. Die Tierkreiszeichen geben ursprünglich also Antwort auf die Frage: Welche Zeit haben wir gerade und für was ist diese Zeit gut?

Später erkannten die Menschen, dass diese Zeitqualitäten sich nicht nur im Äußeren manifestieren, sondern bestimmten inneren, von den äußeren Zeiten unabhängigen Zuständen entsprechen. Jeder kann zu jeder Zeit eine Widder-Zeit haben, eine Jungfrau-Phase durchleben oder mit den Erfahrungen des Steinbocks konfrontiert werden. Und auch hier antworten die Zeichen auf ähnliche Fragen: Was bringt diese Phase? Was bedeutet sie für mein Leben? Wie gehe ich sinnvoll mit ihr um?

Auf der individuellen Ebene beschreiben die Tierkreiszeichen Grundgefühle des Menschen. Es handelt sich um Bedürfnisse, wie sie jeder kennt und die wir als wesentlichen Bestandteil unseres Lebens als Mensch in dieser Welt erleben. Es sind zutiefst menschliche Fragen nach unserem Dasein in der Welt. Sie beschäftigen sich mit unserem körperlichen Befinden genauso wie mit unserem seelischen. Sie fragen nach unseren zwischenmenschlichen Beziehungen ebenso wie nach unserem Platz in der Gesellschaft.

Aber die Tierkreiszeichen stellen nicht nur die Fragen, sondern sie enthalten zugleich auch die Antwort. Sie spiegeln nicht nur die Bedürfnisse, die wir als Mensch an diese Welt stellen, sondern sind zugleich Wegweiser zu ihrer Erfüllung. Jedes Tierkreiszeichen enthält den Impuls, um sich selbst die richtigen Antworten auf die inneren Zustände zu geben, die einen gerade bewegen. Dieser Impuls kann beispielsweise die Herausforderung sein, den inneren Zustand zu nutzen, um von ihm zu profitieren. Dies ist der Schlüssel zur Persönlichkeitsentwicklung mit den Prinzipien des Tierkreises – und damit auch der Schlüssel zu diesem Buch.

Wenn wir also bestimmen, welches Tierkreisprinzip unser Leben zum gegenwärtigen Zeitpunkt am besten widerspiegelt, welches Grundgefühl unser Leben im Augenblick am stärksten beherrscht, können wir auch herausfinden, welchen Impuls wir gerade benötigen, um diesen Lebensmoment als Sprungbrett für eine weitere Entwicklung unserer Persönlichkeit zu nutzen. Wir können uns mit Ideen, Hinweisen und Techniken versorgen, die genau die Bedürfnisse ansprechen, die uns aktuell beschäftigen. Und ebendies ist die Idee dieses Buches.

Der einfachste Weg, von dieser Idee zu profitieren, beginnt mit einer Bestandsaufnahme: An welcher Stelle meines Lebens bin ich gerade angekommen? Wie geht es mir zurzeit mit mir selbst? Welche Fragen stelle ich mir im Augenblick? Was fehlt mir, was wünsche ich mir? Diese Aufgabe übernimmt der Fragebogen (siehe Seite 37): Mit seiner Hilfe finden Sie schnell heraus, welche Themen gerade wichtig für Sie sind und wo Sie ansetzen könnten, um Ihrem Leben einen neuen Impuls zu geben und sich neuen Herausforderungen zur Entwicklung Ihrer Persönlichkeit zu stellen.

Dann können Sie im entsprechenden Kapitel nachlesen, wie Ihre gegenwärtige Situation in einem größeren Kontext gesehen werden kann. Hier fließt das Wissen um die Tierkreiszeichen ein, die uns zu verstehen geben, dass unsere Fragen und Bedürfnisse nicht isoliert vom Gesamtzusammenhang alles Menschlichen betrachtet werden können, sondern dass es sich eben um grundsätzliche menschliche Fragen handelt, die wir jedoch individuell für uns beantworten müssen.

Diese Texte richten sich an Menschen, wie sie heute sind, und deshalb kreisen sie um die zentralen Probleme der Gegenwart. Sie handeln von den Schwierigkeiten, das eigene Leben in diesem größeren Kontext zu gestalten, sie erzählen von den Wechselwirkungen des Individuums mit den kollektiven Kräften, die uns von allen Seiten umgeben und uns gewisse Bedingungen auferlegen. Manchmal haben wir das Gefühl, dass sie gerade verhindern wollen, dass wir einen eigenständigen und authentischen Weg gehen. Wir empfinden sie als Widerspruch zu unserer Einzigartigkeit – und um diesen Widerspruch geht es hier.

Diesen Widerspruch zu lösen kann nicht Aufgabe dieser Texte sein, die lediglich beschreiben und erklären wollen. Doch am Ende dieser Texte sind die Fragen, die wir an unser Leben stellen, vielleicht klarer und eindeutiger formuliert. Dies ist die optimale Ausgangslage für die nachfolgenden Übungen und Experimente.

Diese Übungen setzen auf ganz praktische Weise die gedanklichen Impulse der Texte in einfache Handlungsanweisungen um. Dabei folgen sie der Herausforderung, die sich am Ende eines jeden Textes für Sie als Leser stellen wird. Sie möchten Ihnen auf einfache und spielerische Art und Weise einen ersten Schritt in Richtung Persönlichkeitsentwicklung zeigen. Es sind Angebote, das Erkannte zu verinnerlichen – aus der Erkenntnis eine persönliche Erfahrung zu machen. Ich bin überzeugt davon, dass erst diese praktische Umsetzung ein wirkliches Verständnis für die Chancen ermöglicht, sich die Kraft der astrologischen Tierkreisprinzipien auf dem Weg zu größerer Kohärenz zwischen Denken, Fühlen und Handeln zunutze zu machen. Der *Weg der Sterne* ist ein praktischer Weg. Er muss »er-dacht«, »er-fühlt« und »er-handelt« werden, wenn er uns zu größerer Zufriedenheit mit uns selbst und der Welt, in der wir leben, führen soll.

Astrologie und Persönlichkeitsentwicklung

Von Nicole Truckenbrodt

»Werft ab euren Schlaf, eure Trägheit!
Werft ab die Gefangenen Ketten! Werft ab eure Schwäche,
werft ab euer Leid! Gebunden ist, wer sich gebunden glaubt,
und frei, wer glaubt, frei zu sein.«

Yesudian

In der Verbindung von Astrologie, diesem Jahrtausende alten, kulturübergreifenden Wissen, mit moderner Psychologie und ihren Methoden, Haltungen und Menschenbildern, so wie sie heute in der Welt der Organisationsentwicklung angewendet werden, sehe ich ein enormes Potenzial zur Persönlichkeitsentwicklung.

Diese Auffassung vertrat ich nicht immer – wie kam ich dazu? Als ich anfing, mich mit Astrologie zu beschäftigen, hatte ich zuerst noch die gängigen Vorurteile, die alle »aufgeklärten« Menschen unserer Gesellschaft so mitbringen. Doch in dem Moment, als ich begriff, was Astrologie wirklich ist, war ich von der Tiefe und Klarheit ihrer Prinzipien tief beeindruckt. Ich erkannte, dass es sich bei der Astrologie um ein in seiner Komplexität und gleichzeitig verblüffenden Verständlichkeit einzigartiges Bedeutungssystem handelt. Und gleichzeitig begann ich zu ahnen, dass es sehr viel mit meiner praktischen Arbeit an und mit Menschen, die sich entwickeln und wachsen wollen, zu tun haben könnte. Denn keine der psychologischen Typologien und Tests, die ich bis heute kennen gelernt habe und die versuchen, die seelischen Zustände des Menschen zu beschreiben, können den Menschen so ganzheitlich erfassen wie die Prinzipien der Astrologie.

Bei näherer Beschäftigung mit dem Thema fiel mir auf, dass die Vorurteile auf beiden Seiten, also zum einen auf der Seite der praktizierenden Astrologen, zum anderen auf der Seite der »modernen« Psychologen sowie Menschen, die sich in erster Linie im Arbeitskontext mit Persönlichkeitsentwicklung, Training und Coaching befassen, meist sehr groß sind – so wie ja auch ich vor der Beschäftigung mit dem Thema meine Vorurteile hatte. Die einen meinen, dass es sich bei der Astrologie um »esoterischen Unsinn«, eine »Pseudo-Religion« oder eine Art Weltflucht in Form von unreflektiertem Glauben an die Sterne handelt, während die anderen einwenden, dass »die in der Wirtschaft« sich eh nicht mit den tieferen, *eigentlichen* Themen der Menschheit beschäftigen, sondern nur an der Oberfläche kratzen. Und auf beiden Seiten hörte ich immer wieder, dass »die anderen« nicht wirklich an sich arbeiten, es »nicht richtig« machen und dadurch absolut unglaubwürdig sind.

Zwei gegensätzliche Weltbilder treffen hier anscheinend aufeinander.

Doch wir wollen uns dem Thema einmal von einer ganz anderen Seite nähern: nämlich dem Prinzip der Selbstverantwortung. Wenn wir dies zum Ausgangspunkt unserer Überlegungen machen, dann ist es gar nicht mehr so wichtig, wer in dieser Frage »Recht« hat. Unter Selbstverantwortung verstehe ich weder die so oft propagierte Selbstverwirklichung um jeden Preis noch die Tendenz, sich für alles, was einem im Leben begegnet, schuldig zu fühlen. Echte Selbstverantwortung bedeutet für mich: das Leben selbst in die Hand nehmen. Es bedeutet, sich für sein eigenes Denken, Fühlen und Handeln verantwortlich zu fühlen, also selbst die Antworten zu geben. Wer selbstverantwortlich lebt, übernimmt die Hauptrolle im eigenen Leben, anstatt sich als Komparse im Leben anderer zu sehen.

Mit dieser Grundhaltung suchen wir für unsere aktuelle Lebenssituation keine Schuldigen mehr: weder in den Sternen noch in unserer Vergangenheit, in anderen Menschen oder gar in uns selbst, sondern wir werden zum aktiven Gestalter unseres Lebens. Dann können wir beginnen, in der Gegenwart so zu sein, wie es unserem Wesen entspricht, und die Welt bewusst so gestalten, dass wir mit ihr in Einklang stehen. Dies sind die Voraussetzungen für ein gesundes inneres wie äußeres Wachstum.

Wenn wir ein Problem haben, fragen wir dann nicht mehr: Warum passiert gerade mir dies oder jenes immer wieder? Denn durch die Beantwortung solcher Fragen finden wir im besten Fall ein paar Gründe oder Verantwortliche für unsere jetzige Situation. Niemals aber führt sie uns auch nur einen winzigen Schritt aus dem Problem heraus. Wenn wir uns dagegen selbst für unser Leben verantwortlich fühlen, dann können wir fragen: Wozu passiert es mir? Und dann wird es möglich, zielgerichtet nach Lösungsmöglichkeiten zu suchen: Was könnte mir in dieser oder jener Situation am besten helfen, um das Problem für alle Beteiligten zufrieden stellend zu lösen? Was könnte ich daraus lernen? etc.

Und damit kommen wir aus einer starren, reagierenden Haltung heraus und werden pro-aktiv. Wir sind dann nicht mehr von der Umwelt determiniert, sondern besitzen die Kraft und Freiheit, über unsere Reaktionen selbst zu entscheiden. Es eröffnet sich neue Bedeutungsfelder, in denen wir uns der Modelle, Methoden, Wege und Möglichkeiten bedienen können, die uns in dem momentanen Kontext brauchbar und sinnvoll erscheinen.

Und genau dies ist der Ansatz unserer speziellen Form der Astro-Psycho-Logie. Die astrologischen Prinzipien und Beschreibungen von Bedürfnissen werden hier als Ausgangspunkt für die sinnstiftende Bewältigung des heutigen Lebens genommen – und mit bewährten Übungen und Vorschlägen zur praktischen Umsetzung der Lernschritte verbunden.

Dieser Ansatz lädt ein, sich selbst besser kennen zu lernen und zu verstehen und dabei nicht in einer Betroffenheit stecken zu bleiben, sondern mit Freude und Leichtigkeit Ihr gesamtes Potenzial zu entdecken und bestmöglich zu entfalten.

Da hier der ganze Mensch angesprochen wird, in seiner Vielfalt und Komplexität, kann sich Persönlichkeitsentwicklung auch wirklich auf den gesamten Menschen und sein jeweiliges Umfeld beziehen. Mehr denn je gilt es, die Herausforderungen der heutigen Welt zu meistern und sie als Plattform für persönliches Wachstum und die selbstverantwortliche Mitgestaltung der Welt zu nutzen.

Was ist Persönlichkeitsentwicklung?

»Vergiss es nicht, Mensch!
Alles, was du bist, alles, was du willst, alles, was du sollst,
geht von dir selbst aus.«
Johann Heinrich Pestalozzi

Seit Jahren boomt der Seminar- und Buchmarkt mit viel versprechenden Methoden, Anleitungen und »Rezepten«, wie man sich persönlich weiterentwickeln kann. Oft wird versprochen, dass der Erfolg leicht und mühelos zu erringen sei, wenn man »nur« Technik XY anwende – oder jene »superneue«, »wissenschaftlich erprobte!« Methode ...

Meist wird das Seminar gebucht, das Buch gekauft, die Techniken werden vorgestellt – und der Seminarteilnehmer bzw. Leser versucht daraufhin, etwas in seinem Leben zu verändern. Und was passiert? Oftmals gar nichts. Es bleibt beim hehren Vorsatz oder beim ersten Versuch. Die »Schuld« oder das Versagen wird dann nur allzu oft der Methode zugeschrieben. »Also, es ist ja schön und gut, was ich im Seminar gelernt habe, *aber:* in der Praxis sieht das doch alles ganz anders aus!« Oder: »Die Methode XY klingt ja ganz nett, *aber:* Auf mich ist sie sowieso nicht anwendbar, weil ...« etc.

Die Suche nach einer »besseren« Methode, einem »besseren« Buch beginnt – und ist in der Regel schnell von Erfolg gekrönt. Denn es sind regelrechte Moden, die uns sowohl im Bereich der Persönlichkeitsentwicklung (Erfolg, Glück, Reichtum, Gesundheit, Wunschpartner etc.) wie auch im Bereich der Organisations-/Personalentwicklung (Stichworte: Emotionale Intelligenz, Web Based Learning, E-Learning, 360°-Feedback, Change Management etc.) überfluten!

Das Problem liegt meines Erachtens darin, dass die erwartete Lösung des Problems einzig und allein in der Methode, im versprochenen »Rezept« erwartet wird. Doch solange die eigene innere Haltung, die Einstellung desjenigen, der die Methode anwendet, sich nicht ebenfalls verändert, werden die Ergebnisse immer ähnlich bleiben.

Und genau hier setzt echte Persönlichkeitsentwicklung an: Sie muss dazu auffordern, innere Haltungen, Wertvorstellungen und Einstellungen zu überprüfen – und Möglichkeiten bieten, an ihnen zu arbeiten. Denn nur in jedem einzelnen Menschen selbst liegt der Schlüssel zu echten Veränderungen.

Ich möchte damit nicht behaupten, dass Techniken und Methoden nicht wichtig wären! Sie sind sehr wohl notwendig und in vielen Fällen auch nutzbringend – aber nur, wenn sie am richtigen Ort, zur richtigen Zeit von den richtigen Personen mit den richtigen Absichten und Zielen und der richtigen Haltung angewandt werden! Die Lösung vieler Probleme liegt also weniger »da draußen« als vielmehr im Menschen selbst, in seinen Einstellungen, Werten, Erfahrungen, Gefühlen und Motiven.

Ist es denn überhaupt möglich, sich wirklich zu verändern, zu entwickeln, ja gar sich zu transformieren? Viele von Ihnen werden es wahrscheinlich ebenso wie viele Seminarteilnehmer und Leserinnen schon sehr oft versucht haben – und dabei vielleicht ebenjene Erfahrung gemacht haben, die vorher beschrieben wurde: Viel zu oft bleibt es beim guten Vorsatz. Manchmal halten die gewünschten Veränderungen nur wenige Tage, höchstens Wochen vor, bis man dann wieder in die gewohnten Verhaltensmuster zurückfällt. Selbst wenn Sie fest entschlossen an Ihrer inneren Haltung arbeiten, werden Sie höchstwahrscheinlich mit diesem Phänomen konfrontiert: Was wir einmal, oft schon von Kindesbeinen an gelernt haben und was uns zur festen Gewohnheit geworden ist, das lassen wir nur sehr ungern wieder los – auch wenn wir genau wissen, dass es uns eigentlich schadet. Denn das Gewohnte fühlt sich irgendwie »normaler« an und weniger fremd als das Neue und so bleiben wir oft dabei.

Dazu eine kleine Feldenkrais-Übung:

- Falten Sie bitte Ihre Hände und verschränken dabei die Finger ineinander.

Dann schauen Sie: Welcher Daumen liegt bei Ihnen obenauf? Der linke oder der rechte?

- Nehmen Sie Ihre Hände bitte jetzt auseinander und falten Sie sie noch einmal – diesmal aber andersherum, sodass der andere Daumen oben liegt.

Und? Wie fühlt sich das an? Wahrscheinlich völlig ungewohnt, seltsam, »eklig«, komisch ... eben »nicht normal«. Es gibt Menschen (Sie können das gern mit Ihren Bekannten und Freunden ausprobieren), für die ist es normal, wenn der rechte Daumen oben liegt, für andere fühlt sich der linke Daumen oben richtig an. Jeder von beiden empfindet seine Variante als »normal« – die Variante des anderen aber als »unnormal«.

Beide Versionen sind aber gleich »normal«, nur haben wir uns eben an die eine gewöhnt und die andere niemals für uns in Erwägung gezogen. Wir nutzen ein Leben lang niemals alle Möglichkeiten, sondern bilden gewohnheitsmäßig Vorlieben heraus. Und ich wette, dass Sie das nächste Mal, wenn Sie wieder die Hände falten (und sich nicht ganz bewusst darauf konzentrieren), es wieder in der gewohnten Art und Weise tun werden.

Genau dieses Phänomen finden Sie auf allen Ebenen des menschlichen Daseins wieder, wann immer es um Veränderung und Entwicklung geht. Daher würde ich sogar behaupten, dass sich der Mensch nur durch zwei wesentliche Dinge wirklich verändert und wandelt: Entweder durch echte Neugierde bzw. echtes Interesse – leider wird uns beides schon in relativ jungen Jahren abgewöhnt und durch die Angst vor Fehlern ersetzt – oder durch Leiden: das ist die schmerzhaftere Variante, doch es ist erstaunlich, wie viele Menschen lieber diesen Weg gehen und abwarten, bis der Leidensdruck groß genug ist, um überhaupt eine Veränderung ihrer Situation in Erwägung zu ziehen.

In diesem Buch interessiert uns nur die angenehmere Variante: Es möchte Sie einladen, wirklich neugierig auf die verschiedenen in Ihnen schlummernden Aspekte zu werden.

Wenn Sie sich entschließen, die von uns vorgeschlagenen Übungen zur Persönlichkeitsentwicklung durchzuarbeiten, geht es dabei auch nicht darum, Ihre »Schwächen auszumerzen«, sondern darum, echte Handlungsalternativen zu Ihren bisherigen Mustern zu entwickeln. Sie erhalten damit mehr Wahlmöglichkeiten, wie Sie in bestimmten Situationen agieren können, um sie bewusster und angenehmer zu gestalten. Auf diese Weise werden Sie ein Gefühl von echtem Erfolg gewinnen, denn dann »erfolgt« das, was Sie sich wirklich wünschen. Was auch immer das sein mag, bestimmen Sie als Leser und Lernender natürlich selbst.

Wir unterscheiden drei grundlegende Ebenen:

- Wahrnehmung
- Selbsterkenntnis
- Selbstwert

Je besser Sie sich selbst wahrnehmen und erkennen, dass alle Seiten, die zu Ihnen gehören, liebenswert sind, desto leichter werden Sie sich tun, Handlungen zu initiieren, die für Sie und das Wohl aller am besten sind. Und je mehr Alternativen, Modelle und Möglichkeiten Sie haben, desto leichter und schneller können Sie zum Erfolg kommen. Denn, so sagte schon Paul Watzlawick: »Wenn wir immer tun, was wir immer getan haben, werden wir immer bekommen, was wir immer bekommen haben.«

Sie werden bei der Arbeit mit diesem Buch auf alle drei genannten Bereiche stoßen. Um schon eine kleine Vorahnung zu bekommen, sollten Sie sich jetzt ein paar Minuten Zeit nehmen, um folgende Frage zu dem Ziel, das Sie mit diesem Buch verfolgen, zu beantworten – am besten schriftlich. (1) Wenn Sie Ihr Ziel für die Arbeit mit diesem Buch beschreiben können, haben Sie schon den ersten Schritt in Richtung Erfolg getan.

- Stellen Sie sich folgende Frage:

Wenn dieses Buch wirklich gut für mich wäre – und sich sein Kauf so richtig gelohnt hätte: Woran würde ich es nach dem Lesen und der Beschäftigung mit den verschiedenen Übungen konkret merken, was wäre dann anders als jetzt?

(1) (Viele der Übungen laden Sie dazu ein, sich schriftlich mit den gestellten Fragen auseinanderzusetzen. Sie werden dann immer dieses Symbol ✍ finden. Eine gute Idee ist es, sich eine Art Tagebuch anzulegen, in dem Sie Ihre Erkenntnisse und Schlussfolgerungen sammeln können.)

Zum Gebrauch dieses Buches

Um es gleich vorwegzunehmen: Sie werden aller Wahrscheinlichkeit nach kein neuer Mensch sein, nachdem Sie dieses Buch gelesen (und hoffentlich auch damit gearbeitet) haben. Doch wenn Sie sich an ein paar der nun folgenden Tipps halten, kann es sehr wohl sein, dass Sie das eine oder andere in

Ihrem Leben in Gang setzen, entwickeln und entdecken werden.

Ihr Entwicklungsbedarf, Ihre Motivation zum Lernen ist ganz individuell und einzigartig ist und Sie werden sicherlich eine eigene Vorstellung davon haben, was Sie wirklich brauchen. Das besagt umgekehrt, dass Sie frei entscheiden können, wo genau Sie ansetzen wollen. Gestalten Sie nach Belieben aus den von uns angebotenen Mosaiksteinchen Ihr eigenes Bild und picken Sie sich genau das heraus, was Ihnen in Ihrer jetzigen Situation, mit Ihrem jetzigen Anliegen wichtig, richtig und sinnvoll erscheint.

Die richtige Lernhaltung einnehmen

Die Lernhaltung oder das so genannte Lern-Setting ist die Plattform, die »Bühne«, auf der Lernen gestaltet und inszeniert werden kann. Nur wenn dieses Setting stimmt, sind die Voraussetzungen optimal. Erinnern Sie sich an Ihre Schulzeit? Wie war damals das Lern-Setting für Sie als Schüler? Haben Sie sich gefreut, endlich wieder etwas Neues lernen zu können? Und sind Sie jeden Tag voller Spannung und Faszination in das Schulgebäude gestürmt? War Lernen und Hausaufgaben-Machen eine aufregende Angelegenheit, die mit Spaß und Freude verbunden war? Hatten Sie tolle, menschliche Lehrer, die Sie bewundert haben? Höchstwahrscheinlich sah es nicht nur bei Ihnen überwiegend ganz anders aus ...

Leistungsdruck, Konkurrenz, Angst vor Fehlern und Strafe, Langeweile, Kontrolle, schlechte Vorbilder, langweiliger Lernstoff, Auswendiglernen – all dies ist verantwortlich dafür, dass Lernen heute bei den meisten so negativ besetzt ist. Diese Erfahrungen, die wir als Kinder fast ausnahmslos machten, sind quasi unsere »Wurzeln«, die Grundlage, auf der wir alle weiteren Erfahrungen aufbauen. Umso wichtiger ist es meines Erachtens, dass Lernen wieder den Wert und die Qualität bekommt, die es ursprünglich für uns hatte – als zweijähriges Kind zum Beispiel, das von allem, das ihm begegnete, fasziniert war. Damals lernten wir noch aus einem angeborenen Wissensdurst heraus, voller Freude und Präsenz. Haben Sie schon mal ein kleines Kind beobachtet, das völlig in sein Tun versunken ist? Diese Qualität des »Mittendrin-Seins« (lat.: *Interesse)* im eigenen Denken, Fühlen und Handeln ist das, was ich unter einem gelungenen Lern-Setting verstehe.

Versuchen Sie daher alles, was Ihnen in diesem Buch begegnet, mit der Offenheit und Neugier eines kleinen Kindes aufzunehmen. Begutachten Sie es intensiv, lassen Sie sich von den Gedanken und Bildern faszinieren und sich in Ihre eigene Welt entführen!

Einen geeigneten Lernplatz finden

In Seminaren ist es relativ einfach: Da alle Teilnehmer sich zu einem bestimmten Zweck an einem bestimmten Ort für eine gewisse Zeit zusammenfinden, ist nach einer kleinen Anlaufphase ganz automatisch die Stimmung auf das Lernen ausgerichtet. Im Einzelstudium müssen Sie sich diese Stimmung immer wieder für sehr viel kürzere Intervalle selbst schaffen. Dazu könnte es nützlich sein, sich einen ganz bestimmten Platz auszusuchen, an dem Sie mit dem Buch arbeiten werden, und immer wieder an genau diesem Ort mit einer Übung anzufangen.

Einen Vorteil haben Sie im Einzelstudium: Sie können sehr viel kontinuierlicher und langfristiger an sich arbeiten und das Tempo und Setting selbst bestimmen.

Sich von einem Lernpartner begleiten lassen

Im Selbststudium müssen Sie ganz allein für die Rahmenbedingungen sorgen, indem Sie sich einen ungestörten Raum schaffen und genügend Zeit für die Übungen aufbringen. Ebenso entfällt die Begleitung durch andere Teilnehmer und den Trainer: Sie brauchen Durchhaltevermögen, um sich immer wieder selbst zu motivieren und bei der Stange zu halten.

Suchen Sie sich daher am besten vor der allerersten Übung einen Lernpartner. Das kann der eigene Lebenspartner, eine gute Freundin oder ein Arbeitskollege sein, also ein Mensch, dem Sie vertrauen und mit dem Sie gemeinsam wachsen wollen. Wer fällt Ihnen spontan ein? Mit wem hätten Sie Lust, an sich zu arbeiten?

Von dieser Art der Begleitung profitieren Sie beide, indem Sie sich gegenseitig »spiegeln«, beraten, korrigieren, unterstützen, die Übungen miteinander ausprobieren und auch mal über sich lachen können. Zudem können Sie gegenseitige Zeugen Ihrer Entwicklungserfolge werden.

Neu gewonnene Erkenntnisse ausprobieren

In Seminaren entsteht so etwas wie eine Laborsituation, in der neue Verhaltensweisen in einer angemessenen Atmosphäre besprochen, ausprobiert und geübt werden können, ohne dass es besondere Konsequenzen nach sich zöge. Im Einzelstudium dagegen ist Ihr Übungsfeld quasi der Alltag. Das hat neben der Tatsache, dass Sie mutiger in der Erprobung Ihrer Erkenntnisse sein müssen, den Vorteil, dass Sie aus Ihrer »echten« Umwelt sehr schnell auch echtes Feedback erhalten.

Das Selbststudium bietet sowohl Risiken als auch Chancen:

Das Risiko besteht darin, dass Sie mogeln können, also die Übungen nicht wirklich durchführen, sondern sie nur »durchdenken«. Es dürfte klar sein, wie wenig dies Ihrer Persönlichkeitsentwicklung bringt. Sie können aber auch in Versuchung geraten und mehr aufs Spiel setzen, als es für Sie und Ihren Lernprozess förderlich ist. Dies kann unabsehbare Folgen haben, da Sie ja im »richtigen Leben« üben müssen, um die Wirkung Ihrer veränderten Verhaltensweisen zu erfahren.

Doch sehen wir auch die große Chance: nämlich dass Sie sich den Prozess so ideal wie möglich gestalten, sich so viel Zeit lassen, wie Sie benötigen, und dabei viel Freude, Spannung und Kreativität entwickeln können.

Richtiges Feedback geben

In diesem Zusammenhang sind die Partnerübungen in diesem Buch von besonderer Bedeutung: Sie ermöglichen zumindest im Kleinformat jene Laborsituation herzustellen, die hilfreich ist, um ungestört sich selbst auszuprobieren. Um aus diesen Übungen den größtmöglichen Nutzen zu ziehen, müssen wir uns mit der richtigen Art und Weise auseinandersetzen, dem Lernpartner Rückmeldung auf das zu geben, was wir an ihm wahrnehmen. Und richtiges Feedback will gelernt sein!

Warum fällt uns Feedback so schwer?

Jeder Mensch hat bestimmte »blinde Flecken«, also Bereiche oder Verhaltensweisen im Leben, die ihm nicht bewusst sind. Ein Beispiel aus dem körperlichen Bereich ist unser Rücken: Wir haben alle einen Rücken, doch können wir ihn nicht wirklich sehen, wir brauchen dazu einen Spiegel oder jemanden, der uns sagt, wie unser Rücken aussieht. Solche »blinden

Flecken« gibt es nicht nur auf unserem Körper, sondern auf all unseren Lebensbühnen. Meistens jedoch sprechen wir lieber *über* andere, als ihnen die Dinge direkt ins Gesicht zu sagen. Ein Beispiel: Herr Müller kocht gern für seine Freunde. Da gibt es nur ein Problem: Er kocht sehr schlecht. Ihm selbst ist das aber gar nicht bewusst und er wundert sich, warum jedes Mal so viele Freunde absagen ... Hinter seinem Rücken lachen schon alle, wenn wieder einmal eine Einladung ins Haus steht – und doch traut sich keiner, die Dinge direkt anzusprechen. Alle sprechen *über* ihn – keiner *mit* ihm. Und was ist die Folge? Herr Müller wird immer enttäuschter und trauriger, weil niemand für ihn Zeit hat. Die Wurzel des Problems aber wird er auf diese Weise nur schwer oder gar nicht erkennen, denn: um etwas zu verändern, ist er auf das Feedback seiner Umwelt angewiesen – so negativ es auch aussehen mag. Erst dann wäre es ihm möglich, an sich zu arbeiten – beispielsweise einen Kochkurs zu besuchen oder sich anstatt auf ganze Menüs vielleicht auf leckere Nudelgerichte zu spezialisieren oder einfach andere um Hilfe zu bitten.

Feedback bietet die Chance, dem Gegenüber wertvolle Informationen über seine blinden Flecke zu geben, wobei natürlich wie immer der Ton die Musik macht. Und vergessen Sie nicht: Feedback funktioniert nicht nur in Bezug auf unliebsame Eigenschaften, sondern genauso auch auf positive.

Kleine Feedback-Kunde

Wenn Sie folgende Feedback-Regeln beachten, dann werden Sie mit Sicherheit mühelos eine Form des Austauschs mit Ihrem Übungspartner finden, die für beide nutzbringend und aufbauend ist.

Goldene Regeln für den Feedback-Geber:

- Will Ihr Gegenüber überhaupt ein Feedback?

Stellen Sie in der Lernsituation sicher, dass Sie beide Feedback wollen. »Zwangsbeglückt« zu werden macht sicher keinen Spaß!

- Achten Sie auf den richtigen Zeitpunkt.

Ist Ihr Gegenüber bereit, eine Rückmeldung anzunehmen? Verständigen Sie sich darüber, wann Sie sich gegenseitig Ihre Eindrücke mitteilen möchten. Am besten ist es, wenn Sie Ihr Feedback jeweils als einen Teil der Übung mit einplanen.

- Sprechen Sie von sich.

Ein Feedback sagt oft mehr über den aus, der es gibt, als über den, der es bekommt. Denn da jeder seine eigene Sicht der Wirklichkeit hat, wird jedem etwas anderes auffallen. Deshalb: Bleiben Sie beim Feedback-Geben bei sich, sprechen Sie nur davon, was *Sie* beobachtet haben, oder wie dieses oder jenes Verhalten auf Sie persönlich wirkt! Damit relativieren Sie Ihre Beobachtungen und Gefühle und der andere läuft nicht Gefahr, sie als allgemeingültig aufzufassen.

- Trennen Sie das beobachtete Verhalten von der Person.

Beziehen Sie sich möglichst auf beobachtetes Verhalten und verknüpfen Sie es mit den Wirkungen, die es auf Sie hat.

Es nützt Ihrem Partner wenig, wenn Sie ihm zum Beispiel mitteilen: »Du bist faul.« Erstens sprechen Sie in diesem Fall nicht von sich (siehe oben) und zweitens kann er mit dieser Information wenig anfangen. Besser wäre es, Sie würden sich auf Ihre Beobachtungen hinsichtlich seines Verhaltens beziehen, zum Beispiel: »Mir ist aufgefallen, dass du in der Übung XY an genau jener Stelle sehr langsam warst. Bei mir hat das den Eindruck geweckt, dass du faul bist.«

Damit haben Sie Ihrem Gegenüber sehr viel mehr geholfen.

Erstens bekommt er über sein Verhalten eine Rückmeldung (vielleicht wusste er bis jetzt gar nicht, dass er einen langsamen Eindruck hinterlässt, da es für ihn sein ganz normales Tempo war) und zweitens erfährt er, wie dieses Verhalten auf Sie wirkt. In Zukunft kann er entscheiden, sich in einer ähnlichen Situation wieder so oder vielleicht auch einmal anders zu verhalten.

- Beziehen Sie sich auf »negative« wie »positive« Beobachtungen gleichermaßen.

Weder rein positive noch rein negative Rückmeldungen sind für den anderen lehrreich und motivierend. Denken Sie daran, sowohl Verhaltensweisen anzusprechen, die Ihnen gefallen haben, als auch solche, die Sie für veränderungswert halten.

Goldene Regeln für den Feedback-Nehmer

- Hören Sie erst einmal zu.

Wir tendieren dazu, uns bei negativer wie auch positiver Kritik sofort zu verteidigen oder zu rechtfertigen. Doch damit vergeben wir uns die Chance, genau wahrzunehmen, was der andere sagt. Deshalb: Hören Sie einfach nur zu, versuchen Sie nachzuvollziehen, was er Ihnen mitzuteilen hat.

- Lassen Sie das Feedback auf sich wirken.

Wie ist es für Sie, wenn Sie erfahren, wie Sie gesehen werden? Lassen Sie diese Rückmeldung wirken: Sie müssen sie ja nicht sofort annehmen. Doch vielleicht ist ja etwas Wahres dran ... Dazu sollten Sie sich Zeit lassen, vielleicht sogar eine Nacht darüber schlafen. Am nächsten Tag können Sie immer noch entscheiden, die Hinweise aufzunehmen oder sie zurückzuweisen. Denn jeder hat seine Sicht der Welt – und niemand ist gezwungen, sich nach dem Bild eines anderen zu richten.

Wichtig ist allein, dass Sie entscheiden, was Sie mit der Rückmeldung anfangen wollen.

- Feedback ist ein Geschenk.

Wenn Sie diese Regeln beachten, können Sie Feedback als das akzeptieren, was es eigentlich sein sollte: ein Geschenk. Denken Sie auch daran: Selbst wenn Sie etwas zu hören bekommen, das Ihnen nicht so schmeckt – Ihrem Gegenüber sind Sie als Person wichtig, sonst würde er oder sie sich nicht die Zeit und Energie nehmen, Ihnen überhaupt ein Feedback zu geben.

Zum Aufbau dieses Buches

Nun dürften Sie bestens gerüstet sein, um sich voll und ganz auf die Anregungen und Vorschläge zur Persönlichkeitsentwicklung auf der Grundlage des astrologischen Tierkreises einzulassen.

Werfen wir zuerst einen Blick darauf, was Sie alles erwartet.

Der Fragebogen

Der Fragebogen ist gewissermaßen der Schlüssel zur Arbeit mit diesem Buch. Mit seiner Hilfe finden Sie ganz unkompliziert Zugang zu den Themen der späteren Kapitel. Auf der Grundlage einer persönlichen Bestandsaufnahme wird gewissermaßen Ihr Einstieg in die Persönlichkeitsentwicklung genau auf Ihre aktuellen Bedürfnisse abgestimmt.

Es ist ratsam, den Fragebogen auf jeden Fall vor der Beschäftigung mit den einzelnen Kapiteln zu bearbeiten.

Die Texte

Nachdem Sie Ihre gegenwärtige Situation analysiert und herausgefunden haben, mit welchem Tierkreisprinzip das aktuelle Bedürfnis korrespondiert, schlagen Sie unmittelbar das empfohlene Kapitel auf.

Dort finden Sie zunächst einen Text, der Sie auf ganz allgemeine Art und Weise an die Grundproblematik Ihrer Situation heranführen möchte. Im Wesentlichen geht es dabei um die Frage, aus welchen individuellen und sozialen Zusammenhängen heraus ein gegenwärtig empfundenes Defizit resultiert: Welche Mechanismen wirken in der heutigen Zeit auf uns Menschen ein und machen uns empfindlich gegenüber Manipulationen und Machtansprüchen? Wie wirkt sich dies auf mich als Individuum aus? Wie kann ich konstruktiv an die Bewältigung dieser Schwierigkeiten herangehen, ohne in übertriebene Abgrenzung von der Gesellschaft oder in Fatalismus zu verfallen?

Diese und ähnliche Themen werden in den Texten auf einer sehr subjektiven Ebene behandelt. Sie dienen als Grundlage zur eigenen Reflexion, indem sie verdeutlichen, welche Rolle wir in dieser Welt spielen und wie wir Veränderungen angehen könnten.

Am Ende der Texte finden Sie eine kurze Zusammenfassung der angesprochenen Themen – die Essenz. Nutzen Sie die kurzen Sätze, um einen persönlichen Bezug zu Ihrem Leben herzustellen. Überlegen Sie: Was hat das eben Gelesene mit mir zu tun? Kann ich die einzelnen Gedanken nachvollziehen? Wenn ja – wo spüre ich die Auswirkungen in meinem Leben besonders deutlich? Wenn nein – woran könnte das liegen? Was sehe ich anders? Am Ende finden Sie Raum, um Ihren Gedanken schriftlich Ausdruck zu verleihen.

Die Übungen

Schließlich geht es von der theoretischen Überlegung mitten hinein in die Praxis der Persönlichkeitsentwicklung. Sie werden Übungen finden, die sich auf Ihre Einstellung zum Leben beziehen, Sie zur Auseinandersetzung mit Ihren Fähigkeiten anregen und Änderungen in Ihrem Verhalten vorschlagen. Manchmal werden es komplexere Übungen, manchmal einfachere sein, manche sind sehr kurz, andere etwas länger, mal finden sie in den eigenen vier Wänden statt, mal in der Natur: Lassen Sie sich überraschen.

Die Affirmationen

Schließlich finden Sie am Schluss noch einige positive Glaubenssätze, so genannte Affirmationen. Mit ihnen können Sie Ihr Unterbewusstsein zum Mitarbeiten bewegen und Ihre Lernschritte auch mental unterstützen.

Affirmationen bieten eine gute Möglichkeit, an sich und seiner Entwicklung auch auf der Ebene des Glaubens zu arbeiten. Denn wir werden nur dann ein bestimmtes Verhalten lernen und in unseren Alltag integrieren, wenn wir im Innersten unseres Wesens auch daran glauben können, dass es

- wirklich sinnvoll ist und
- dass wir uns wirklich so verhalten können und dürfen.

Im Laufe unseres Lebens haben wir jede Menge so genannter Glaubenssätze entwickelt. Sie bilden eine Art geistiges Bezugssystem, zu dem wir immer wieder zurückkehren und mit dem wir wie durch eine Brille in die Welt schauen. Sie färben unsere Wirklichkeit auf eine ganz bestimmte Weise.

Leider haben sich auch viele negative Glaubenssätze ange-
sammelt, die zum Teil aus unserer Kindheit stammen. Wir
können sie ganz leicht an dem Wörtchen »immer« erkennen,
wie beispielsweise in »Ich muss immer brav sein, um Zuwen-
dung zu bekommen«. Grundüberzeugungen wie diese verlassen uns zumeist auch als Erwachsene nicht. Sie steuern unser
Handeln, ohne dass wir uns dessen bewusst sind – und
schränken das Spektrum möglicher neuer Erfahrungen erheblich ein. Doch während wir als Kind oftmals keine andere
Wahl hatten, können wir als Erwachsene wählen und entscheiden, ob bestimmte Grundüberzeugungen noch ihre Gül-
tigkeit haben oder nicht. Und gerade hier bietet sich die Arbeit
mit Affirmationen an.

Das Wort Affirmation kommt von dem lateinischen *firmus*,
welches »fest, stark, kräftig« bedeutet. Affirmationen sind also
innerliche Bekräftigungen und Bestärkungen bezüglich eines
bestimmten Bildes oder Wunschbildes. Sie arbeiten mit der
Kraft der Gedanken, der Vorstellungskraft und des Unter-
bewusstseins.

Die Arbeit mit Affirmationen kann Ihnen helfen, sich von
unbewussten Blockaden und »Killergedanken« zu befreien
und sie durch konstruktive Bilder und Überzeugungen zu
ersetzen. Dadurch kann das Spektrum möglicher Lebenser-
fahrungen erheblich erweitert werden. Und das erwünschte
Verhalten wird sehr viel leichter gelingen, um in das jetzige
Leben integriert zu werden.

Wir stellen Ihnen zu jedem der 12 Tierkreisthemen einige
Affirmationen zur Auswahl, die Sie jeweils am Ende eines
Kapitels finden. Sie stellen Einladungen dar, um mit ihnen zu
experimentieren und zu arbeiten.

Sie können natürlich auch Ihre eigenen Affirmationen kreieren. Achten Sie jedoch darauf, dass die Sätze Ihnen etwas
erlauben, sie auf eine konstruktive Art und Weise auffordern,

über Ihren eigenen Schatten zu springen. Formulieren Sie also Sätze wie: »Es ist in Ordnung, wenn ...« oder »Ich darf ...«

• So arbeiten Sie mit Affirmationen:

Stellen Sie sich vor, wie Sie sich verhalten würden, wenn Sie diese Affirmation verinnerlicht hätten. Malen Sie sich alles aus, was dadurch besser wäre, stellen Sie sich Ihren Wunschzustand mit allen Sinnen vor und lassen sich vollständig in diesen Zustand hineingleiten.

Und dann erinnern Sie sich an eine Situation, in der Sie unzufrieden waren, oder holen sich eine zukünftige Situation vor Augen, in der Sie anders reagieren wollen – und verbinden diese mit der Affirmation: Was wäre für alle Beteiligten dadurch besser und wie würden Sie dadurch Ihr Leben so meistern, wie Sie es wirklich wollen?

Sagen Sie die Affirmation innerlich auf, stellen Sie sich vor, sie wäre jetzt schon Realität. Glauben Sie daran, dass Sie diese Affirmation leben können. Bleiben Sie noch ein paar Minuten in Ihrem Wunschzustand, um dann wieder in die Realität zurückzukommen.

Stellen Sie sich so oft wie möglich Situationen so vor, als ob Sie die Affirmation bereits verwirklicht hätten – möglichst kurz vor dem Einschlafen oder immer mal wieder tagsüber. Versetzen Sie sich dann in diesen positiven Zustand. Sie werden merken, dass Sie ganz von allein auch in der Realität immer näher an Ihren Wunschzustand herankommen. Und dabei wünschen wir Ihnen viel Erfolg!

Fragebogen:
Wie sieht Ihr Leben zurzeit aus?

Bitte bewerten Sie die folgenden Aussagen spontan und ehrlich mithilfe der unten stehenden Bewertungsskala. Orientieren Sie sich dabei daran, wie Sie sich im Moment gerade sehen, also nicht so, wie Sie sich gern sehen würden. Es geht auch nicht darum, Ihren allgemeinen Charakter zu bewerten, sondern nur darum, wie sich Ihr Leben *in diesem Augenblick* für Sie darstellt.

0 trifft auf mich gar nicht zu
   dem kann ich nicht zustimmen

1 trifft auf mich ganz selten zu
   dem kann ich vielleicht etwas zustimmen

2 trifft auf mich manchmal zu
   dem kann ich einigermaßen zustimmen

3 trifft auf mich im Allgemeinen zu
   dem kann ich zustimmen

4 trifft auf mich voll und ganz zu
   dem kann ich voll und ganz zustimmen

• Tragen Sie die jeweilige Bewertung in die Kästchen im nachfolgenden Fragebogen ein.

☑ ✓ 1. Entscheidungen treffe ich gern unabhängig von anderen Menschen.

2 ☑ 2. Ich achte im Moment sehr auf mein körperliches Erscheinungsbild, denn ich will gut aussehen. Dazu trainiere ich auch regelmäßig oder mache eine Diät.

4 ☑ 3. Ich denke in letzter Zeit häufig mit einem unguten Gefühl an kritische Situationen aus der Vergangenheit (zum Beispiel Schulprüfungen oder persönliche Krisen), die ich eigentlich schon längst bewältigt habe.

2 ☑ 4. Meine Einstellung ist: »Viele Dinge erledigen sich von selbst« – dabei warte ich jedoch oft zu lange ab – und verpasse es, rechtzeitig den ersten Schritt zu tun.

☑ ✓ 5. Man kann mich zurzeit in jeden Kontext stellen – ich funktioniere perfekt.

3 ☑ 6. Stimmungsschwankungen und übermäßige Gefühlsregungen anderer Menschen stören mich zurzeit ungemein.

☑ 7. Ich kenne viele Situationen, in denen ich darauf achte, was andere von mir erwarten, um nicht negativ aufzufallen.

2 ☑ 8. Wenn ich mit jemandem einen Konflikt habe, lautet meine Strategie: Lieber Rückzug als Angriff! Diskussionen und Streitgesprächen weiche ich daher aus – ich würde sowieso den Kürzeren ziehen.

☑ ✓ 9. Oft denke ich an die Vergangenheit zurück und wünschte mir, es wäre alles so wie früher.

2 ☑ 10. »Man soll keine zu große Erwartungen hegen«, lautet meine derzeitige Devise. Wer nach den Sternen greift, verrenkt sich bloß den Hals.

☑ 11. Zur Zeit gehe ich unbekannten Situationen lieber aus dem Weg.

3 ☑ 12. Ich bin momentan immer in Aktion. Ruhephasen einzulegen fällt mir schwer.

13. Mir ist es in meinem Freundeskreis wichtig, dass alle mehr oder weniger die gleichen Interessen haben.

14. Ich habe gerade wieder die Erfahrung gemacht, dass ich mich nur auf mich selbst wirklich verlassen kann. Gerade wenn man andere bräuchte, sind sie nicht da.

15. Wenn ich ehrlich bin, dann verzettele ich mich im Alltag oft in vielen Dingen. Ich bin zurzeit ziemlich unkoordiniert.

16. Ich habe immer öfter das Gefühl, dass meine inneren Werte von anderen nicht zur Kenntnis genommen werden.

17. Mir ist es wichtig, dass es in meinem Leben nie langweilig zugeht. Deshalb kann es passieren, dass ich heute dies und morgen jenes will.

18. Ich habe zwar sehr viele Bekannte, aber eigentlich fast keine richtigen Freunde.

19. Wenn ich mir schon mal etwas vornehme, dann achte ich auch darauf, dass es realistisch ist. Für die Traumtänzereien anderer Leute habe ich keinen Nerv.

20. Ich überlasse es lieber anderen, neue unbekannte Gebiete zu erobern. Für Abenteuer fehlt mir einfach der Mut.

21. Meinen Lebensstil würde ich derzeit nicht gerade als gesund bezeichnen.

22. Man sollte nicht so nachtragend sein. Jeder kann sich mal einen Fauxpas erlauben, da darf man nicht so kleinlich sein.

23. Wenn mir Bekannte von Ereignissen erzählen, die wir früher gemeinsam erlebt haben, passiert es mir immer wieder, dass ich mich kaum noch daran erinnern kann.

24. Ich bin stolz auf meine Karriere, auch wenn sie das eine oder andere Opfer gekostet hat. Aber so sind eben die Spielregeln.

25. Wenn ich es mir recht überlege, können sich eine so

genannte »Berufung« nur wenige Menschen leisten. Ich gehöre sicher nicht dazu.

0 ☑ 26. In letzter Zeit ertappe ich mich bei Verhaltensweisen, die ich, wenn ich ehrlich bin, eigentlich für aufgesetzt und künstlich halte.

0 ☑ 27. Mir ist im Moment die Sicherheit meines Arbeitsplatzes wichtiger als neue Perspektiven im Leben.

✓☑ 28. Andere nennen mich gern »trendy«. Ich bin immer über das Allerneueste informiert und weiß einfach, was angesagt ist.

✓ ☑ 29. Wenn jemand sagt, er verlasse sich auf seine Intuition, so kann ich das nicht nachvollziehen. Ich habe so ein »Bauchgefühl« einfach nicht.

1 ☑ 30. Im Mittelpunkt zu stehen: Das überlasse ich zurzeit lieber anderen. Ich muss mich nicht unbedingt in den Vordergrund drängen.

✓ ☑ 31. Wenn mich jemand wirklich aufregt, dann kann ich rigoros sein und diesen Kontakt ganz schnell abbrechen: Ich habe es doch nicht nötig, mich dauernd ärgern zu müssen!

2 ☑ 32. Über meine eigenen Interessen bin ich mir gerade nicht so im Klaren. Im Zweifelsfall stecke ich lieber zurück und immer öfter passiert es mir sogar, dass ich mich vor den Karren anderer spannen lasse.

0 ☑ 33. Eigentlich tue ich meinen Job zurzeit nur, um Geld zu verdienen – damit ich mir privat dann das leisten kann, was mir wirklich Spaß macht.

0 ☑ 34. Mein derzeitiges Leben würden andere vielleicht als »Ego-Trip« bezeichnen – aber immerhin ist sich jeder nur selbst Rechenschaft schuldig. Jeder soll doch nach seiner Fasson glücklich werden.

4 ☑ 35. Ich würde meine Zukunft gern besser im Griff haben, aber zurzeit ist alles mehr als ungewiss.

4 ⬚ 36. Ich weiß zurzeit manchmal wirklich nicht, wo ich anfangen und wozu das alles gut sein soll.

5 ⬚ 37. Wer Erfolg haben will, muss körperliche Entbehrungen einfach in Kauf nehmen. Und darum achte ich in vielen Situationen nicht sonderlich auf meine körperlichen Bedürfnisse.

✓ ⬚ 38. Ich gehöre nicht gerade zu den großen »Revoluzzern« dieser Welt: Eigentlich ist es doch auch ganz schön, wenn die Dinge im Leben so bleiben, wie sie sind.

2 ⬚ 39. Eigentlich lebe ich seit längerem recht unmotiviert vor mich hin – und habe das Gefühl, dass ich mich von meiner Selbstverwirklichung immer weiter entferne.

4 ⬚ 40. Es entspricht meiner Erfahrung, dass Liebesbeziehungen oft scheitern, weil beide von Anfang an nicht zueinander gepasst haben.

✓ ⬚ 41. Ich passe mich in Gruppen sehr gut an. Denn schließlich will ich dazugehören und möchte deshalb nicht sonderlich auffallen.

2 ⬚ 42. Die Umstände, in denen ich gegenwärtig lebe, sind sicher nicht optimal – aber wie soll man daran etwas ändern?

2 ⬚ 43. Ich jage in letzter Zeit von einem Termin zum nächsten – aber wohin das alles führen soll, weiß ich auch nicht so genau.

4 ⬚ 44. Mir geht es seit einiger Zeit so, dass ich von einem Lebensereignis zum nächsten »stolpere«. Oft wundere ich mich, was ich hier gerade mache und wie ich dazu gekommen bin.

✓ ⬚ 45. Ich kann die schlechten Nachrichten im Fernsehen und in der Presse zurzeit gar nicht gut vertragen – ich lasse mich zur Entspannung lieber berieseln oder unterhalte mich mit leichter Kost.

46. Von manchen Statussymbolen geht nicht zu Unrecht ein gewisser Reiz aus.

47. Manchmal wünschte ich, ich könnte meine Fähigkeiten in meinem aktuellen Lebenskontext besser zur Geltung bringen und sie sinnvoller einsetzen.

48. Es macht mir nichts aus, wenn es mit anderen Menschen nicht so gut klappt – ich komme auch ganz gut mit mir allein zurecht.

49. Zurzeit habe ich den Eindruck, »gelebt/gearbeitet« zu werden, anstatt zu leben/zu arbeiten.

50. Ich habe im Laufe meines Lebens gelernt, dass es sich kaum lohnt, etwas verändern zu wollen – denn am Ende kommt doch immer alles anders, als man denkt.

51. Wenn ich ehrlich bin, schicke ich hin und wieder andere für mich ins Feld, um die heißen Kartoffeln aus dem Feuer zu holen.

52. Für manche Dinge ist es einfach zu spät im Leben – da sollte man sich nichts vormachen.

53. Ich kenne viele Situationen aus meinem Alltag, in denen ich jemandem einen Gefallen tue und gleichzeitig merke, wie ich meine eigenen Bedürfnisse dabei unterdrücke.

54. Ich finde, dass Ideale etwas für weltfremde Träumer sind, die sich im Grunde nur davor scheuen, sich die Hände schmutzig zu machen.

55. Irgendwie bringe ich gerade nichts zu einem befriedigenden Ende.

56. Egal, wie ich mich anstrenge und bemühe – immer gibt es jemanden, der mir um eine Nasenlänge voraus ist und mir die Butter vom Brot klaut.

57. Die Gesellschaft mit ihren Normen und Spielregeln vermittelt einem das Gefühl, überhaupt nichts zu dürfen.

58. Ich finde, dass so etwas wie wahre Liebe zwischen

zwei Erwachsenen heutzutage nichts als ein frommer Wunsch ist.

59. Viele meiner derzeitigen Freunde/Bekannten/Kollegen würden von mir behaupten, ich sei ein unproblematischer Mensch. Mit mir kommen alle aus.

60. Obwohl ich schon genug Stress habe, halse ich mir immer wieder mehr auf, als mir gut tut.

Auswertung

Zur Auswertung des Fragebogens tragen Sie bitte Ihre Bewertungen für jede Frage in den folgenden Auswertungsschlüssel ein und zählen die Punkte zusammen.

Fragen					Summe	Zeichen
4: 1	8: 1	20: 0	32: 1	51: 1	4	Widder
2: 3	13: 2	21: 0	37: 0	41: 2	7	Stier
5: 0	16: 0	26: 1	47: 3	59: 2	6	Zwillinge
6: 2	12: 2	22: 3	29: 0	45: 2	9	Krebs
17: 1	30: 2	39: 0	49: 1	56: 0	4	Löwe
15: 1	35: 2	43: 0	53: 2	60: 2	7	Jungfrau
18: 0	31: 1	40: 1	48: 2	58: 0	4	Waage
10: 0	19: 0	28: 0	46: 0	54: 1	1	Skorpion
1: 3	14: 0	24: 3	34: 2	36: 0	8	Schütze
25: 0	33: 2	42: 1	50: 0	57: 0	3	Steinbock
7: 1	11: 0	27: 0	38: 0	52: 0	0	Wassermann
3: 1	9: 0	23: 0	44: 0	55: 0	1	Fische

2-3

Grafische Darstellung der Auswertung

Übertragen Sie nun die Summe für jedes Zeichen in die Skala auf der folgenden Seite: Stellen Sie sich die Säulen als Reagenzgläschen vor und füllen Sie diese mit Ihren Punkten!

So erhalten Sie eine Skala Ihrer momentanen Bedürfnislage. Die Säule, die am höchsten gefüllt ist, stellt das größte Bedürfnis dar, das integriert werden will. Oder anders ausgedrückt: An dieser Energie haben Sie den größten »Mangel« – und hier ist ein Thema in Ihrem Leben angesprochen, mit dem Sie sich näher befassen sollten, um an Ihrer Persönlichkeit zu arbeiten. Haben Sie in einer Säule wenig bis gar keine Punkte erreicht, so kann es sein, dass Sie dieses Thema bereits in Ihrem Leben integriert haben und derzeit keinen Mangel spüren.

Sollten zwei oder mehr Säulen denselben Wert zeigen, lesen Sie sich alle infrage kommenden Texte durch und wählen Sie denjenigen, der Ihnen aktuell am bedeutsamsten erscheint. Sie können aber zum Beispiel auch einfach unter »Essenz« nachlesen, denn dort wird das Thema des Kapitels in wenigen Sätzen zusammengefasst.

Ergeben sich bei der Auswertung nirgends mehr als vier Punkte, können Sie davon ausgehen, dass im Augenblick keines der Themen Ihr Leben dominiert.

Bewegt sich die Anzahl der Punkte in einem Bereich zwischen vier und zehn Punkten, ist das Thema des angesprochenen Zeichens in jedem Fall einer Beschäftigung wert. Mit zehn Punkten und darüber handelt es sich um einen Lebensbereich, bei dem akuter Handlungsbedarf besteht.

Denken Sie jedoch immer daran, dass die Fragebogenergebnisse nur Ihre aktuelle Lebensauffassung widerspiegeln – sie können, wenn Sie den Fragebogen wiederholen sollten, zu einem anderen Zeitpunkt wieder ganz anders aussehen.

Tipps zur Auswahl der Übungen

Sie können Ihre Lernschritte ganz individuell planen. Dabei gibt es unterschiedliche Vorgehensweisen.

Variante 1

Sie fangen mit dem Bedürfnis an, in welchem Sie die höchste Punktzahl erreicht haben. Der Vorteil: Sie gehen gleich ans »Eingemachte«. Der Nachteil: Gleichzeitig werden Sie hier vermutlich auch den größten Widerstand in sich spüren. Die Übungen könnten Ihnen schwerer fallen als solche, die Ihren bisherigen Charaktereigenschaften näher liegen. Vielleicht regt sich auch schon beim Lesen der Texte eine gewisse Ablehnung in Ihnen. Das kann daher rühren, dass hier eine Seite in Ihnen angesprochen wird, der Sie bisher wenig Aufmerksamkeit geschenkt haben. Es könnte für Sie ein ungewohnter, vielleicht sogar beängstigender Gedankengang sein. Doch gerade dann lohnt es sich, genauer hinzuschauen: Lassen Sie sich von den Texten einfach berühren, fühlen Sie nach, was sie Ihnen gerade jetzt zu sagen haben – und entscheiden Sie hinterher, ob Sie es annehmen wollen oder nicht.

Variante 2

Sie fangen mit dem Bedürfnis an, bei dem Sie die geringste Punktzahl erreicht haben. Der Vorteil: Die Übungen werden Ihnen leichter fallen, da Sie das Thema höchstwahrscheinlich in Ihrem aktuellen Lebenskontext schon in Ihr Denken, Füh-

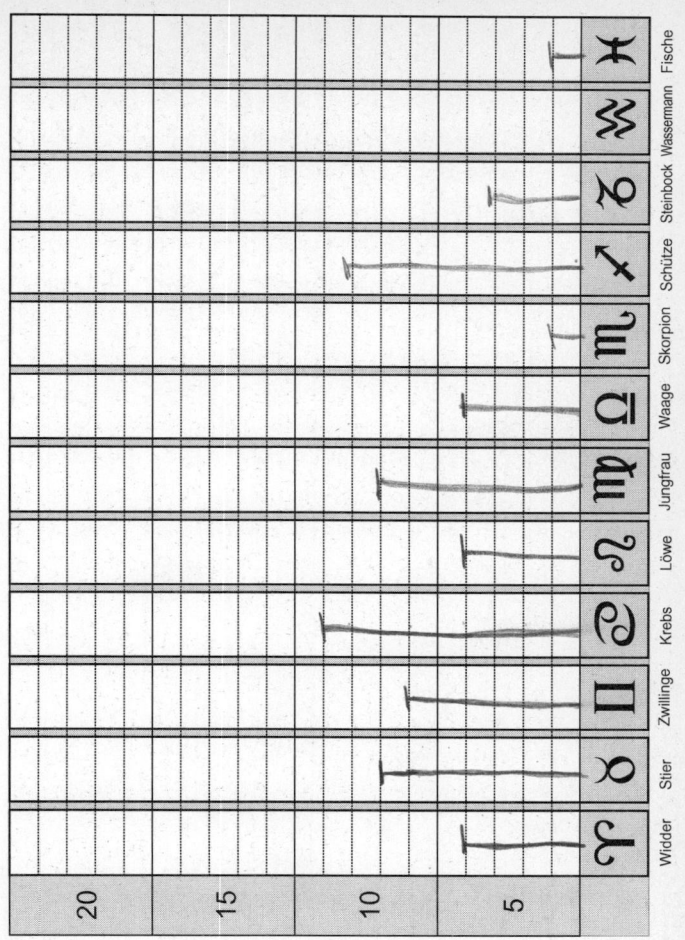

Abbildung 2: Die grafische Auswertung des Fragebogens.

len und Handeln integriert haben. Der Nachteil: Eventuell wird es in den Übungen nicht wirklich etwas »Neues« für Sie geben. Sie können dann einfach nur das trainieren, was Sie als Thema in Ihrem Leben schon kennen.

Variante 3

Sie beginnen irgendwo »im Mittelfeld« und lesen ein wenig in die Texte hinein, lassen sich inspirieren und entscheiden dann, wie Sie weiter fortfahren.

Fühlen Sie sich frei, mit diesem Buch so zu arbeiten, wie es Ihnen persönlich am besten zusagt.

Widder

»Und wenn wir sagen, dass der Mensch für sich selbst
verantwortlich ist, so wollen wir nicht sagen, dass der Mensch
gerade eben nur für seine Individualität verantwortlich ist,
sondern dass er verantwortlich ist für alle Menschen.«

Jean-Paul Sartre

»Die Zukunft beunruhigt uns.
Die Vergangenheit hält uns fest.
Deshalb entgeht uns die Gegenwart.«

Gustave Flaubert

Es gibt Situationen, in denen wir das Gefühl haben, nicht uns
selbst zu gehören, sondern nach dem Rhythmus einer fremden
Melodie zu tanzen. Was wir tun, geschieht dann nicht aus
eigenem Antrieb, sondern weil andere es von uns wollen. Es
spielt dabei keine Rolle, ob sanftes Drängen oder kompro-
misslose Forderungen uns in diese Situation gebracht haben:
in jedem Fall fühlen wir uns als Marionette der Bedürfnisse
anderer.

Es wird uns das Gefühl vermittelt, dass unsere eigenen Bedürfnisse – das, was *wir* wollen – wenig oder gar nicht zählen.
Jedes Mal, wenn uns jemand auffordert, etwas zu tun, was uns
eigentlich gegen den Strich geht und wir trotzdem nachgeben,
ist dies im Grunde eine Niederlage. Besonders problematisch
sind die Situationen, in denen wir durch Freundlichkeit und
Gefälligkeit manipuliert werden, sodass wir den Eindruck
gewinnen, es läge etwas Großartiges darin, gegen die eigenen
Bedürfnisse zu handeln: man plädiert an unsere Selbstlo-
sigkeit – und nutzt diese letztlich aus. Andere erreichen das

Gleiche, indem sie an unser Gewissen appellieren und es als moralische Notwendigkeit darstellen, die eigenen Bedürfnisse hintanzustellen.

Die Konsequenz ist stets dieselbe: ich verleugne mein eigenes Leben, selbst wenn ich mir einrede, »etwas Gutes« getan zu haben. Damit wir uns nicht missverstehen: es mag Situationen geben, in denen wir unsere eigenen Bedürfnisse zurückstellen müssen, um den Schwächeren und Hilfsbedürftigen von unserer Kraft abzugeben. Von diesen Situationen ist hier nicht die Rede. Vielmehr geht es um solche Momente, in denen wir genau wissen, dass andere unsere Kräfte nutzen, um ihre eigenen zu schonen, während sie selbst genauso gut ohne uns zurechtgekommen wären.

Wer solchen Situationen gegenüber noch nicht abgestumpft ist, in dem steigt das Bedürfnis nach Unabhängigkeit auf: Wir wollen nicht mehr nach der Pfeife anderer tanzen. Unser Selbstbewusstsein als Individuum wird infrage gestellt, denn dieses äußert sich gerade darin, dass wir die Dinge so tun, wie wir es für richtig halten – ohne Rücksicht nehmen zu müssen auf die Bedürfnisse der anderen.

Es geht hier aber auch um das gegenteilige »Syndrom«, nämlich um Menschen, die es gewohnt sind, nichts selbst zu tun. Sie versuchen jemanden zu finden, den sie mit der Lösung ihrer Probleme beauftragen können – sie setzen alles daran, dass andere für sie die Kartoffeln aus dem Feuer holen. Dies ist eine bequeme Haltung und nichtsdestoweniger eine genauso von Unselbstständigkeit geprägte wie die des Menschen, der sich als Handlanger der Bedürfnisse seiner Umwelt empfindet. Auf Dauer stellt sich auch hier das Gefühl von Niederlage ein, weil wir Angst vor den Folgen unseres Tuns haben. Insgeheim weiß jeder: Jedes nicht selbst gelöste Problem ist eine verlorene Chance zur Entwicklung unserer Persönlichkeit in Richtung größerer Freiheit. Dies spüren wir in solchen Situationen deutlich, und es lässt uns unzufrieden und an uns selbst zweifelnd zurück, weil wir unsere Persönlichkeit in ihrer Unversehrtheit zwar gerettet, sie zugleich aber daran gehindert haben, sich zu entfalten und einzubringen.

Zusammenfassend kann man sagen: Ob ich nun meine Bedürfnisse zugunsten der Bedürfnisse anderer zurückstelle oder ob ich sie anderen aufbürde – es kommt das Gleiche dabei heraus: Nicht ich habe mein Leben in der Hand, sondern andere. In beiden Fällen fehlt der Mut, Verantwortung für das eigene Handeln zu übernehmen – wir sind abhängig.

Was ist der Grund für diesen fehlenden Mut? Warum gelingt es uns nicht, uns durchzusetzen und uns von den Abhängigkeiten, in welche wir verstrickt sind, zu befreien?

Es ist wichtig zu verstehen, dass es hier nicht darum geht, dass uns die Kraft fehlt, sondern um eine unangemessene Haltung zu unserer Kraft. Bereits die Tatsache, dass wir Energie aufwenden können, um die Bedürfnisse anderer zu erfüllen oder andere zu überzeugen, für uns die Probleme zu lösen, zeigt, dass Kraft vorhanden ist – nur ist sie falsch ausgerichtet. Wenn wir also etwas an unserer Situation ändern wollen, müssen wir unsere Haltung uns selbst gegenüber grundlegend ändern, sodass unsere Kraft wieder zur Durchsetzung unseres eigenen Lebens zur Verfügung steht.

Aber denken Sie daran: Es handelt sich bei der Haltung, die wir bislang zu anderen eingenommen haben, nicht an und für sich um eine Schwäche. Im Gegenteil: es handelt sich um eine Fähigkeit, um ein Talent. Die eigentliche Schwierigkeit besteht vielmehr darin, dass wir diese Fähigkeit nicht zur Förderung unserer eigenen Persönlichkeit einsetzen, sondern um unsere Abhängigkeit von anderen aufrechtzuerhalten.

Man könnte meinen, um Abhängigkeit abzulegen, müsste man sich von anderen zurückziehen, sich Rücksichtslosigkeit auf die Fahnen schreiben und nur noch das tun, was einem gerade in den Sinn kommt. Damit würden wir jedoch eine wichtige Stärke unserer Persönlichkeit verraten, nämlich auf andere eingehen und sich auf sie beziehen zu können. Am Ende hätten wir nichts gewonnen, weil wir nicht im Einklang mit unserer Persönlichkeit handeln.

Wenn wir also eine Veränderung unserer Situation wünschen, dann kann dies nur geschehen, wenn wir unsere Abhängigkeit aufgeben, *ohne* uns von anderen zu isolieren. Isolation ist nicht die geeignete Antwort auf unser Bedürfnis nach Unabhängigkeit.

Und dennoch steckt in der Isolation der Schlüssel zur Veränderung unserer Haltung, denn der Weg aus der Abhängigkeit führt über das Bewusstsein, ein einzigartiges Wesen zu sein, ein Individuum. Als Individuum aber sind wir uns im Klaren, dass niemand so sein kann wie wir selbst – und dies ist eine Erfahrung der Isolation von allen anderen.

Eigentlich ist es die Angst vor dieser Isolation als Individuum, die dazu führt, dass wir uns in Abhängigkeit von anderen begeben und uns zum Spielball ihrer Bedürfnisse machen. Deshalb versuchen wir andere Menschen an uns zu binden, indem wir ihnen Aufgaben zumessen und sie in die Pflicht nehmen – weil wir nicht isoliert sein wollen. Am Ende aber verschließen wir uns den Erfahrungen eines eigenen Lebens.

Jede neue Erfahrung, die wir zulassen, stärkt unsere Einzigartigkeit: sie schärft das Profil unserer Persönlichkeit und lässt uns noch intensiver in Kontakt mit dem treten, was nur wir sein können. Individualität ist weniger ein Zustand als ein Auftrag, durch den wir nicht nur uns selbst transformieren, sondern auch der Welt unseren unverwechselbaren Stempel aufprägen. Im Grunde erfährt die Welt durch den Einsatz meiner Individualität einen einzigartigen Einfluss, der nur von meiner Persönlichkeit ausgehen kann. Dadurch wächst die

Vielfalt in der Welt – sie wird bunter und reicher an Möglichkeiten. Jedes Mal, wenn ich mich dem Impuls nach einem eigenen Leben verweigere, mache ich die Welt ärmer und gleichförmiger.

Jede Erfahrung, die wir machen, verändert demnach nicht nur uns selbst, sondern auch die Welt. So gesehen isoliert uns jede gemachte Erfahrung, weil sie uns das Bewusstsein gibt, etwas Besonderes zu sein, aber sie macht deshalb nicht notwendigerweise einsam. Einsamkeit kann nur dann aus der Isolation entstehen, wenn ich mich dagegen wehre, meine Persönlichkeit von der Welt berühren zu lassen und die Welt selbst mit meiner Persönlichkeit zu berühren. Einsamkeit ist das Resultat des Wunsches, so zu bleiben, wie man ist.

Um aber etwas aufnehmen zu können, müssen wir uns zunächst leer machen, so wie wir ausatmen müssen, um frische Luft einatmen zu können. Wir müssen uns in eine Haltung der Bereitschaft begeben, auch das Neue und Unerwartete in unser Leben zu lassen. Es gilt, den Kreis der Gewohnheiten und der festgefahrenen Vorstellungen über uns selbst und die Welt zu verlassen, die Linie zu überschreiten, die unser bisheriges Leben mit all seinen Abhängigkeiten von dem Abenteuer trennt, ein selbstbewusster Mensch zu werden, der wir im Grunde unseres Herzens sind.

Wenn wir diese Haltung aufbringen, können wir mit jeder Erfahrung eine weitere Tür zu größerer Unabhängigkeit und Freiheit öffnen. Wir werden ein Teil der Welt sein, aber ein unverzichtbarer, nicht austauschbarer, der sich als Antwort auf ein ganz bestimmtes Bedürfnis in der Welt versteht. Eine Abkehr von der Welt ist aus diesem Blickwinkel nicht Sinn der Existenz, denn die Welt braucht mich und meine Einzigartigkeit.

Essenz

Meine Situation: Ich habe das Gefühl, dass ich von anderen Menschen abhängig geworden bin und immer weniger mein eigenes Leben lebe.

Mein Bedürfnis: Ich wünsche mir Unabhängigkeit und die Durchsetzung meiner Bedürfnisse.

Meine Herausforderung: Mich nicht zu isolieren, da sich meine Persönlichkeit nur in der Welt und mit anderen entwickeln kann.

Meine persönliche Erkenntnis:

Übungen

Einzelübung: Den Horizont überschreiten

• Zeichnen Sie einen Kreis auf ein Blatt Papier.

Stellen Sie sich vor, es ist Ihr »Daseins-Kreis«. Die Linie des Kreises stellt Ihren persönlichen Horizont dar, also Ihre eigene Grenze an Erfahrungen, an Vorstellungskraft und bisherigen Möglichkeiten und Gewohnheiten, die es zu überwinden gilt. Die Herausforderung lautet: Aufbruch, Neubeginn, hinaus in die unbekannte Zukunft, alte Gewohnheiten hinter sich lassen und dabei wachsen – neue Erfahrungen machen, Profil gewinnen und es zeigen!

Haben Sie sich schon einmal vorgenommen, Ihre Gewohnheiten wirklich zu verändern? Jeder, der sich schon einmal zu

Silvester gute Vorsätze für das neue Jahr vorgenommen hat, weiß, wie schwierig es ist, damit Ernst zu machen. Aber: Gewohnheiten haben nicht nur schlechte Seiten – sonst würden wir sie nicht jahrelang aufrechterhalten.

1. Schritt

- Schreiben Sie alle guten Eigenschaften von Gewohnheiten in diesen Kreis.

Stellen Sie sich dabei folgende Fragen: Was bieten Gewohnheiten? Was geben sie mir? Was genau ist es, das an ihnen zu Recht vorteilhaft ist?

2. Schritt

- Wann haben Sie, habe ich, hat jeder Mensch seine Gewohnheiten gebildet?

All unsere Gewohnheiten, all unsere Erfahrungen, die unseren Horizont ausmachen, kommen aus unserer Vergangenheit. Manche wurden von uns früher, manche erst später im Leben herausgebildet – aber alles, was wir heute sind, haben wir im Gestern erschaffen und erfahren. Deshalb: Schreiben Sie zwischen all die guten Eigenschaften ganz groß:

VERGANGENHEIT

3. Schritt

- Wenn innerhalb des Kreises die Vergangenheit zu finden ist, was ist dann außerhalb des Horizonts?

Bitte notieren Sie alles, was Ihnen dazu einfällt, außerhalb des Kreises.

Es ist klar, dass eine echte Herausforderung zwar außerhalb

des Kreises, also in der Zukunft, der erste Schritt aber möglichst nicht zu weit entfernt von der Linie liegen sollte. Denn Ihr Ziel muss realistisch sein, sonst sind Misserfolge vorprogrammiert – und Demotivation ist die Folge.

4. Schritt

• Wenn Sie innerhalb des Kreises die Vergangenheit und außerhalb die Zukunft finden, was symbolisiert dann der Strich, der »Horizont«?

Richtig: Die Gegenwart, das Jetzt (was ziemlich kurz ist, nämlich immer genau jener Augenblick, den unser Bewusstsein gerade erfasst). Hier kommen wir an das eigentliche Problem, wann immer Sie dem Widder-Thema begegnen: Wir müssen über diese Grenze hinaus. Über das Jetzt. Und hier sitzt – gerade wenn Sie sich ein herausforderndes Ziel gesetzt haben, ein sehr wichtiges Gefühl, das uns entwicklungsgeschichtlich wahrscheinlich schon oft das Leben gerettet hat: die Angst.

Angst ist lebensnotwendig, wenn ich in lebensgefährliche Situationen gerate, denn sie mobilisiert den gesamten Organismus. Wenn Gefahr in Verzug ist, sensibilisiert und bereitet sie den Menschen blitzschnell auf Kampf oder Flucht vor. Doch sie ist kontraproduktiv, wenn sie auftaucht, obwohl unser Leben eigentlich gar nicht in Gefahr schwebt – sondern wir sogar vor einer eher lebensförderlichen und lebensbejahenden Situation stehen: dann »bewahrt« sie uns vor einer wichtigen Erfahrung, die unser Leben positiv verändern könnte. Diese Angst zeigt sich immer dann, wenn wir etwas für uns sehr Wichtiges erreichen wollen, sich aber die Wahrscheinlichkeit von Erfolg und Misserfolg genau die Waage hält. Da aber niemand genau wissen kann, was im Feld der unbegrenzten Möglichkeiten, also in der Zukunft, passieren wird, stehen wir eigentlich immer vor dieser Patt-Situation.

Sicher haben Sie aber auch dieses schon erlebt: Sie sind durch diese Angst regelrecht in die Zukunft hineingesprungen – und haben ihrer ungeachtet Ihren Horizont erweitert. Genau dies ist das Widder-Gefühl.

Selbst wenn viele von uns im Nachhinein manche Schritte als Fehler bewerten: Wir haben immer wieder die Wahl, jede Situation – also auch die weniger erfolgreichen – als Lernchance zu begreifen. Egal was passiert ist, es war ein mutiger Schritt in eine selbstbestimmte Zukunft. Fehler gibt es also gar nicht! Nur Möglichkeiten zu lernen.

5. Schritt

- Erinnern Sie sich an eine solche Situation und zeichnen dabei einen Pfeil vom Inneren des Kreises hinaus in die Zukunft.

Wie haben Sie sich gefühlt, nachdem Sie diesen Schritt tatsächlich getan hatten? Selbst wenn Sie es hinterher nicht noch einmal tun würden, hat die Tatsache, dass Sie es gewagt haben, sehr wahrscheinlich ein positives Gefühl in Ihnen entstehen lassen.

Und kennen Sie nicht auch das Gegenteil davon? Nämlich mit aller Motivation vom Inneren des Kreises immer näher an die besagte Linie zu kommen – und dann in letzter Sekunde *nicht* zu springen, sondern umzukehren? Oft genug bringen wir den Mut nicht auf, um hinaus in die Zukunft, in das unbekannte Neue zu schreiten.

Wie aber haben Sie sich dabei gefühlt? Höchstwahrscheinlich nicht besonders gut. Und weil kein Mensch sich gern schlecht fühlt, verdrängen wir vieles einfach oder bedienen uns anderer »Hilfsmittel«, um uns von schlechten Gefühlen abzulenken. Eines dieser Hilfsmittel ist das »innere Radio«. Unser Verstand produziert in einem fort Gedanken, »innere Sätze« –

nach Expertenmeinung etwa 60.000 am Tag. Unser Verstand greift mit Vorliebe auf bereits gemachte Erfahrungen zurück – er zehrt also von vergangenen Erfahrungen und Erlebnissen. Insbesondere dann, wenn wir unmittelbar davor stehen, einen neuen Horizont zu erobern, stellt er die Frequenz eher auf solche Gedanken ein, die uns zweifeln und zaudern lassen.

6. Schritt

- Erinnern Sie sich an eine Situation, in der Sie sich nicht überwinden konnten, den Horizont zu überschreiten – und lassen Sie all die Gedanken von damals wieder in Ihnen lebendig werden.

Schreiben Sie diese Gedanken unter den Kreis.

Da werden wohl Sätze wie die folgenden auftauchen: »Tu es nicht, weil ...«, »Das geht doch nicht, da ...«, »Was sollen denn die anderen denken ...«, »Du Dummkopf – du hast es ja schon einmal nicht geschafft ...«, »Eigentlich hast du dazu jetzt gar keine Zeit ...«. Quelle dieser Sätze ist ebenjenes innere Radio des Verstandes, welches uns all diese Gedanken und Worte tagtäglich zu Tausenden »einflüstert«. Wichtig für unser Beispiel ist die Tatsache, dass wir meistens während oder nach einer solchen Situation, in der wir es nicht geschafft haben, den Horizont zu überschreiten, ein bestimmtes Programm dieses inneren Radios zu hören bekommen. Ganz bestimmte Gedanken versuchen, sich Gehör zu verschaffen. Dazu gehören:

- Schuldzuweisungen, nach außen und nach innen (zum Beispiel »In dieser Gesellschaft darf man so etwas nicht, schuld sind eigentlich ...«),
- Rechtfertigungen (»Das geht nicht, weil ...«) und
- Ablenkungen (»Eigentlich würde ich ja gern, aber jetzt habe ich anderes zu tun!«).

Wir finden tausendundeinen Grund dafür, jetzt gerade nicht den Horizont zu überschreiten und warum es total logisch und »richtig« ist, so zu bleiben, wie wir sind – und zu 99 Prozent liegt so ein Grund außerhalb unserer selbst. Dadurch erschaffen wir uns die Illusion, für unser Nicht-Handeln auch nicht verantwortlich zu sein. Diese bequemen Gedanken sind nur zu menschlich und schützen letztlich unser Ego davor, sich zu verändern, neu geboren zu werden. Alles soll so bleiben, wie es ist. Doch wenn wir in einer Situation der anstehenden Grenzüberschreitung immer nach dieser Maxime leben würden, gäbe es keine Entwicklung – zumindest keine freiwillige, denn manch einer, der es sich zu bequem gemacht hatte, wurde auch schon mal kurzerhand vom »Schicksal« über den Horizont geworfen.

In und um den anfänglich leeren Kreis ist es nun recht voll geworden. Das Ganze dürfte in etwa so aussehen:

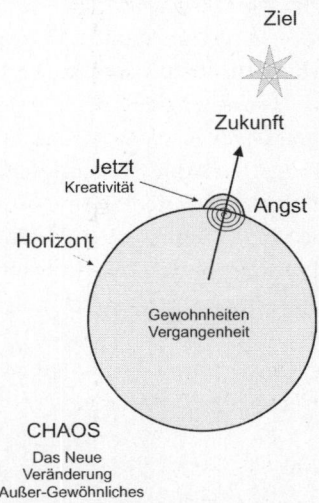

Abbildung 3: So könnte Ihre Skizze der Horizontüberschreitung aussehen!

Letzter Schritt

Nun kommen wir zum letzten Teil der Übung. Ihre Aufgabe lautet:

- Suchen Sie sich für den heutigen Tag/diese Woche eine kleine, ganz persönliche Herausforderung.

Dies sollte etwas sein, vor dem Sie vielleicht sogar ein wenig Angst haben, aber der Reiz, es zu tun, sollte mindestens ebenso stark sein. (Wenn Ihnen jetzt nichts einfällt, dann prüfen Sie doch bitte, auf welche Frequenz Ihr inneres Radio gerade eingestellt ist, welche Rechtfertigungen, Ablenkungen, Schuldzuweisungen sich Ihnen aufdrängen möchten.) Es geht jetzt gar nicht so sehr darum, etwas besonders Sinnvolles zu tun, sondern vielmehr um jenen Moment des Aufbruchs, der Eroberung neuen Gebietes. Kurz: es geht in dieser Übung darum, den Horizont zu überschreiten! Sie dürfen daher gern irgendetwas machen, das Sie noch nie getan haben, es sollte einfach etwas Neues sein. Egal wie sinnlos es sein mag: in jedem Fall sollte es eine persönliche Herausforderung darstellen.

Ein paar Beispiele: Wenn Sie eigentlich ein sehr ruhiger Mensch sind, dann könnte ein wirklich neues Ziel für Sie sein, mal richtig das Haus zusammenzuschreien. Oder: wenn es Ihnen schwer fällt, um etwas zu bitten, dann rufen Sie heute gleich mal Ihre beste Freundin an und bitten sie um einen Gefallen. Ein letztes Beispiel: Wenn Sie ein sehr redseliger Mensch sind, dann schweigen Sie doch einfach mal bewusst in einer Situation, in der Sie normalerweise sofort etwas zu sagen hätten. Bevor Sie losspurten – notieren Sie jetzt bitte hier, was Sie sich für heute/für diese Woche vornehmen möchten:

Haben Sie immer noch Schwierigkeiten? Dann lassen Sie Ihr inneres Radio erst einmal gewähren und schreiben Sie einfach alles auf, was es Ihnen zu sagen hat, jetzt wo es darum geht, Neuland zu erobern. Danach richten Sie Ihre Aufmerksamkeit wieder auf die Suche nach Ihrer persönlichen Herausforderung für heute.

Und dann: Viel Spaß auf Ihrem Weg zu neuen Horizonten!

Reflexion

Hier haben Sie die Möglichkeit, die Erfahrungen Ihrer ganz persönlichen Horizontüberschreitung zu reflektieren. Beantworten Sie folgende Fragen.

- Wie ist es Ihnen insgesamt ergangen?
- Haben Sie es getan oder nicht?
- **Wenn ja:** Wie fühlten Sie sich danach? Wie war es, als Sie sich auf »neues Terrain« begaben? War die Angst spürbar? Gab es vor dem »Grenzübergang« das innere Radio in Ihrem Kopf? Was hat es alles gesagt?
- **Wenn nicht:** Wie war das Gefühl kurz nach der Entscheidung, es nicht zu tun? Haben Sie vielleicht einfach »vergessen«, es zu tun? Dann haben Sie ja morgen wieder die Gelegenheit. Lief das innere Radio auf Hochtouren? Was hat Ihr Verstand alles gesagt?
- Wie ist es, »neu geboren« zu werden?
- Haben Sie das Gefühl, etwas mehr von Ihrer Besonderheit in die Gesellschaft eingebracht zu haben? Was könnte es zukünftig sein, wodurch Sie noch mehr von Ihrer Einzigartigkeit leben könnten?

Partnerübung: Mein persönlicher Coach

Was ist Coaching?

Wenn wir den Weg unserer Individualität gehen und unseren Horizont überschreiten wollen, so kann uns das niemand abnehmen. Doch wir haben die Möglichkeit, die Hilfe anderer Menschen in Anspruch zu nehmen: Sie können uns begleiten, unterstützen und uns mit ihrer Anwesenheit helfen, diese schwierige Aufgabe zu bewältigen. Darum geht es in der folgenden Partnerübung.

Die Aufgabe, jemanden während eines solchen Prozesses zu begleiten, ist keine leichte. Vergleichbar ist sie mit der Arbeit einer Hebamme bei der Geburt: Sie ist während des Geburtsvorgangs anwesend, doch sie wird niemals aktiv einschreiten, solange es keine Komplikationen gibt. Ihre Aufgabe besteht in erster Linie darin, der Gebärenden Mut zu machen und ihr die Sicherheit zu vermitteln, dass sie es schaffen wird, das Kind auf die Welt zu bringen. Die eigentliche Mühe und Arbeit sowie die damit verbundenen Schmerzen bleiben jedoch bei der werdenden Mutter.

Coaching wird oft mit dieser Hebammen-Funktion verglichen: Es bedeutet, einen Menschen zu begleiten, der in einem Veränderungsprozess steckt. Die einzelnen Schritte können ihm nicht abgenommen werden, doch kann er bei seinem Übergang kompetente Begleitung und Unterstützung erfahren. Hilfreich ist dabei vor allem, dass der Coach nicht in das jeweilige Problem involviert ist: Er schaut vielmehr »von außen« auf den Kontext des Ratsuchenden. Dabei fallen ihm oft Dinge auf, die man selbst – mangels Distanz – niemals sehen würde. Zudem lebt ein gelungenes Coaching von den richtigen Fragen, die der Coach stellt – und davon, dass er genau zuhört, welche Antworten ihm gegeben werden. Dies ist wahrscheinlich der größte Unterschied zu manchem privaten Gespräch, in dem der Rat Suchende von gut gemeinten Ratschlägen wortwörtlich oft erschlagen wird. »Ach, so geht es dir? Jaja, das kenne ich: Versuch doch mal ...« und dann kommen sofort viele wohlmeinende Tipps, ohne näher nachzufragen und weiter zuzuhören.

Die folgende Übung kann natürlich kein professionelles Coaching ersetzen, in dem die Anliegen und Fragestellungen eines Klienten zielorientiert und kompetent bearbeitet werden. Doch wenn das Motiv die ehrliche Absicht ist, dem Partner bei seinem Weg in die Zukunft beizustehen, dann können Sie beide nur profitieren.

Übungsanleitung

Suchen Sie sich einen Raum, in dem Sie beide für mindestens eineinhalb Stunden ungestört sind. Sie können auch einen Kassettenrekorder benutzen, um das Gespräch aufzuzeichnen. Das kann sehr sinnvoll sein, um sich ganz entspannt auf den Gesprächspartner und den Gesprächsverlauf zu konzentrieren. Mitschreiben lenkt oft zu sehr ab, zudem können Sie sich die Antworten auf diese Weise später noch einmal detailliert zu Gemüte führen.

Einigen Sie sich, wer zuerst der Coach sein will, nehmen Sie die Rollen ein – und setzen Sie sich mit einigem Abstand einander schräg gegenüber. Dann beschreibt der »Rat Suchende« sein Anliegen: Wie könnte meine Horizontüberschreitung aussehen? Was möchte ich tun?

Der Coach soll dieses Anliegen nun mit seinen Fragen Stück für Stück abklopfen. Ziel des Gesprächs sollte es sein, dass der Befragte hinterher ganz klar weiß, was er wann genau tun will, warum er es tun will, welche Ressourcen er zur Verfügung hat, welche Konsequenzen er erwarten kann und dass er letztendlich motiviert und bereit dazu ist, seine Grenze wirklich zu überschreiten. Achten Sie in der Rolle des Coachs während des Gesprächs auf die Zeit: Das Gespräch sollte in etwa eine Dreiviertelstunde dauern. Lassen Sie sich als Coach von den folgenden Fragen inspirieren, doch fühlen Sie sich frei, eigene Fragen zu stellen, wenn sie besser zum Kontext passen. Mögliche Fragen, die Sie als Coach stellen können:

- Was genau möchtest du tun? Weshalb? Was möchtest du mit deinem Handeln erreichen? Ist es wirklich sinnvoll?
- Angenommen, das, was du vorhast, hat Erfolg: Welche Konsequenzen hätte das für wen?
- Wann möchtest du es tun? Ist das der richtige Zeitpunkt?
- Gibt es irgendeinen Teil in dir, der dagegen ist? Was sagt er?
- Was sind deine Rechtfertigungen, Ablenkungen und Schuldzuweisungen?
- Angenommen, du tust es: Wovor hast du Angst?
- Wächst du mit der Handlung, die du vorhast, über dich selbst hinaus? Und wenn ja: wohin?
- Welche Werte werden in dir mit deiner Handlung angesprochen und gefördert?
- Wenn du diese Handlung nicht ausführst: Welche Konsequenzen hätte das? Für wen?
- Hast du schon einmal vor einer ähnlichen Situation gestanden? Wenn ja: Was hast du damals getan – was ist der Unterschied zu heute?
- Was genau brauchst du noch, damit du den Sprung in die Zukunft schaffst? Und über welche (inneren und äußeren) Ressourcen verfügst du bereits?

Nach dem Gespräch legen Sie bitte eine Pause von fünf Minuten ein, bevor Sie die Rollen wechseln.

Sie können einander auch weiterhin begleiten, gerade dann, wenn Sie Ihren Sprung in die Zukunft wagen. Setzen Sie sich jedoch auf jeden Fall nach der Horizontüberschreitung noch einmal zusammen, um darüber zu reflektieren. Es kann sehr schön sein, sich gegenseitig wachsen zu sehen.

Hilfreiche Affirmationen und Glaubenssätze

- Es ist in Ordnung, wenn ich die Initiative ergreife.
- Ich kann Unterstützung bekommen und gleichzeitig eigenständig handeln.
- Ich weiß, was ich will, und mache den ersten Schritt *jetzt*.

Stier

> »Man soll sich mehr um die Seele als um den Körper kümmern;
> denn Vollkommenheit der Seele richtet die Schwächen
> des Körpers auf, aber geistlose Kraft des Körpers
> macht die Seele nicht besser.«
>
> *Demokrit*

> »Der Körper ist der Übersetzer der Seele ins Sichtbare.«
>
> *Christian Morgenstern*

Viele Menschen in der westlichen Zivilisation leben heute an ihren körperlichen Bedürfnissen vorbei und immer mehr Krankheiten sind auf einen schlechten Umgang mit unserem Körper zurückzuführen. Schuld daran ist, dass wir den Respekt vor unserem Körper verloren haben und ihn als etwas betrachten, das sich bedingungslos unseren Zwecken und Zielen zu unterwerfen hat.

Aber nicht nur die Genussmittel-Industrie zehrt von dieser mangelnden Wertschätzung des Körpers, sondern auch die Fitness-Industrie. Denn während wir unsere von Stress und Hektik geprägten Lebensgewohnheiten nicht aufgeben wollen, glauben wir unseren Körper durch Training an Laufbändern und in Aerobic-Kursen so weit »ertüchtigen« zu können, dass er uns keinen Strich durch die Rechnung macht und weiterhin pariert. In einer Zeit, in der es nichts gibt, das nicht irgendeinem Zweck zugeführt werden könnte, ist auch der eigene Körper nichts anderes als ein Instrument, ein Werkzeug.

Wir sprechen heute von Fitness, aber wem ist schon bewusst, dass dieses englische Wort eigentlich auf Anpassung hinweist – Anpassung an die Anforderungen des Alltags. Wenn wir heute von der Befriedigung körperlicher Bedürfnisse, von bewusster Ernährung und Fitness sprechen, dann hört sich das so an, als ob wir einer Maschine bestimmte Stoffe zuführen wollten, damit sie reibungslos funktionieren kann. Altmodisch dagegen hört es sich an, wenn wir von »leiblichem Wohl« sprechen – ein Ausdruck, der fast diametral zur Künstlichkeit zwischen »Workout« und »Stretching« steht.

Was ist der Unterschied zwischen Leib und Körper? Das Wort »Körper« leitet sich vom lateinischen *corpus* ab und steht ursprünglich für den unbeseelten Aspekt des Körpers, die reine Materie. Deshalb verwendete man dieses Wort auch für den leblosen Körper, den Leichnam. Im Englischen hat sich dieses Wort als *corpse* erhalten – »Leiche«. »Leib« hingegen ist verwandt mit dem Wort »Leben« – es steht für das lebendige Empfinden, ein Mensch mit einem Körper zu sein.

Der Leib ist wie eine Insel, von der aus wir in alle Richtungen blicken können: er ist das Zentrum unserer Erfahrungen, von dem unsere Wahrnehmungen strahlenförmig ausgehen und die Welt berühren. Wenn wir in unserem Leib sind, dann sind wir in uns selbst verwurzelt, und zwar im Hier und Jetzt: Wir ruhen in uns.

Der Körper aber ist stets das, was andere von uns wahrnehmen und beurteilen: Wir spüren den Blick der Gesellschaft auf uns, der uns nach bestimmten Kriterien bewertet. Sind wir zu dick? Zu dünn? Zu groß, zu klein? Hässlich oder hübsch? Der Körper ist wie ein Kleid, in dem wir stecken und das an uns haftet: Manchmal ist er weniger Ausdruck unserer Persönlichkeit, sondern vielmehr ein Spiegel der Erwartungen und Wünsche anderer. Er gehört zum *Outfit* – wörtlich: der Anpassung im Äußeren.

Als Leib jedoch fühlen wir uns wohl in unserer Haut, so wie wir sind. Wenn wir uns als Leib wahrnehmen, blicken wir in die Welt hinaus und *sind* einfach. Für sich genommen interessiert es den Leib wenig, ob er männlich oder weiblich, dick oder dünn, feingliedrig oder grobschlächtig ist – er ist, wie er ist: der Mittelpunkt des Gefühls, am Leben zu sein.

Mens sana in corpore sano – ein gesunder Geist wohnt in einem gesunden Körper. Heute verstehen wir darunter, dass ein gesunder Körper auch Garant für einen gesunden Geist sei. In Wirklichkeit aber ist damit gemeint, dass die geistige Haltung darüber entscheidet, ob ich mich gesund in meinem Körper fühle oder nicht. Wenn es uns »leiblich wohl ergeht«, fühlen wir uns gesund – es ist mehr als einfach nur das reibungslose Funktionieren unserer Organe und ein frischer Teint. Es ist ein grundsätzliches Gefühl, in unserem Körper zu Hause zu sein. Die fitnessgestählten Bodys sind das genaue Gegenteil davon: hier sind Geist und Körper getrennt. Wie wir uns in unserem Körper fühlen, wird dadurch bestimmt, wie andere uns wahrnehmen. Nicht mehr unser Geist wohnt in unserem Körper, sondern der Zeitgeist mit seinen Konventionen und Normen. Die Unzufriedenheit mit uns selbst wächst: Wir messen uns an Kriterien, die nicht unsere eigenen sind, und folgen einem Drang nach Perfektion, den man uns übergestülpt hat. Schneller, höher, weiter, mehr – immer eifriger jagen wir dem Ideal des »fitten« Körpers nach, der all diesen Anforderungen gerecht wird, um ja nicht den Anschluss zu verlieren.

Dahinter steckt das Bedürfnis, dazuzugehören. Wir wollen kein Leib sein, der argwöhnisch beäugt wird, weil er den Standards nicht entspricht – lieber basteln wir an unserem Körper, bis er dem Ideal entspricht, das wie ein Damoklesschwert über uns hängt und uns stetig zu körperlichen Leistungen drängt. Aber je mehr Körper wir werden, umso weniger gehören wir uns selbst. Wir werden immer mehr Eigentum von Ideen, die nicht aus unserer Mitte geboren sind, sondern Trends und Moden entsprechen.

Das Bedürfnis nach Zugehörigkeit ist ein essenzielles Bedürfnis des Menschen. Wir schließen uns Gruppen und Cliquen an, haben Freundes- und Familienkreise, denen wir angehören und in denen wir uns aufgehoben fühlen. Zugehörigkeit hat etwas mit dem Gefühl von Geborgenheit und Sicherheit zu tun. Sie ist eine äußerst sinnliche Erfahrung des Akzeptiertseins. Im Kreis wahrer Freunde erleben wir das Gefühl leiblichen Wohlseins auf einer ganz besonderen Ebene: hier ist der Blick der Gesellschaft ausgeschlossen und wir fühlen uns nicht mehr ständig beobachtet und kontrolliert. Solche Gruppen können wir Gemeinschaft nennen.

Echte Zugehörigkeit lässt uns sein, wie wir sind. Wir müssen uns nicht in irgendeiner Form anpassen oder Angst haben, die Zugehörigkeit zu verlieren, wenn wir bestimmten Vorgaben nicht entsprechen. In vielen Gruppen unserer Gesellschaft aber geht es genau darum: Zugehörigkeit ist nicht selbstverständlich, sondern setzt Anpassung an bestimmte Standards voraus. Auch wenn echte Zugehörigkeit immer seltener wird, verlieren wir jedoch unser grundsätzliches Bedürfnis nach Geborgenheit nicht. Deshalb lassen sich viele immer weiter in vorgefertigte Schablonen pressen und sich damit in ihrer Persönlichkeit beschneiden – um dazuzugehören.

Menschen streben nach Bindung, weil sie wissen, dass im Verbund mit anderen viele Schwierigkeiten leichter behoben werden können als im Alleingang: Gemeinsam sind wir stark. Wer sich in eine solche schützende Gemeinschaft eingebettet sieht, wird von ihr genährt: sie gleicht Schwächen aus und fördert die Stärken der Einzelnen zugunsten aller. Die Bindung an die Gemeinschaft bedeutet aber auch die Bereitschaft zu geben. So wird jeder Einzelne vom Ganzen gefördert und gefordert, er nimmt *und* gibt. Eine echte Gemeinschaft baut auf der Solidarität ihrer Mitglieder auf.

Wenn sich Gruppen aber rein aus dem Drang nach Zugehörigkeit heraus bilden, hat das mit Solidarität oder Gemeinschaft nichts zu tun. Es ist nicht mehr die Suche nach dem Ausgleich von Stärken und Schwächen, welche die Menschen zusammenbringt, sondern die Unterwerfung unter ein Ideal – was dabei herauskommt, lässt sich nur als Konformismus bezeichnen. Vielleicht verspricht man sich Vorteile davon, in bestimmten Kreisen zu verkehren. Vielleicht hat man aber auch nur Angst, unangenehm aufzufallen und kurzerhand ausgeschlossen zu werden.

In einer solidarischen Gemeinschaft ist der Mensch unersetzlich, weil er einzigartig ist. In einer konformistischen Gruppe aber ist der Einzelne so gut wie jeder andere, denn alle bemühen sich darum, gleich zu sein – und werden damit austauschbar. Weil sie das wissen, bemühen sich Menschen in solchen Gruppen stets darum, noch angepasster zu sein, um die Gefahr des Ausschlusses zu minimieren. Aber dafür gehören sie immer weniger sich selbst.

Wenn wir ganz Leib sind, dann spüren wir den Druck des Konformismus nicht, sondern fühlen uns als schöpferische Mitte des Universums: alles hängt von uns ab, aber alles geht auch von uns aus – wir sind der Knotenpunkt, an dem alle Fäden des Lebens zusammenlaufen. Als Körper aber hängt nichts von uns, sondern wir von anderen ab: wir gestalten uns nicht, sondern werden gestaltet, wir besitzen nicht, sondern werden besessen, wir leben nicht, sondern werden gelebt.

Der Schlüssel zu einer Veränderung dieser Situation besteht darin, die Aufmerksamkeit von außen nach innen zu verlagern. Wir müssen wieder in uns hineinspüren, um zu erfahren, wie wohl es uns leiblich geht: wir müssen unseres Leibes habhaft – im wahrsten Sinne des Wortes wieder leibhaftig werden.

Essenz

Meine Situation: Ich habe das Gefühl, dass ich nicht mir selbst gehöre. Insbesondere fühle ich meinen Körper dem Druck der Konformität ausgesetzt und vernachlässige mein leibliches Wohl.
Mein Bedürfnis: Der Wunsch, in meinem Körper zu Hause zu sein, nach mehr Genuss und Sinnlichkeit. Ich will so, wie ich bin, angenommen sein.
Meine Herausforderung: Mich nach innen wenden und zur leiblichen Mitte des eigenen Lebens werden.
Meine persönliche Erkenntnis:

Übungen

Einzelübung: Vom Körper zum Leib

In der folgenden Übung geht es darum, sich seines Körpers als Leib bewusst zu werden, sich Zeit für ihn zu nehmen, ihn zu würdigen und zu achten – ihm vielleicht ein bisschen mehr Aufmerksamkeit zu schenken als gewöhnlich. Dabei gehen wir Schritt für Schritt vor.

Vorübung

Diese Vorübung ist für diejenigen gedacht, die noch nie so etwas wie eine Entspannungsübung oder Fantasiereise gemacht haben. Wem es unbekannt ist, seine Aufmerksamkeit nach innen zu richten, dem fällt es meistens anfangs etwas schwer, sich auf eine solche Körpererfahrung einzulassen. Deshalb: Probieren Sie es doch vorher einfach mit geöffneten Augen, ohne Entspannung – und nur ein paar Minuten im Sitzen: Gehen Sie geistig Ihre einzelnen Körperteile durch, so wie sie jetzt gerade sind: In welcher Haltung befinden sich Ihre Füße? Ihre Beine, Knie, Oberschenkel usw.? Konzentrieren Sie sich einfach für fünf Minuten auf Ihren Körper. Es ist gar nicht so schwer! Wenn Sie das schaffen, werden Sie auch mit der folgenden Übung keine Probleme haben.

1. Schritt

- Malen Sie bitte Ihren Körper auf ein Blatt Papier, so, wie Sie sich gerade selbst sehen.

Es genügt ein grobe Skizze – oder Sie verwenden einfach die folgenden Abbildungen.

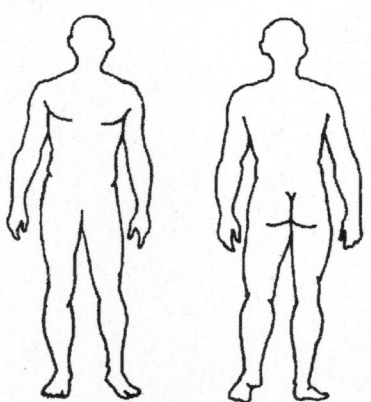

Abbildung 4: Hier können Sie die Stellen Ihres Körpers markieren, die Ihnen während der Übung besonders aufgefallen sind.

Dann legen Sie diese Zeichnung zunächst noch einmal beiseite. Lesen Sie die hier vorgeschlagene Körperreise (Schritt 2) erst einmal in Ruhe durch. Wenn Sie Schwierigkeiten haben, sie allein durchzuführen, dann bitten Sie entweder jemanden, sie vorzulesen, oder sprechen Sie den Text auf Band.

- Stellen Sie sicher, dass Sie in den nächsten 15 Minuten ungestört sind.

Das ist sehr wichtig, denn nur dann haben Sie die innere Ruhe, um sich auf eine kleine Körperreise zu begeben, in der Sie mit verschiedenen Körperstellen Kontakt aufnehmen werden. Prüfen Sie, ob Sie vorher noch grundlegende Bedürfnisse zu stillen haben, denn mit einem leeren Magen oder dem Drang, zur Toilette gehen zu müssen, übt es sich erfahrungsgemäß schlecht.

2. Schritt

- Setzen oder legen Sie sich gemütlich hin, mit dem Wissen, dass die nächste Viertelstunde nur Ihnen gehört. Ihnen und Ihrem Körper.

Beginnen Sie die Übung, indem Sie zunächst einmal beobachten, wie Sie sitzen oder liegen. Ist es bequem? Oder wollen Sie noch etwas ändern, damit es noch bequemer, noch angenehmer wird? Denken Sie daran, dass Sie sich in den nächsten 15 Minuten wenig bewegen sollen, damit Sie auf eine innere Reise gehen können. Wenn Sie sich also in eine Stellung gebracht haben, in der nichts mehr zwickt und stört, in der Sie sich einfach wohl fühlen, dann können Sie die Augen schließen.

- Richten Sie Ihre Aufmerksamkeit jetzt bitte auf den Atem. Sie müssen gar nichts verändern, einfach nur beobachten, wie Ihr Atem ein- und wieder ausströmt ...

Beobachten Sie dabei, wie tief Ihr Atem Sie erfüllt, wo Sie von ihm bewegt werden. Fühlen Sie ihn in der Brust? Strömt er sogar etwas weiter hinunter bis in den Bauch? Spüren Sie ihn in den seitlichen Rippenbögen? Sie können auch die Hände zu Hilfe nehmen und sie auf Ihren Bauch legen, etwa im Bereich des Bauchnabels. Spüren Sie, wie der Atem Ihre Hände bewegt, nach oben beim Einatmen – und nach unten beim Ausatmen ... Lassen Sie die Hände ein paar Atemzüge lang so liegen und konzentrieren Sie sich nur auf diese Bewegung: das Auf und Ab der Hände, verbunden mit dem Ein- und dem Ausatmen.

Durch die Beobachtung Ihres Atems stellt sich Ruhe ein. Jetzt fällt es Ihnen leicht, sich weiter auf Ihren Körper zu konzentrieren.

- Nehmen Sie wahr, welche Stellen Ihres Körpers den Boden berühren.

Wie ist dieser Kontakt? Wie fühlt sich der Boden an, der Sie trägt? Welche Stellen haben mehr Kontakt, welche weniger? Gibt es Unterschiede zwischen links und rechts? Spüren Sie, wie Sie mit jedem Ausatmen etwas mehr Ihres Gewichts dem Boden überlassen und etwas von Ihrem Alltagsstress, Ihren Sorgen und negativen Gedanken an den Boden abgeben können, loslassen und dabei immer entspannter und gelöster werden.

- Dann beginnen Sie mit Ihrer kleinen Reise durch den Körper.

Beginnen Sie bei den Füßen: Gehen Sie mit Ihrer Aufmerksamkeit zu den Zehen. Spüren Sie jede Anspannung in den Zehen auf – und entspannen Sie. Gehen Sie dann weiter zu den Fußsohlen und spüren, wie diese sich anfühlen – verspannt oder entspannt – und lassen Sie auch hier alle unnötige Spannung los. Gehen Sie auf Ihrer inneren Reise weiter zu Fußknöcheln, Unterschenkeln, Waden und Knien und immer weiter durch Ihren gesamten Körper: Oberschenkel – Gesäß –

Becken – Bauch – Brust – unterer Rücken – oberer Rücken – Schultern – Ober- und Unterarme – Hände und Finger – Nacken – Kopf – Kopfhaut – Gesicht – Augen und Augenbrauen – Lippen – und Zunge.

Ihr ganzer Körper ist jetzt ruhig und entspannt, Ihr Atem fließt gleichmäßig ein und aus und Ihre Aufmerksamkeit ist voll und ganz auf Ihren Körper gerichtet, hier und jetzt.

Wie Sie jetzt so daliegen oder -sitzen – stellen Sie sich vor, Ihre einzelnen Körperteile und Organe könnten sprechen.

Welcher Bereich, welche Stelle würde sagen: »Mir geht es richtig gut! Ich werde genug beachtet, gepflegt und versorgt. Mir fehlt es an nichts.«

Und gibt es Stellen, die sich lauthals beschweren würden? Wenn ja, welche Körperteile wären das? Was würden sie sagen?

Und vielleicht gibt es Stellen Ihres Körpers, die sich zwar im Großen und Ganzen in Ordnung fühlen, sich aber nichtsdestotrotz etwas mehr Beachtung und Pflege wünschen würden? Welche sind es – und was würden sie sagen? Lassen Sie alle Bilder und inneren Stimmen zu, nehmen Sie sie einfach wahr – und hören Sie zu, was sie Ihnen zu sagen haben.

• Und dann verabschieden Sie sich langsam wieder von Ihrem Körper und kommen mit Ihrer Aufmerksamkeit in den Raum zurück.

Nehmen Sie wahr, wie Sie sitzen oder liegen. Vielleicht sind Sie neugierig, welche Stellen Ihres Körpers sich zuerst bewegen möchten. Bewegen Sie auch die Finger, die Hände und Füße. Recken und strecken Sie sich wie eine Katze, die nach einem tiefen und erholsamen Schlaf aufwacht. Machen Sie die Augen wieder auf und spüren Sie, wie frisch und munter Sie sich fühlen!

3. Schritt

- Mit der Erinnerung an Ihre Körperreise nehmen Sie jetzt
  bitte wieder das Blatt mit der Skizze Ihres Körpers hervor.
Bitte markieren Sie nun jeweils mit verschiedenen Farben alle
Körperstellen, die sich

- gut
- mittel
- schlecht

behandelt fühlen. Lassen Sie sich genug Zeit. Überlegen Sie,
wie lange dieser Zustand schon andauert, und ob es Zeiten
gab, in denen Sie sich selbst anders – vielleicht besser –
behandelt haben.

Und dann gehen Sie noch einmal kurz in sich und fragen
die Körperstellen, die sich schlecht behandelt fühlen: Was
wünscht ihr euch, was bräuchtet ihr, um euch besser zu
fühlen? Lassen Sie wiederum jedes gefragte Körperteil auf
seine ganz eigene Weise antworten: es mögen innere Worte
auftauchen, aber auch Bilder oder Gefühle. Notieren oder
skizzieren Sie dies auf Ihrem Körperbild. Verfahren Sie ebenso
mit den Körperteilen, die sich mittelprächtig von Ihnen behandelt fühlen, und befragen Sie am Schluss die, die sich wohl
fühlen: Was genau macht es aus, dass ihr euch gut behandelt
fühlt?

- Bitte schauen Sie sich jetzt Ihre Skizze mit den markierten
  Stellen und den Antworten Ihres Körpers noch einmal an.
Wie geht es Ihnen, wenn Sie sich so betrachten? Sorgen Sie
genug für sich und Ihren Leib? Was sollten Sie so bald wie
möglich ändern? Hören Sie auf die Stimmen Ihres Körpers. Er
selbst gibt alle Antworten, Sie müssen nur lernen, ihm zuzuhören und sich selbst ernst genug zu nehmen.

- Tun Sie gleich heute Ihrem Körper etwas Gutes. Vielleicht
  gönnen Sie sich ein heißes Bad mit einem wunderbar
  riechenden Badezusatz oder machen einen ausgiebigen
  Spaziergang. Der Möglichkeiten sind viele ...

Partnerübung: Sich fallen lassen

Es fällt vielen von uns ja schon schwer genug, gut für sich zu
sorgen, behutsam und achtsam mit sich selbst umzugehen.
Dann auch noch eine andere Person etwas für sein leibliches
Wohl tun zu lassen, ist oft eine noch größere Herausforderung. Denn wenn ich wirklich das leibliche Wohl meine, erschöpft sich der Kontakt mit dem anderen nicht in einer rein
mechanischen Schultermassage, in der die Schultern vom
Rest des Körpers separiert werden, der Masseur geistesabwe-
send die betroffene Körperstelle bearbeitet und der Massierte
schon über die nächsten Aufgaben des Tages nachdenkt ... Es
erfordert von beiden, sich auf den anderen einzulassen – und
gleichzeitig ganz bei sich selbst zu sein, also im wahrsten Sinne echten Kontakt herzustellen. Das geht nur ohne die Angst,
der andere könnte mir zu nahe kommen oder vielleicht eine
unliebsame Stelle meines Körpers entdecken, die mir peinlich
ist, da sie nicht »perfekt« zu sein scheint. Mit anderen Worten:
Vertrauen geht der Vertrautheit voraus. Das Vertrauen bezieht
sich auf den eigenen Leib: dass ich sein darf, wie ich eben bin,
sowie auf den Partner: dass er mich sein lässt, wie ich bin.
Oder anders ausgedrückt: dass wir beide einfach so sein dürfen, wie wir eben sind. Dann kann sich echte Geborgenheit
entwickeln. Dies können Sie in der folgenden Übung ausprobieren, ohne sich dabei wirklich körperlich »zu nahe« kommen
zu müssen.

Vorbereitung

- Nehmen Sie sich für diese Übung ausreichend Zeit (am besten eine Stunde), in der Sie völlig ungestört sein können.

Stellen Sie dafür möglichst auch das Telefon leise, und vergewissern Sie sich, dass wirklich niemand Sie stören kann. Wählen Sie einen Raum, in dem Sie sich beide wohl fühlen, sorgen Sie für angenehme Wärme, frische Luft sowie einen Platz, auf dem einer von Ihnen liegen kann, am besten auf dem Boden. Vielleicht legen Sie eine Decke aus. Es geht nun darum, dass jeder von Ihnen sich für je eine halbe Stunde fallen lässt, sich in die Hände des anderen begibt – und etwas von ihm geschenkt bekommt.

Übungsanleitung

Die Übung sollte am besten schweigend durchgeführt werden. Wenn es nicht anders geht, sprechen Sie möglichst leise und mit gedämpfter Stimme.

- Partner A

Legen Sie sich entspannt auf den Rücken, ziehen Sie auf jeden Fall die Schuhe und eventuell noch andere beengende Kleidungsstücke aus. Prüfen Sie, ob Sie bequem für eine Weile so liegen können, und überlassen Sie sich im Weiteren einfach dem anderen, in der Sicherheit, dass Sie ihm in allem, was er tun wird, völlig vertrauen dürfen. Sie müssen jetzt nichts tun, nichts leisten, nichts schaffen, einfach nur da sein und sich hingeben. Am besten, Sie schließen dabei auch die Augen.

- Partner B

Ihre Aufgabe gliedert sich in drei Teile:

1. Widmen Sie sich nacheinander den Armen und Beinen Ihres Partners (insgesamt etwa 15 Minuten lang): Fangen Sie mit einem Arm an: Erschrecken Sie Ihren Partner nicht,

nehmen Sie behutsam zuerst seine Hand auf, halten Sie sie in Ihren Händen, während Sie darauf achten, dass er nicht »mithilft«, sondern wirklich ganz locker lässt. Das können Sie ganz einfach überprüfen, indem Sie sie kurz fallen lassen – wenn Ihr Partner die Hand in der Luft behält, hilft er aktiv mit.

Dann bewegen Sie die einzelnen Finger, die Hand und damit das Handgelenk ganz behutsam und langsam – so, wie Sie glauben, dass es Ihrem Partner richtig gut tut. Dann weiten Sie diese Bewegung langsam auf den Unterarm aus, nehmen Hand und Unterarm vom Boden auf und bewegen auch hier alle beteiligten Gelenke – und fahren dann mit dem gesamten Arm fort, sodass auch das Schultergelenk sanft bewegt wird, indem Sie den ganzen Arm in alle Richtungen bewegen, mal leicht drehen, mal leicht ziehen, so wie Sie glauben, dass es angenehm ist. Dann legen Sie den Arm Ihres Partners behutsam wieder am Boden ab und widmen sich dem Bein auf der gleichen Seite. Fangen Sie mit dem Fuß an, bewegen Sie die Zehen, das Fußgelenk usw., so wie Sie es schon mit dem Arm gemacht haben. Und so fahren Sie fort, bis Sie beide Arme und Beine vollständig bewegt haben.

Beobachten Sie die Atmung Ihres Partners: Wird der Bauch durch den Atemfluss bewegt, hebt und senkt sich die Bauchdecke beim Ein- und Ausatmen? Und wie ist Ihre eigene Atmung: Auch Ihr Atem sollte ganz ruhig und tief sein – und ganz von allein fließen dürfen, ohne dass Sie etwas dazutun.

2. Kümmern Sie sich nun um den Kopf Ihres Partners (etwa 10 Minuten lang): Knien oder setzen Sie sich bequem hinter ihn, sodass Sie seinen Kopf gut in beide Hände nehmen können. Und dann berühren Sie ganz zart und vorsichtig seinen Haaransatz. Streichen Sie ihm langsam und behutsam über den Kopf – so lange, wie Sie glauben, dass es Ihm gut tut – und fahren dann allmählich mit allen zehn Fingern zu seinem Hinterkopf, so, dass Sie den Schädel in Ihre Hände nehmen

und leicht nach oben heben können, ähnlich, wie Sie es schon mit den Armen und Beinen getan haben. Spüren Sie, wie schwer so ein Kopf eigentlich ist.

Dann halten Sie den Kopf, bewegen ihn leicht nach links und nach rechts, nach oben und nach unten und wiegen ihn in Ihren Händen. Überprüfen Sie wieder, ob Ihr Partner »mithelfen« möchte, oder ob er wirklich loslässt. Schließen Sie diesen Teil langsam ab, indem Sie den Kopf wieder ganz behutsam auf dem Boden ablegen.

3. Nun ist (für etwa 5 Minuten) Ihre eigene Kreativität gefragt: Nehmen Sie sich des Körperteils Ihres Partners an, von dem Sie glauben, dass es am meisten Fürsorge gebrauchen kann – und dem Sie etwas schenken wollen: Bei den meisten ist es der verspannte Nacken oder der leicht schmerzende Kopf, es können aber auch Gesicht, Beine, Füße oder Rücken sein: Vermitteln Sie Ihrem Partner möglichst schweigend, welches Körperteil jetzt beschenkt wird. Lassen Sie sich überraschen, was Ihren Händen (die ja nun schon geübt sind) alles einfallen wird, um Ihrem Partner an der ausgewählten Körperstelle ein Geschenk zu machen – und ihm eine Massage, Berührung oder Bewegung zu schenken, die ihm wirklich gut tut.

Beenden Sie dann langsam die Übung und lassen Ihrem Partner noch ein paar Minuten Zeit, um liegen zu bleiben und den Berührungen und Bewegungen nachzuspüren.

• Nach ein paar Minuten Pause wechseln Sie die Rollen.

Und bevor Sie danach wieder in den Alltag zurückkehren, gönnen Sie sich noch etwas Gutes für Ihr leibliches Wohl: Vielleicht möchten Sie gemeinsam etwas kochen?

Reflexion

Nehmen Sie sich nach der Übung auch ein wenig Zeit, um die folgenden Fragen für sich zu beantworten.

- Wie war es?
- Wie fühlen Sie sich jetzt?
- Wie haben Sie sich während der Übung gefühlt?
  - als Gebender?
  - als Empfangender?
- Fiel es schwer, sich hinzugeben?
- Wenn ja: Was genau war daran so schwer?
- Ist die Vertrautheit mit dem Partner eine andere als vor der Übung?

Hilfreiche Affirmationen und Glaubenssätze

- Ich darf mir darüber im Klaren sein, was ich jetzt brauche.
- Mein Körper ist der Tempel meiner Seele. Es macht mir Spaß, ihn zu beachten und zu pflegen. Ich höre zu, was er mir zu sagen hat.
- Ich mag und liebe mich – so wie ich bin.

Zwillinge

»Sei aber nicht *gar zu sehr* ein Sklave der Meinungen andrer
von dir! Sei selbstständig! Was kümmert dich am Ende das Urteil
der ganzen Welt, *wenn du tust, was du sollst*? Und was ist deine
ganze Garderobe von äußern Tugenden wert, wenn du diesen
Flitterputz nur über ein schwaches, niedriges Herz hängst,
um in Gesellschaften Staat damit zu machen?«

Adolph Freiherr von Knigge

»Weißt du, was ein totes Gespräch ist? Es ist, wenn man
mit geschlossenen Augen, mit verriegeltem Gehirn und mit einer
zugemauerten Seele redet und zuhört. Dieses viele tote Denken
und tote Reden hat uns Menschen auseinandergebracht.«

Heinz Körner

Wenn wir zur Welt kommen, dann finden wir hier keinen
leeren Platz vor. Von allen Seiten sind wir mit Strukturen
umgeben, die schon vor uns da waren und unser Umfeld vor-
bestimmen. Schnell merken wir, dass unser Drang nach freier
Entfaltung in vorgefasste Bahnen gelenkt wird. Von Anfang
an werden uns Funktionen zugewiesen: für den Arzt oder die
Hebamme sind wir ein Junge oder ein Mädchen, für die Eltern
sind wir Sohn oder Tochter, für die Geschwister sind wir
Bruder oder Schwester, in der Schule sind wir Schüler, an der
Universität Studenten. Im Berufsleben sind wir Arbeitnehmer
oder Arbeitgeber, Angestellte oder Selbstständige. Wir sind
Steuerzahler, Versicherungspflichtige, Arbeitslose. Wir sind
Partner, Partnerin, Ehefrau, Ehemann, Vater, Mutter. Jede
Umwelt stellt uns in einen anderen Zusammenhang: Für den
Staat bin ich ein Bürger; für Parteien bin ich Wähler; betrete

ich ein Geschäft, bin ich Kunde; beim Arzt bin ich Patient; sitze ich im Auto, bin ich Autofahrer; gehe ich zu Fuß, bin ich Fußgänger; bin ich innerhalb der Grenzen eines Landes geboren, bin ich Einheimischer; bin ich außerhalb geboren, Ausländer und so weiter.

Das Leben scheint zunächst nur aus Bruchstücken zu bestehen. Wohin ich auch blicke: nirgends geht es um mich als ganzen Menschen, sondern nur um eine bestimmte Rolle, die mir wie ein Etikett anhaftet. Den Verkäufer interessiert meine Kaufkraft, aber nicht, ob ich Probleme mit meiner Arbeit habe; den Chef interessiert meine Arbeitskraft, aber nicht, ob ich heute Nacht schlecht geschlafen habe; den Arzt interessieren meine Krankheiten, aber nicht warum mich meine Freundin verlassen hat ...

Immer seltener werden wir als ganzer Mensch erkannt. Immer häufiger werden wir auf genau die Facetten reduziert, die mit den vorherrschenden Anforderungen unserer Umgebung kompatibel sind. Unsere Umwelt verlangt von uns Eindeutigkeit in Ausdruck und Verhalten. Wir selbst aber beginnen uns immer mehr wie in einem zersplitterten Spiegel zu sehen: ohne Zusammenhang, wie ein willkürlich dahingeworfenes Muster aus Mosaiksteinchen.

Eigentlich aber wissen wir, dass wir ein komplexes Wesen sind. Wir sind nicht nur ein Bündel aus beliebig zusammengewürfelten Funktionen, die je nach Kontext abgerufen werden. Dennoch »driften« wir im Alltag von der einen Rolle zur nächsten, tauschen eine Etikette gegen die nächste aus. Manchmal scheinen wir zu vergessen, dass wir diese Etiketten nicht *sind*. Weil wir das Bedürfnis nach Zusammenhang haben, beginnen wir vielleicht sogar zu glauben, dass diese Rollen zu unserer Persönlichkeit gehören.

Persönlichkeit aber heißt, die Kraft zu haben, die verschiedenen Aspekte unseres Lebens zusammenzuhalten und sie zu einem unverwechselbaren Ausdruck unserer selbst zu machen. Und es heißt, aus den Mosaiksteinchen ein Bild zu gestalten, das wir selbst entworfen haben. Wenn hinter den Rollen eine Persönlichkeit zum Vorschein kommt, dann werden sie zu Instrumenten, um Beziehungen zu anderen Menschen aufzubauen. Wenn wir diese Rollen aber einnehmen, als besäßen sie einen Sinn in sich selbst, dann halten wir die Maske für wichtiger als das Gesicht, das dahinter steckt.

Solange wir also diese Rollen als Funktionen begreifen, sind sie durchaus sinnvoll, jedoch können sie niemals Ausdruck meines eigenen Lebens sein. Auf dieser Ebene knüpfen wir Beziehungen zu anderen Menschen, wir stellen Kontakt mit ihnen her, aber wir berühren sie nicht außerhalb der Funktion unserer Rollen.

Es wird viel davon gesprochen, dass wir als Menschen in ein Netzwerk aus Beziehungen gestellt sind, welches alle mit allen verbindet und in dem alles mit allem zusammenhängt. Wenig aber ist davon die Rede, was mit uns in diesem Netzwerk geschieht. Sind wir nur eine Schaltstelle, ein Relais, bei dem es darauf ankommt, möglichst einwandfrei zu funktionieren?

Tatsächlich sind wir als Menschen mehr als nur wesenlose Schnittstellen. Wir sind Menschen mit einem einzigartigen Auftrag auf der Suche nach einem eigenen Leben. Wir sind nicht einfach nur Kreuzungspunkte, sondern in uns laufen die Fäden der Welt zusammen, wie in einer Zentrale. Wenn wir uns dessen bewusst sind, ist es auf einmal alles andere als egal, wer wir sind und was wir können. Wir sind nicht mehr nur Empfänger und Vermittler von Impulsen, sondern wir werden zu Akteuren: Jeder Impuls, den wir aus unserer Umwelt aufnehmen, wird von uns umgewandelt und trägt den unverwechselbaren Stempel unserer Persönlichkeit. Um sich dieser Position bewusst zu werden, ist es wichtig, sich Klarheit darüber zu verschaffen, worin unsere Einzigartigkeit besteht und welche besonderen Fähigkeiten uns zur Verfügung stehen. Ich muss erkennen, worin ich ein Spezialist bin. Dann ist dieses Netzwerk kein starrer Maschendraht, sondern ein flexibles, luftiges und lebendiges Gebilde, dessen Sinn und Bedeutung sich mit der besonderen – einzigartigen – Intelligenz seiner Mitglieder stetig verändert.

Intelligenz wird gern als die Fähigkeit beschrieben, die angemessenen Antworten auf Umweltbedingungen zu finden. Jeder von uns besitzt eine eigene Intelligenz, die sich durch persönliche Erfahrungen im Laufe des Lebens entwickelt. Diese Intelligenz entsteht zu einem großen Teil nicht unter abstrakten Laborbedingungen, sondern trainiert sich am wirklichen Leben. Egal welche Fähigkeiten und Talente ich zu haben glaube – ich muss sie dem Praxistest unterziehen. Jedem Menschen entspricht eine besondere Intelligenz und diese Intelligenz muss, um sich selbst bewähren zu können, mit anderen Menschen in Kontakt treten und sich mit ihnen vernetzen – sie muss kommunizieren.

Kommunikation heißt in erster Linie Austausch von Informationen. Aber wie das Wort »Kommunikation« seiner Herkunft nach verrät, geht es um mehr als nur einen Abtausch von Wissen, sondern man macht etwas zur gemeinsamen (lat. *communis)* Sache, stellt also das, was man zu sagen hat, der Gemeinschaft zur Verfügung. Eine ähnliche Bedeutung erkennen wir noch in unserem Wort »Mitteilung« – man teilt sich mit, das heißt, man teilt sich mit den anderen. Kommunikation heißt also auch, sich auf den anderen so einzulassen, dass man sich berührt.

Die Rollen, von denen eingangs gesprochen wurde, übernehmen eine wichtige Funktion in der Kommunikation: sie sind kodifizierte Verhaltensmuster, die wir dazu verwenden können, einen Draht zu anderen Menschen herzustellen. Manche Situationen verlangen einfach bestimmte Rollen, damit überhaupt Kommunikation entstehen kann: so muss ich als Teilnehmerin in einem Fortbildungsseminar die Rolle des Lernenden einnehmen, damit ich vom Lehrer und seinem Wissen profitieren kann. Dagegen ist diese Rolle völlig unangebracht, wenn ich als Chefin eines Unternehmens meinen Angestellten klare Richtlinien vermitteln möchte. Die Rolle der Chefin aber ist wenig produktiv, wenn ich dann abends mit meinem Freund essen gehe usw. Je größer mein Repertoire an Rollen ist, umso sicherer werde ich mich in den verschiedenen Situationen meines Lebens bewegen und je nach Zusammenhang die richtige Form der Kommunikation finden.

Rollen können jedoch auch zu »Images« erstarren. Wir erleben unsere Rolle dann nicht mehr als eine Funktion, die uns in bestimmten Situationen den Kontakt erleichtert, sondern sie wird uns zur zweiten Haut – wir verlassen die Rolle nicht mehr. Nicht unsere Persönlichkeit bedient sich der Rolle in einer bestimmten Situation, sondern die Rolle wird zur Schablone für die Persönlichkeit. Das Image will gewahrt werden: durch eine bestimmte Art zu reden, sich zu bewegen, sich zu kleiden, durch eine spezielle Wortwahl, bestimmte Gesten und Attribute. Solche Images entstehen gern in Cliquen, aber auch innerhalb einzelner Berufsgruppen und nicht zuletzt in bestimmten gesellschaftlichen Schichten mit ihren spezifischen Verhaltenscodes. Das Image spezialisiert uns auf eine bestimmte Art und Weise der Kommunikation – und verkehrt damit den Sinn unserer speziellen Intelligenz.

Ob wir nun von einer Rolle zur nächsten wechseln und darüber vergessen, wer wir wirklich sind, oder ob wir uns mit einer Rolle so sehr identifizieren, dass sie als Image unsere Persönlichkeit zu dominieren versucht – inwieweit kann man hier eigentlich noch von Kommunikation sprechen? Wird hier überhaupt noch Information ausgetauscht?

Information kann immer nur das sein, was ich noch nicht

weiß. Information bringt etwas Neues ins Spiel und verändert dadurch die Ausgangssituation – oftmals überraschend. Wenn ich zum Beispiel mit dem Auto zur Arbeit fahren möchte und im Radio höre, dass die Straße, die ich nehmen muss, heute gesperrt ist, so handelt es sich um eine Information, denn ich konnte es vorher nicht wissen. Jetzt muss ich entscheiden, wie ich mit dieser Information umgehe: ich muss sie in meine Handlungen einbeziehen – ich könnte zum Beispiel das Fahrrad nehmen oder abwarten, bis die Sperre aufgehoben wird und mich am Arbeitsplatz entschuldigen etc.

Informationen verändern Situationen, und wenn Kommunikation bedeutet, Informationen auszutauschen, dann verändert sie die Beteiligten. Nun können wir überlegen, wie Information – das heißt wie viel unvorhersehbares Wissen – in den üblichen Dialogen zwischen Menschen vorhanden ist (»Wie geht es dir?« – »Mir geht es gut.«). Mehr als ein Austausch austauschbarer Floskeln ist das nicht.

Aber wir kennen auch die Gespräche, in denen wir merken, dass sie uns unter der Oberfläche berühren. Sie bewegen uns und die Informationen, die wir erhalten, sie hinterlassen Spuren. Wer sich uns mitteilt, gibt uns etwas von sich und macht damit unser Leben reicher. Vielleicht haben seine Worte sogar die Kraft, unser Leben in eine andere Richtung zu lenken und zu verändern. Es muss nicht nur das Gespräch mit einem anderen Menschen sein. Es kann auch eine Stelle in einem Buch, ein Gedicht oder sogar ein zufällig aufgeschnappter Wortwechsel sein – die Welt steckt voller Informationen und tritt ständig in Kommunikation mit uns!

Vielleicht hilft uns der Gedanke, dass wir auf die Welt gekommen sind mit einem Bündel von einzigartigen Anlagen, die aus dieser Perspektive echte Informationen für die Welt darstellen, denn niemand weiß vor unserer Geburt genau, was von uns einmal zu erwarten sein wird. Mit unserer Geburt verändern wir die Ausgangslage der Dinge – und darum lautet unser allererster Auftrag: ganz so zu sein, wie wir sind, und uns nicht hinter Masken und Rollen zu verstecken, damit das, was wir sind, seinen Weg in die Welt finden kann, und zwar als Impuls, sie neu zu gestalten.

Essenz

Meine Situation: Ich fühle mich nicht in meiner Ganzheit als Mensch wahrgenommen, sondern auf bestimmte Rollen und Masken reduziert, in denen ich mich nicht wohl fühle. Ich fühle mich in dem Netzwerk aus Beziehungen ohne Bedeutung.

Mein Bedürfnis: Ich möchte mich mitteilen und meine spezielle Intelligenz zur Geltung zu bringen.

Meine Herausforderung: Echte Kommunikation herstellen, das heißt Rollen als Mittel erkennen, das eigene Leben mit anderen Menschen in Berührung zu bringen.

Meine persönliche Erkenntnis:

Übungen

Einzelübung: Meine Fähigkeiten
in den verschiedenen Lebenskontexten

1. Schritt

- Bitte schreiben Sie spontan etwa zehn Ihrer wichtigsten Fähigkeiten auf.

- Was können Sie richtig gut?
  - 1.
  - 2.
  - 3.
  - 4.
  - 5.
  - 6.
  - 7.
  - 8.
  - 9.
  - 10.

2. Schritt

- Welche Rollen nehmen Sie in Ihrem Leben ein? Bitte notieren Sie auch hier sieben bis zehn der für Sie wichtigsten Rollen. Tragen Sie diese Rollen in die »Blasen« des Kreises ein: Das sind alles Sie – nur in unterschiedlichen Kontexten!

Beispiele:

Aus dem Bereich der Familie:

Kind – Schwester/Bruder – (Ehe-)Partner – Mutter/Vater – Großmutter/Großvater – Tante/Onkel – Schwiegermutter/Schwiegervater – Cousine/Cousin etc.

Aus der Arbeitswelt:

Mitarbeiter/Mitarbeiterin – Kollege/Kollegin – Chef/Chefin – Arbeitssuchender/Arbeitssuchende etc.

Aus dem Bereich der Freizeit:

Freund/Freundin – Rollen in Ihren verschiedenen Hobbys – Reisende/Reisender etc. ...

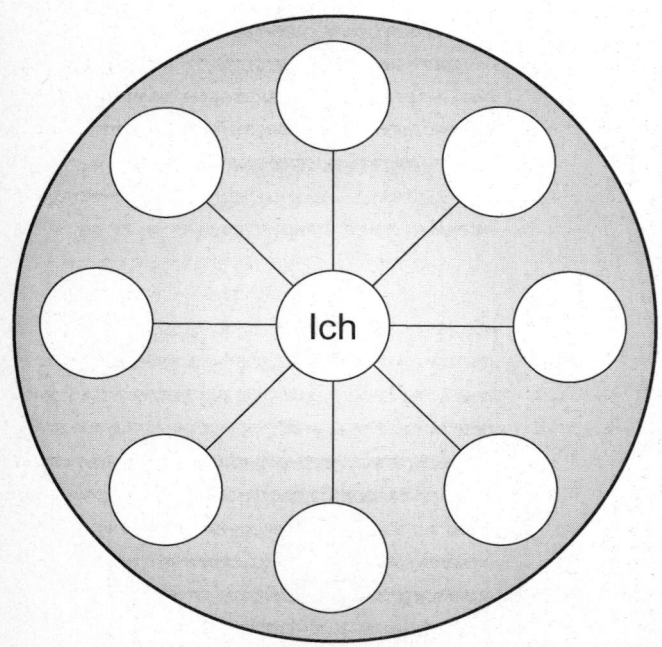

Abbildung 5: Tragen Sie in die kleinen Kreise Ihre Rollen ein.

3. Schritt

- Und dann versetzen Sie sich nacheinander in die einzelnen Rollen und beantworten folgende Fragen:

- Was ist Ihnen in Ihren verschiedenen Rollen (Lebenskontexten) jeweils wirklich wichtig?
- Wie zufrieden und glücklich sind Sie in den jeweiligen Rollen? Geben Sie sich eine »Note« zwischen 1 (sehr unglücklich) und 10 (absolut glücklich) – und tragen Sie diese Zahl in die jeweilige »Blase« ein.
- Was wäre anders, wenn Sie diese Rolle wirklich für Sie und alle Beteiligten zufrieden stellend ausfüllen könnten?
- Welche der bei Schritt 1 genannten Fähigkeiten können Sie in der jeweiligen Rolle zum Ausdruck bringen?
- In welcher Rolle kommt Ihr eigentliches Ich, Ihr Wesen, am besten zum Ausdruck?
- ... und in welcher Rolle am wenigsten?

- Schauen Sie sich nun Ihre Antworten noch einmal an und überlegen Sie:

- Wo verspüren Sie den Impuls, etwas zu verändern? Was genau ist es, das Sie in den einzelnen Rollen mehr zur 10 bringen würde?
- Wann fangen Sie damit an?

Partnerübung: Eine Geschichte – dreimal anders

»Wahr ist nie das, was Sie sagen, wahr ist immer das, was der andere hört – für ihn nämlich!« Diese bekannte Aussage von Vera F. Birkenbihl beschreibt sehr gut, warum Kommunikation so oft nicht funktioniert. Sicher kennen Sie solche Situationen, in denen Sie absolut sicher sind, Ihrem Kommunikationspartner etwas Bestimmtes ganz klar und deutlich gesagt zu haben, und trotzdem hat er es immer noch nicht verstanden. Und auch wenn er es verstanden hat, wird seine Antwort oft nicht so ausgefallen sein, wie Sie es sich gewünscht haben. Gerade, wenn wir unsere Fähigkeiten und Talente ausdrücken und unsere Intelligenz mit anderen Leuten teilen möchten, sind wir auf Kommunikation angewiesen. Daher lohnt es sich, die Art und Weise, wie wir miteinander kommunizieren, genauer unter die Lupe zu nehmen. Denn wenn wir kommunizieren, wollen wir ja vom anderen auch verstanden werden.

Kommunikation ist ein sehr weites Feld – wir haben daher für die folgende Übung einen Bereich ausgewählt, in dem es häufig zu Missverständnissen kommt. Doch wenn Sie diesen Bereich trainieren, werden Sie auf allen Ebenen mehr Möglichkeiten entwickeln, um sich verständlich zu machen – und Ihr Verständnis anderen gegenüber wird ebenfalls beträchtlich zunehmen.

Wir Menschen nehmen die Realität über unsere fünf Sinne wahr. Man spricht auch von den fünf Wahrnehmungskanälen:

- Sehen
- Hören
- Fühlen
- Riechen
- Schmecken

Jeder von uns hat einen ganz eigenen Zugang zur Welt, der durch die jeweils bevorzugten Wahrnehmungskanäle geprägt ist. Auch unser Denken wird von dieser besonderen Art, auf die Welt zuzugehen, beeinflusst. Der eine wird leicht begreifen (= fühlen), was Sie sagen, ein anderer wiederum sieht es gar nicht ein (= sehen), wieder ein anderer findet es absolut stimmig (= hören). Wenn Ihre Präferenz mit der Ihres Partners übereinstimmt, »werden Sie das Gefühl haben« oder »es wird Ihnen so scheinen« oder »man könnte absolut sagen«, dass Sie sich verstehen. Denn Sie sprechen im wahrsten Sinne die gleiche Sprache. Benutzen Sie jedoch vorwiegend zum Beispiel den visuellen Kanal, während Ihr Partner eher ein »Fühltyp« ist, kann es gut sein, dass Sie beide zwar vom Gleichen sprechen, jeder aber etwas anderes meint – Sie sprechen aneinander vorbei.

1. Teil der Übung

Diese Vorübung dient dazu, Ihren eigenen bevorzugten Kanal zu erkennen und ihn mit dem Ihres Partners zu vergleichen.

- Jeder von Ihnen schreibt jeweils fünf Dinge oder Tätigkeiten aus dem Alltag auf, z. B. »Kaffee« oder »Schneeschippen«.

Partner A	Partner B
-	-
-	-
-	-
-	-
-	-

- Nun liest Partner A seine Begriffe vor – und Partner B sagt, ob er den Begriff jeweils entweder vor seinem geistigen Auge sieht (zum Beispiel die Kaffeetasse), hört (zum Beispiel das Geräusch der Kaffeemaschine), fühlt (zum Beispiel den heißen Kaffee an der Lippe), riecht (zum Beispiel den Duft frisch gemahlener Kaffeebohnen) oder schmeckt (zum Beispiel den Geschmack von Milchkaffee). Es kann auch sein, dass manchmal mehrere Sinne angesprochen werden. Dann liest Partner B seine Begriffe vor und Partner A teilt mit, welcher Wahrnehmungskanal bei ihm jeweils angesprochen wird.
- Jeder schreibt die bevorzugte Sinneswahrnehmung hinter den jeweiligen Begriff.

Vielleicht werden Sie jetzt schon merken, dass Sie entweder ähnliche oder völlig unterschiedliche Kanäle benutzen.

2. Teil der Übung

Nun haben Sie die Möglichkeit, Ihre Wahlmöglichkeiten zu erweitern und Ihre bisher vernachlässigten Wahrnehmungskanäle zu fördern.

- Erzählen Sie sich gegenseitig eine Geschichte.

Diese Geschichte könnte den Titel tragen: »Meine letzte Urlaubsreise« oder »Ein ganz normaler Tag aus meinem Leben« oder irgendeinen anderen, der Ihnen gerade einfällt.

Einer von Ihnen wählt eine Geschichte aus, die er zunächst »ganz normal« erzählt – einfach so, wie ihm der Schnabel gewachsen ist. Dann bekommt er diese Geschichte von seinem Partner »zurück-erzählt«, diesmal jedoch möglichst nur unter dem Eindruck eines einzigen Wahrnehmungskanals, zum Beispiel dem Sehen.

Im nächsten Durchgang wird diese Geschichte von Ihnen wiederum auf einem anderen Kanal erzählt, beispielsweise dem

Hören, und so wechselt man sich ab, bis alle Varianten (Fühlen, Schmecken, Riechen) durchexerziert wurden. Danach können Sie noch einmal wechseln und mit einer zweiten Geschichte üben.

So schwer (sich) das anfangs anhört/anfühlt/aussieht, es ist möglich! Lassen Sie sich von den folgenden Wort-Beispielen zu den einzelnen Wahrnehmungskanälen inspirieren:

- Sehen: scheinen, Illusion, beobachten, enthüllen, Ausblick, Einblick, Einsicht, offensichtlich, klar, Blickwinkel, Horizont, obskur, schleierhaft, glänzend, farbige Persönlichkeit, Augenweide, unübersehbar, verschwommen, blicken, weitsichtig ...
- Hören: sagen, laut, monoton, Stimme, Tonfall, knistern, leise Ahnung, dumpf, sprachlos, Bericht, Harmonie, mündlich, Botschaft, es hat »klick« gemacht, klingen, laut und deutlich, Wort für Wort, Musik ...
- Fühlen: Berührung, drücken, fest, anfassen, begreifen, leichtfertig, unter Druck setzen, niederschlagen, Zugriff, umfassend, festnageln, handhaben, eiskalt, Gefühl, in Angriff nehmen, an der Oberfläche kratzen, reibungslos ...
- Riechen: stinken, frisch, Mief, dufte, faul, beißend, Spürnase, in der Luft liegen, für etwas eine Nase haben, verrucht ...
- Schmecken: lecker, süß, sauer, frisch, Geschmack, Würze, fad, Leckerbissen ...

Nach dieser Übung haben Sie sicher einen guten Überblick darüber bekommen, wie jeder von Ihnen auf der einen Seite die Welt auf seine ganz besondere Art und Weise wahrnimmt und auf der anderen Seite auf eine ebenso besondere Weise Informationen weitergibt.

Wenn Sie die Fähigkeit trainieren, die Art und Weise zu erfassen, mit der Ihr Gegenüber mit der Welt Kontakt aufnimmt, können Sie sich sehr viel leichter auf seine besondere Wahrnehmung einstellen. Das erfordert gutes und genaues Zuhören und anfangs noch sehr viel Konzentration. Doch Sie werden feststellen, dass Sie andere Menschen immer besser verstehen – und selbst besser verstanden werden.

Reflexion

- Hat es Spaß gemacht?
- Welche Wahrnehmungskanäle bevorzugen Sie?
- Welche sind Ihnen völlig fremd?
- Hatten Sie eine besondere Lernerfahrung, ein Aha-Erlebnis? Wenn ja: Was haben Sie über sich oder andere gelernt?
- Was werden Sie in Zukunft in Ihrer Kommunikation verändern?

Hilfreiche Affirmationen und Glaubenssätze

- Ich habe meine eigene Sicht der Welt und drücke meine Meinung klar und unmissverständlich aus.
- Ich darf Aufmerksamkeit oder Anerkennung annehmen und zugleich so handeln, wie ich wirklich fühle.
- Es macht mir Spaß, mit anderen in Kontakt zu treten und meine Fähigkeiten zu zeigen.

Krebs

»Die Medien haben unverantwortlicherweise die Sicherheitszone zwischen Fantasie, Schein und Wirklichkeit eingerissen, und wir benehmen uns nur noch wie Affen, die alles nachahmen.«

Yehudi Menuhin

»Fantasie ist nicht Ausflucht. Sich etwas vorstellen heißt, eine Welt bauen, eine Welt erschaffen.«

Eugene Ionesco

»Dreht sich die Welt immer schneller – oder werde ich nur langsamer?«, sinniert die Stimme des jungen Mannes im Werbespot einer Bank. »Jeden Tag ist es, als ob man auf einem anderen Planeten aufwacht ... Versteht mich nicht falsch, ich will ja nicht gleich die Welt anhalten – aber könnte sie sich nicht ab und zu auch mal um mich drehen?«

Eigentlich geht es in diesem Werbespot nur darum, uns für das Angebot an Investitionsmöglichkeiten dieser Bank zu gewinnen – aber er kokettiert geschickt mit dem Grundgefühl vieler Menschen in unserer Zeit: der Verlust an Beständigkeit in einer sich immer rasanter verändernden Welt. Wir wissen nicht, ob die Welt morgen noch so sein wird, wie sie sich uns heute präsentiert. Uns fehlt vielfach das Vertrauen in ein Morgen, weil die Stabilität im Heute nicht mehr gewährleistet ist. Zukunft – das ist der Inbegriff der Ungewissheit geworden.

Die Eindrücke, mit denen wir heute zurechtkommen müssen, wechseln in schneller Folge und erfordern unsere gesamte Aufmerksamkeit, wenn wir den Anschluss nicht verpassen wollen. So absorbiert uns die Welt und bindet uns immer fester an ihre Ruhelosigkeit, während uns selbst die Mitte verloren geht. Lärm und Hektik bestimmen unser Leben, während sich ein immer stärker werdendes Gefühl der Orientierungslosigkeit ausbreitet.

Wenn wir unsere Mitte verlieren, haben wir nicht mehr das Gefühl, im Zentrum unserer Welt zu stehen und Herr über unser Leben zu sein. Da wir aber ohne Orientierung nicht leben können, suchen wir Halt in Eindrücken, die von außen auf uns einströmen. Viele Menschen halten sich an äußeren Bildern fest, um ein Gefühl von Sicherheit zu erhalten. Sie übernehmen die Bilder und Vorstellungen des Zeitgeistes, selbst wenn sie sehen, dass diese Bilder Trends unterworfen sind und morgen schon überholt sein und von anderen Bildern abgelöst werden können. Die Bilder aus den Medien, aus dem Fernsehen, dem Radio, den Katalogen – sie nehmen immer größeren Raum in unserem Leben ein, je weniger wir Halt in uns selbst finden. Nach und nach gestalten sie unser Leben bis in die intimsten Bereiche hinein. Selbst unsere Wünsche und Sehnsüchte beginnen sich nach ihren Schablonen zu formen. Dann ertappen wir uns dabei, wie wir die Wertvorstellungen hinter den Bildern immer häufiger für unsere eigenen halten.

Nur in Momenten der Stille hören wir eine andere Stimme – und diese dringt nicht von außen auf uns ein, sondern entspringt aus unserer Mitte. Vielleicht ist diese Stimme schon sehr schwach geworden, aber sie ist noch da und versucht sich sooft es geht Gehör zu verschaffen und gegen den Lärm der alltäglichen Meinungsmache. Es ist die Stimme unseres inneren Rufes, eines alten Bekannten. Der innere Ruf ist unser Weggefährte von klein auf. Solange wir Kind sein dürfen, sind unsere Sinne offen genug, um seine Stimme zu vernehmen. Später, wenn wir immer weniger uns selbst und immer mehr den anderen gehören, verlieren wir den Kontakt allmählich, bis wir den inneren Ruf nur noch in seltenen Momenten hören – und ihn zumeist als irritierend empfinden.

Dies kommt nicht von ungefähr, denn der innere Ruf vermittelt uns Bilder und Visionen, die so ganz anders sind als die, welche wir aus der Welt um uns herum empfangen. Es sind Bilder, die uns eine ganz andere Geschichte erzählen als die der unstet flimmernden und von Trends bestimmten Katalogwelt, die unsere Aufmerksamkeit in Beschlag nehmen und denen wir uns unmerklich ergeben. Diese inneren Bilder erzählen nur von uns und von dem, was nur wir sein können. Sie zeigen uns, dass keine Schablone der Welt unserer Einzigartigkeit gerecht werden kann – und dass die wahre Stabilität im Leben nicht im Außen, sondern nur in unserem Inneren gefunden werden kann.

Heißt dies nun, dass wir uns immer mehr von der Außenwelt zurückziehen sollen, um wieder in Kontakt mit uns selbst zu kommen? Nicht wenige Menschen beantworten diese Frage für sich mit einem Ja – und doch weiß niemand so recht, wohin genau er sich letztlich zurückzuziehen soll. Die Freiräume, die sich dem Zugriff der Gesellschaft entziehen, werden immer kleiner und seltener. Das Bild vom »Aussteiger«, der die Zivilisation hinter sich lässt, hat sich als Trugbild herausgestellt – denn selbst auf der einsamsten Insel werden ihn die Konsequenzen der Rodung der Regenwälder und das Ozonloch verfolgen. Wenn uns die Gegenwart eines gelehrt hat, dann dieses: wir sind nicht allein und jeder hängt mit allem zusammen – ob wir das wollen oder nicht.

Andere fliehen in eine innere Isolation, indem sie sich in Selbstversenkung zurückziehen. Sie kehren der Welt entrüstet den Rücken und suchen ihr Heil in der Innenschau. Damit aber schütten sie das Kind mit dem Bade aus, denn so wirr die Welt auch sein mag: sie versorgt uns mit Erfahrungen, durch die sich unsere Bilder erst mit Sinn erfüllen. Anders gesprochen: Wer nur die Innenschau betreibt, wird vielleicht auf die innere Stimme stoßen, doch er lauscht lediglich ihrem Klang, während der Sinn ihrer Worte ungehört verhallt.

Der innere Ruf ist wie ein Geist in der Flasche: er will raus, um sich als Auftrag in der Welt zu erfüllen. Aus dem inneren Ruf soll eine Berufung werden. Jeder Mensch trägt diesen Auftrag in sich. Er ist einzigartig und kann nur von jedem Einzelnen erfüllt werden. Doch die Erfüllung des Auftrags führt uns in die Welt hinaus – wie den Helden, der sich den Herausforderungen des Lebens stellen muss, bevor er die Hand der Königstochter gewinnen kann.

Unzweifelhaft geht es darum, immer wieder innezuhalten und dem Lärm des Alltags mit einem »Genug!« zu antworten, um die eigene Mitte zu spüren. Doch kann es nicht darum gehen, sich der Welt zu verschließen, denn die Bilder, die aus dieser Mitte aufsteigen, antworten auf die Frage: »Was will ich eigentlich *hier?* Was ist mein Platz in *dieser* Welt?« Diese Bilder vermitteln uns das Fundament unserer Persönlichkeit. Mit ihnen verbinden wir ein Gefühl von Identität. Und dieses Gefühl ist die Quelle der Kraft, mit der wir der Bilderflut der Welt mit seinen provisorischen Sinngebungen, die uns von einem Wunsch zum nächsten taumeln lassen, etwas Dauerhaftes entgegensetzen. Hier finden wir den Schlüssel zu dem, was wir wirklich wollen. Wir sind nicht mehr Getriebene, sondern handeln aus eigenem Antrieb heraus.

Dazu ein Werbespot: Im Klassenzimmer. Die Lehrerin stellt den Kindern die Frage, was sie einmal werden wollen, wenn sie groß sind. Die Kinder melden sich: »Astronaut«, »Krankenschwester«, »Pilot«. Nur ein Junge beteiligt sich nicht – er blickt abwesend aus dem Fenster auf den Schulhof. Dort sehen wir, wie gerade die funkelnde Karosserie eines Nobelwagens vorbeirauscht. Die Lehrerin spricht den Jungen direkt an: »Und du, was willst du werden?« Der Junge hebt den Kopf und sieht sie ernst an, dann antwortet er: »Achtzehn.«

Die Macher dieses Werbespots möchten uns offensichtlich vermitteln, dass es völlig egal, was wir werden wollen – wichtig ist nur, alt genug zu werden, um einmal dieses eine Auto fahren zu können. Dieser Spot erzählt uns jedoch noch mehr – er führt uns vor Augen, worum es in der kommerzialisierten Bilderwelt tatsächlich geht: Die eigenen Träume und Wünsche sollen ersetzt werden durch vorproduzierte Träume und Wünsche. Immer weniger gelten innere Bilder als Wegweiser in die Zukunft, sondern äußere Bilder übernehmen diese Funktion. Wenn wir im Lotto gewinnen – wie viele von uns denken da sofort an das Auto, das Haus, die Weltreise? Unsere Träume richten sich immer stärker an Produkten aus, deren Besitz wie Meilensteine in unserem Leben wirken. Doch damit binden wir uns immer mehr an das Äußere und entfernen uns immer weiter von unserer eigenen Mitte.

Die Fähigkeit, Bilder aus der eigenen Mitte zu schöpfen, nennen wir allgemein Fantasie. Es gibt Menschen, die haben viel Fantasie, und es gibt solche, die haben wenig. Immer aber bedeutet Fantasie, die Welt als einen Teil von mir zu erleben, den ich schöpferisch nach meinen Bildern gestalten kann. Die Fantasien, die wir über uns selbst haben, spielen eine wichtige Rolle auf unserem Lebensweg, weil wir uns an ihnen orientieren können – auch wenn sie noch so unrealistisch sein mögen. Sie zeigen uns als Menschen, die sich auf ihre besondere Art und Weise in die Welt eingebracht haben. Deshalb ist es so wichtig, dass wir unsere eigenen Fantasien schützen und sie vor der Kolonialisierung durch die Bilderwelt der Medien bewahren. Dies beginnt schon bei den Kindern, deren Fantasie immer früher durch Pokemon & Co. und den allgegenwärtigen Markenkult in kommerzielle Strukturen gebettet wird.

Die eigene Fantasie bekommt in Wirklichkeit an ganz einfachen Dingen der Außenwelt ihre Flügel – an vorüberziehenden Wolken, dem Muster von Wellen auf dem Wasser, dem Rauschen von Blättern im Wald, dem Rascheln von Gras unter den Füßen und dem Duft einer Sommerwiese. Aber auch die staubige Straße, ein vorbeifahrender Güterzug, das Stimmengewirr in der Fußgängerzone. All diese Eindrücke entstehen und vergehen, sie lassen sich nicht bewahren und stehen deshalb komplementär zu den reproduzierbaren Bildern, mit denen wir tagtäglich auf Knopfdruck versorgt werden. Und dennoch hinterlassen sie einen bleibenden Eindruck, wenn wir zulassen, von ihnen berührt zu werden. Sie werden Teil einer inneren Landschaft, die um unsere innere Mitte herum wächst, in der unsere Fantasie Baumeister ist und nicht die Konstrukteure der kommerziellen Wirklichkeit.

Essenz

Meine Situation: Ich fühle mich ohne Orientierung in einer Welt, die sich immer schneller verändert und in der es immer weniger auf mich und meine Wünsche und Träume ankommt.

Mein Bedürfnis: Innerlichkeit – in mir Halt finden, meiner Phantasie freien Lauf lassen und die aufsteigenden Bilder der Rastlosigkeit der Welt entgegensetzen.

Meine Herausforderung: Nicht in der Innenschau verharren, sondern die eigene Mitte finden und aus ihr schöpfen. Lernen, meiner inneren Stimme zu vertrauen und ihr in die Welt hinaus zu folgen.

Meine persönliche Erkenntnis:

Übungen

Einzelübung: Der Baum

- Diese Übung lebt davon, dass Sie sich genug Zeit für sie nehmen. Wir empfehlen Ihnen, alles in allem vier Stunden einzuplanen.

Wenn es darum geht, Momente der Stille zu erleben, um Bilder aus unserer Mitte empfangen zu können, dann gibt es keinen besseren Ort als die Natur. In der Natur können wir unserer eigenen Lebendigkeit, Fülle, Einzigartigkeit am besten gewahr werden. Sie lädt uns geradezu ein, still zu werden, zu staunen – und etwas mehr bei uns selbst anzukommen.

Wenn Sie sich nun eher als Stadtmensch bezeichnen würden, dann sollten Sie sich einen halbwegs schönen Tag aussuchen, an dem es zumindest nicht regnet. Denn mit Regenschirm übt es sich nicht gut in der Natur. Wenn Sie eher ein Naturmensch sind, dann wird Sie wohl auch ein kräftiger Regen nicht davon abhalten können, sich dieser recht intensiven Übung zu widmen: Meist ist ein Regentag nur in der Stadt grau – sobald Sie sich aber zum Beispiel im Wald befinden, werden Sie merken, dass sogar strömender Regen eine unglaubliche Schönheit besitzen kann. Suchen Sie sich also einen Tag aus, an dem Sie möglichst nicht viel vorhaben und an dem Sie große Lust verspüren, Sauerstoff zu tanken – und Kontakt mit einem Baum aufzunehmen!

Bäume haben uns Menschen schon immer fasziniert und inspiriert. Wir verbinden mit ihnen Eigenschaften wie Stärke, Weisheit, Wachstum, sie sind sogar Symbol für das Leben selbst. Bäume können uns beschenken, wenn wir uns ihnen öffnen. In dieser Übung entdecken Sie, was passiert, wenn Sie einem Baum Ihre volle Aufmerksamkeit schenken.

Übungsanleitung

Suchen Sie sich für diese Übung einen Weg aus, der Sie in einen Wald führt. Es sollte eine Umgebung sein, in der Sie möglichst keine Menschen antreffen, um nicht abgelenkt zu werden.

- Ihre Aufgabe besteht nun darin, einen Baum zu finden, mit dem Sie in Kontakt treten können.

Sie werden dann etwa zwei Stunden mit diesem Baum verbringen. Dies dient dazu, wirklich in der Natur anzukommen: Sie erfahren, was Ihnen passiert, wenn Sie einfach mal an ein und derselben Stelle bleiben – auch wenn Sie den Impuls haben, weiterzugehen. An diesem Baum gibt es nichts für Sie zu tun – seien Sie einfach nur da und nehmen Sie wahr, was mit Ihnen in dieser Zeit geschieht.

Damit Ihnen diese etwas ungewöhnliche Aufgabe gelingt, hier ein paar Tipps:

Wie Sie »Ihren« Baum finden

Wir gehen oft mit der gleichen Einstellung durch den Wald, wie durch einen Supermarkt. Wir sind mit unseren Gedanken im Gestern (was wir in der Vergangenheit getan oder erlebt haben) – oder im Morgen (was wir alles noch erledigen oder planen wollen). Unsere Gegenwart aber bemerken wir kaum.

- Kommen Sie in die Gegenwart!

Hören und spüren Sie Ihren Atem, fühlen Sie die Erde unter Ihren Füßen. Und werden Sie sich gewahr, wann Sie das Gefühl haben, Ihren eigenen Rhythmus gefunden zu haben und ausbalanciert zu sein.

Hören Sie, wie Ihr Geist Ihren Spaziergang organisiert.

»Ich werde nicht diesen Weg gehen ...«, »Dort drüben ist es schlammig, dann gehe ich diesen kleinen Umweg oder lieber links herum ...« Wir geben uns dauernd Anweisungen, setzen uns Grenzen, und verbieten uns vieles, oft gerade in Momenten, in denen die Freude des Lebens uns von diesen Begrenzungen befreien will. Wenn Sie sich dabei ertappen, dass Ihr Geist versucht, Sie in Ihrem Erleben und Fühlen einzuschränken, dann nehmen Sie es einfach zur Kenntnis – und: lächeln Sie! – Kommen Sie dann einfach wieder in die Gegenwart zu Ihren fünf Sinnen zurück. Und dann:

- Gehen Sie Ihren Weg weiter, wohin auch immer Ihre Füße Sie tragen.

Es kann dann durchaus sein, dass Sie an einen völlig anderen Ort kommen, als Sie ursprünglich vorhatten oder Ihnen Ihr Geist diktiert hätte. Wenn Ihnen das passiert, haben Sie es geschafft, sich von Ihrer Intuition leiten lassen.

Versuchen Sie außerdem, Ihre Wahrnehmung nicht mit Bewertungen wie: »Das ist ja wunderschön!« oder »Wie eklig!« zu begrenzen – lassen Sie einfach nur das wirken, was jetzt gerade ist. Zum Beispiel: Ein Regen ist ein Regen! Wenn Sie ihn gleich als »unangenehm« bewerten, vergeben Sie sich die Chance, ihn wirklich wahrzunehmen – und hören nicht das Orchester der Regentropfen auf dem Blätterdach des Waldes. Wenn Sie Ihren bewertenden Geist wirklich einmal zur Ruhe bringen, dann entsteht ein neuer innerer Zugang zur Welt: Ihre Wahrnehmung verändert sich, Sie schaffen den inneren Raum, der notwendig ist, um mehr auf Ihre innere Stimme, Ihre Intuition zu hören – und sind gleichzeitig voll aufmerksam für das, was Sie umgibt. Sie sind dann 100-prozentig präsent, im Hier und Jetzt.

Die Begegnung mit »Ihrem« Baum

- Lassen Sie sich von einem Baum anziehen.

Wenn Sie es vermeiden können, sich aktiv einen auszusuchen, werden Sie sich plötzlich vor einem befinden, den Sie sich wahrscheinlich bewusst niemals ausgesucht hätten. Doch auf irgendeine Weise hat er Sie beeindruckt und Ihre Schritte zu sich gelenkt.

- Beginnen Sie, indem Sie einen inneren Gruß an ihn richten.

Erweisen Sie ihm Respekt. Gehen Sie um ihn herum, und spüren Sie, von welcher Seite Sie sich ihm am besten nähern können. Spüren Sie, wie den Baum eine Art Aura aus Energie umgibt. So wie Sie ein Haus nicht durch das Fenster betreten würden, sollten Sie auch das Energiefeld eines Baumes nicht betreten, ohne vorher den besten Eingang gefunden zu haben. Wenn Sie ein Gefühl dafür bekommen haben, von wo Sie sich ihm nähern können:

- Gehen Sie zu seinem Stamm und setzen Sie sich hin.

Ob mit dem Rücken oder dem Gesicht zum Baum: Finden Sie heraus, was sich in der Begegnung mit diesem Baum richtig anfühlt. Seien Sie offen, Dinge anders zu machen, anders wahrzunehmen als gewohnt. Und: Lassen Sie sich überraschen, wie der Baum Ihnen begegnet.

- Dann ziehen Sie in Gedanken in ein paar Metern Abstand zum Stamm einen Kreis um den Baum.

Übertreten Sie diese Linie für die nächsten zwei Stunden nicht. Bleiben Sie einfach im Energiefeld Ihres Baumes. Machen Sie es sich noch etwas bequemer, um diese Zeit gut auszuhalten. Und seien Sie offen, für das, was passiert.

Sollten Sie den Wunsch verspüren, die Übung früher zu beenden, prüfen Sie sich bitte genau. Oft tauchen innere Widerstände auf, die sehr interessant sein können. Fragen Sie sich: Was genau ist es, das mich jetzt davontreibt? Was will mich davon abhalten, einfach zu bleiben? Es könnten gerade die dahinter stehenden Widerstände sein, die Sie davon abhalten möchten, Ihrer inneren Stimme zu lauschen. Nehmen Sie all dies einfach wahr, bewerten Sie nichts.

- Nachdem die zwei Stunden um sind, finden Sie eine Form, wie Sie sich von dem Baum verabschieden können.

Danken Sie ihm innerlich, dass er Ihnen Platz gewährt hat – und für das, was er Ihnen geschenkt hat. Machen Sie sich langsam auf den Rückweg – und vielleicht werden Sie jetzt noch viel deutlicher registrieren, wie die Zivilisation Sie wieder verändert, wenn Sie aus dem Wald herauskommen ...

Reflexion

- Wie war es? Schreiben Sie Ihre Eindrücke, Gedanken und Gefühle auf.
- Womit hatten Sie in dieser Übung Schwierigkeiten?
- Und wodurch, glauben Sie, sind sie entstanden?
- Was haben Sie in der Begegnung mit dem Baum erlebt? Was haben Sie wahrgenommen?
- Hat der Baum Ihnen etwas geschenkt? Wenn ja: was?
- Gab es einen Zeitpunkt, an dem Sie Ihre innere Stimme vernommen haben? Was haben Sie gehört?
- Gibt es etwas, das Sie aus dieser Übung als Erinnerung in den Alltag mitnehmen wollen – ein Symbol, einen Satz, ein Gefühl, eine Geste?

Partnerübung: »Versetz dich mal in meine Lage!«

In dieser Übung haben Sie die Möglichkeit, sich in die Welt Ihres Partners zu versetzen und die Wirklichkeit mit seinen Augen zu betrachten. Diese Einfühlsamkeit ist eine wichtige

Fähigkeit, die wir in unserer geschäftigen Welt vor lauter Aktivität oft vernachlässigen. Um einfühlsam zu sein, muss ich die Dinge von außen an mich heranlassen, sie in mich hineinlassen, um sie wirklich nachfühlen zu können. Ich muss mich also von den Dingen berühren lassen. Und das geht nur, wenn ich mich dem Jetzt öffne, ohne dabei an das Morgen oder Gestern, an das Vorher oder Nachher zu denken. Das fällt vielen von uns sehr schwer. Es ist aber ein wichtiger Schritt, wenn wir auf dem Weg zu unserer Mitte sind, denn es bedarf des Innehaltens und der Ruhe.

Die folgende Übung öffnet uns nicht nur für das eigene Innere, sondern gleichzeitig all dem, was uns umgibt. Sie fördert die Wahrnehmung auch ganz subtiler, stiller Zeichen, die wir in unserer lauten, geschäftigen und rastlosen Welt so oft übersehen.

Übungsanleitung

Nehmen Sie sich mindestens eineinhalb Stunden Zeit, in der Sie gemeinsam schweigend einen Spaziergang von einer Stunde unternehmen. Suchen Sie sich am besten einen Weg, auf dem Sie möglichst ungestört sind, um in die Natur eintauchen zu können.

• Partner A

Sie haben die erste halbe Stunde einzig und allein die Aufgabe, neugierig und offen Ihres Weges zu gehen. Sie können alle Sinne öffnen und all das betrachten, berühren, hören, riechen und sogar schmecken, wozu Sie Lust haben – und sich dabei so viel Zeit lassen, wie Sie wollen. Es geht hier vor allen Dingen darum, den eigenen Rhythmus zu finden, ganz bei sich zu sein und die Verbundenheit mit der Natur zu spüren. Es ist also alles erlaubt: Sie können stehen bleiben, sooft Sie wollen, sich hinsetzen, hinlegen, laufen oder langsam gehen. Die einzige Bedingung: Tun Sie alles aus dem Empfinden heraus, dass es Ihnen *jetzt* gut tut. Erlauben Sie sich dabei, nach innen zu horchen: Gibt es eine innere Stimme, die zu Ihnen spricht? Oder ein bestimmtes Gefühl, das Ihnen unmissverständlich zeigt, wann Sie im Fluss, in Ihrer Mitte sind? Gehen Sie diesen Empfindungen nach – und lassen Sie dabei Ihrer Fantasie freien Lauf! Mehr ist für Sie nicht zu tun.

• Partner B
Sie haben nun die Aufgabe, sich so gut wie möglich in Partner A hineinzuversetzen, also quasi durch seine Augen zu schauen, durch seine Haut zu empfinden, durch seine Ohren zu hören. Dazu »spiegeln« Sie bitte Ihren Partner auf seinem Spaziergang: Nehmen Sie genau seine Haltung ein, gehen Sie genau seine Schritte, schauen Sie die gleichen Dinge an, versuchen Sie auch, zu hören, was er hört – und versuchen Sie sogar, seine Gefühle nachzuempfinden.

Den Rhythmus des anderen finden

Das hört sich zunächst sehr schwierig an. Doch diese Übung gelingt leichter, wenn Sie sich einfach erlauben, sich möglichst auf den Rhythmus Ihres Partners einzulassen. Stellen Sie eine Resonanz zu ihm her, indem Sie auf seine Atmung achten. Dies ist besonders hilfreich in den ersten Minuten des Spaziergangs. Nehmen Sie seinen Atemrhythmus ein. Dazu noch ein kleiner Tipp: Stellen Sie sich gleich zu Beginn der Übung schweigend hintereinander und legen Sie – als Partner B – Ihrem Partner A die Hände auf die Schultern. So können Sie sehr gut seinen Atemrhythmus spüren: Sie werden merken, dass sich die Schultern beim Einatmen leicht nach oben, beim Ausatmen leicht nach unten bewegen. Lassen Sie Ihre Hände von diesem Rhythmus einfach tragen und beginnen Sie, im gleichen Rhythmus zu atmen. Wenn Sie diese kleine

Vorübung mit der nötigen Achtsamkeit ausführen, sich ein paar Minuten auf den gemeinsamen Atem konzentrieren und dabei entspannen, haben Sie sich auf diesen Spaziergang schon sehr gut vorbereitet.

- Nach einer halben Stunde wechseln Sie schweigend.

Für diesen Rollenwechsel können Sie gern etwa fünf Minuten Pause einlegen, in denen jeder für sich sein kann. Das hilft Ihnen, die nächste halbe Stunde genauso frisch und unbefangen loszugehen wie im ersten Durchgang.

Reflexion

Die folgenden Fragen sollten Sie am besten gleich im Anschluss an die Übung beantworten, denn dann sind die Eindrücke noch frisch und Sie noch in einer besonderen Haltung der Achtsamkeit.

Um einen schönen Übergang in den Alltag zu kreieren: Veranstalten Sie danach doch ein gemeinsames Picknick.

- Wie war es für Sie beide? Hat es insgesamt Spaß gemacht?
- Wie fühlen Sie sich jetzt – danach?

Für die Rolle des Spaziergängers (A)

- Wie war es als Spaziergänger? Konnten Sie sich von lästigen Gedanken befreien – waren Sie voll und ganz im Moment?
- Oder gab es irgendwann ein Gefühl des Getriebenseins? Wenn ja: Wovon waren Sie getrieben?
- Wie war das Zeitgefühl – kam Ihnen die halbe Stunde (zu) lang oder (zu) kurz vor?
- Gab es andere Störfaktoren (zum Beispiel Spaziergänger, Geräusche aus der Zivilisation oder vielleicht auch den Partner)? Wenn ja, wie sind Sie damit umgegangen?

- Haben Sie so etwas wie eine innere Stimme wahrnehmen können? Was hat sie gesagt? – Sind Sie auf sie eingegangen?
- Was würden Sie beim nächsten Spaziergang anders machen?
- Wann gehen Sie wieder in die Natur, um diese Erfahrung zu wiederholen?

Für die Rolle des Einfühlenden (B)

- Wie ging es Ihnen mit dem Einfühlen? Fiel es Ihnen leicht oder eher schwer? Was hat dazu geführt, dass es Ihnen leicht/schwer fiel?
- Welche Rolle fiel Ihnen leichter: Diese oder die von A?
- Wann und wo könnten Sie wieder eine Haltung des Einfühlens einnehmen?

Hilfreiche Affirmationen und Glaubenssätze

- Ich darf meine Gefühle wahrnehmen und sie ernst nehmen.
- Es ist schön, sich von den Dingen beeindrucken zu lassen.
- Ich lasse es zu, meinen inneren Ruf zu hören. Ich bin ganz in meiner Mitte und weiß, was ich wirklich will.

Löwe

»Wenn man eine Kerze in einen völlig dunklen Raum bringt,
verschwindet die Finsternis, und es wird Licht.
Wenn man aber zehn, hundert oder tausend Kerzen hinzufügt,
wird der Raum heller und heller. Die entscheidende Veränderung
wurde jedoch durch die erste Kerze hervorgebracht,
die die Dunkelheit durchdringt.«

Kurt Tepperwein

»Jeder Mann und jede Frau ist ein Stern.«

Aleister Crowley

»Möge der Bessere siegen!« – das hört sich nach ritterlichen
Idealen an und nach fairem Kampf um die Hand der Königstochter. Heute haben viele Menschen den Eindruck, dass wir
in einer Welt leben, in der nicht der Bessere siegt, sondern der
Stärkere – der, der am berüchtigten längeren Hebel sitzt. Was
aus einem wird und ob man Erfolg in seinem Leben hat,
scheint ganz entscheidend von der Platzierung in der sozialen
Rangliste abzuhängen. Der Weg dort hinauf ist ein Kampf gegen alle anderen, die dasselbe Ziel haben. Man versucht sich
gegenseitig die Butter vom Brot zu nehmen, sich gegeneinander auszuspielen und zu übertrumpfen, nur um ein Stückchen
weiter zu kommen als der andere. Ein Existenzkampf wie im
Urwald: alle streben nach dem Licht der Sonne und jeder
kämpft gegen jeden. Die Schwachen bleiben auf der Strecke
und müssen ihr Dasein im Schatten der anderen verbringen.
All dies scheint zwar ungerecht – aber gilt nicht eben das
Recht des Stärkeren? Ist dies nicht ein ehernes Gesetz der

Natur? Und warum sollte ausgerechnet der Mensch davon ausgenommen sein?

Alles Leben verbraucht Energie, indem es Energie aufnimmt und wieder frei setzt. Pflanzen verwandeln das Licht der Sonne und geben einen Teil davon als Sauerstoff an die Umwelt ab, welche von Tier und Mensch eingeatmet wird, um den Organismus zu versorgen. Jede Nahrung, die wir zu uns nehmen, enthält gebundene Energie, die wir in Bewegungsenergie umwandeln. Jede Handlung ist im Grunde nichts anderes als eine Freisetzung von Energie, die wir zuvor auf dem einen oder anderen Wege unserem Organismus zugeführt haben. Diese Freisetzung von Energie ist eines der deutlichsten Kennzeichen von Leben und in einem gewissen Sinne könnte man auch sagen: Leben heißt handeln.

Jede Freisetzung von Energie, jede Handlung aber verändert die Umwelt. Die ursprüngliche Energie, die von einem Organismus aufgenommen wurde, wird wieder an die Welt abgegeben, aber sie hat ihre Qualität verändert. In der Natur geschieht das alles wie von selbst: Pflanzen speichern das Licht der Sonne, Tiere fressen diese Pflanzen, diese Tiere werden wiederum von größeren Tieren gefressen, diese Tiere sterben und ihre Körper werden als Aas gefressen oder zersetzen sich und gehen wieder in den Kreislauf des Lebens ein. In der Natur folgt alles einem biologischem Rhythmus von Werden und Vergehen, in den die Zyklen der Freisetzung von Energie fest eingebunden sind. Die Gesetze der Natur sind stets ökonomisch – sie sind dazu da, den reibungslosen Ablauf des Lebens zu gewähren.

Nun tritt der Mensch auf den Plan: Er scheint das einzige Lebewesen zu sein, welches diesem natürlichen Zyklus etwas entgegensetzen kann – seine Absicht. Er kann seinen Handlungen eine Bedeutung verleihen, die nicht an den Notwendigkeiten der Natur ausgerichtet ist, sondern seine Persönlichkeit widerspiegelt. Für das Tier ist die Zukunft geprägt von der Wiederkehr des Gleichen und seine Handlungen vollziehen sich in keinem anderen Rahmen, als den Bedingungen, die ihm die Natur auferlegt. Für den Menschen aber ist die Zukunft ein unbeackertes Feld an Möglichkeiten. Der Mensch weiß, dass seine Handlungen heute sein Morgen verändern können und dass es von seinen Entscheidungen abhängt, ob das Morgen genauso sein wird wie das Heute. Der Mensch kann sein Leben planen und der Zukunft den Stempel seiner Absichten aufprägen. Der Mensch ist prinzipiell der Schöpfer seiner Zukunft und seine Handlungen sind nicht zwingend mechanische Reaktionen auf die Bedingungen der Natur, sondern der kreative Ausdruck seiner Persönlichkeit.

Eine solche Handlung setzt voraus, dass ein Mensch sich frei und selbstverantwortlich entscheiden kann, wofür er seine Energie einsetzt. Was aber, wenn wir das Gefühl haben, dass nicht wir es sind, die unseren Handlungen ein Ziel geben, sondern andere? Was, wenn wir unser Leben nur im Schatten des Lebens anderer führen und das Gefühl haben, dass andere unsere Handlungen zum Instrument ihrer Absichten machen? Wie viel Gewicht hat unsere eigene Absicht wirklich, wenn es darum geht, unsere Zukunft zu gestalten?

Tatsächlich leben viele Menschen mit dem Grundgefühl, dass das, was sie tun, zwar einen Sinn hat, aber dass dieser Sinn sehr wenig mit dem zu tun hat, was sie sich für ihr Leben gewünscht haben. Wir tun viele Dinge, einfach weil sie von uns verlangt werden, und lassen uns vor den sprichwörtlichen Karren anderer spannen. Wir tun, was man uns sagt – vielleicht weil ein anderer Macht über uns hat, kurz: weil er der Stärkere ist, so wie der Schüler seinem Lehrer gehorcht, weil er weiß, dass der Lehrer am längeren Hebel sitzt. Oder wir tun das, was man uns sagt, weil ein anderer für uns eine Autorität darstellt, deren Urteil wir nicht infrage stellen. Oder wir fügen uns dem Wunsch eines anderen, weil er behauptet, er wüsste, was gut für uns ist, oder auch nur weil er die Insignien der Macht trägt. Viele Kinder machen solche Erfahrungen mit ihren Eltern.

Jeder Mensch ist in ein Geflecht aus Beziehungen eingebunden, in dem die einen auf die anderen Macht ausüben, mal offensichtlich und brutal, mal subtil und versteckt. Jeder spürt den Druck dieses Systems und jeder hat Angst, diesem Druck nicht gerecht zu werden. Überall dort, wo wir auf Konkurrenzdenken und den Einsatz der Ellenbogen stoßen, sehen wir zwar die Bedrohung, von anderen zum Werkzeug ihrer Absichten gemacht zu werden, und fühlen uns unglücklich damit, aber wir glauben oft insgeheim, dass dies so sein muss. »Das Recht des Stärkeren« oder »Konkurrenz belebt das Geschäft« – solche Parolen klingen uns in den Ohren und treiben uns an, unsere Persönlichkeit gegen die der anderen auszuspielen. Unsere Handlungen werden nicht mehr von dem Wunsch getragen, unserer Persönlichkeit Ausdruck zu verleihen, sondern sie, so gut es geht, einzusetzen, um im Leben gegen andere zu bestehen. Die Zukunft ist so allerdings kein offenes Land der Möglichkeiten – sondern ein geschlossenes Gefäß, dessen Form schon heute bestimmt, wie ich meine Energie einsetzen muss.

Wenn wir uns fragen, welche Bedeutung unsere Handlungen haben, dann müssen wir oft genug einsehen, dass nicht wir unseren Handlungen Sinn geben, sondern das System, in dem wir leben. Unsere Handlungen gehören nicht uns und damit auch nicht unsere Zukunft.

Eines vergessen wir dabei außerdem: Wir werden kein Stück freier dadurch, dass wir andere besiegen. Im Gegenteil: Wir werden zu austauschbaren Figuren in einem Spiel, dessen einzige Spielregel darin besteht, andere im Kampf um das Licht in den Schatten zu drängen. Und dieses Spiel funktioniert deshalb so gut, weil wir glauben, dass es so sein muss, dass dieser Kampf »natürlich« sei. Mit diesem Glauben aber leugnen wir das, was uns eigentlich menschlich macht: nämlich die Fähigkeit, unseren Handlungen eine eigene Absicht zu verleihen und frei zu entscheiden, wozu wir unsere Energien einsetzen. Der Glaube an die Natürlichkeit des Kampfes um die Macht spricht dem Menschen eine eigene Absicht ab und damit das Menschsein schlechthin.

Vielleicht glauben wir, dass wir frei sind und tun und lassen können, wonach uns der Sinn steht – solange wir jedoch in diesem Machtspiel stecken, ist diese Freiheit eine Illusion. Wie aber können wir diesem Spiel entkommen? Wie können wir unseren Handlungen wieder genau die Bedeutung verleihen, die unserer Persönlichkeit entspricht?

Zunächst müssen wir die Gewissheit haben, dass es so etwas wie freies und selbstverantwortliches Handeln gibt – und wir müssen den Trick des Machtspiels durchschauen. Der Trick besteht darin, dass wir glauben, es gäbe nur eine Sonne, nach der sich alle ausrichten müssten, und dass ein Platz an der Sonne eben nicht von allen ergattert werden könne. Diese eine Sonne kann zu verschiedenen Zeiten und an verschiedenen Orten unterschiedliche Inhalte verkörpern. Vielleicht sind es Erfolg und Anerkennung im Beruf oder in der Liebe, vielleicht ist es aber auch einfach materieller Reichtum, das neue Haus, der schicke Wagen usw. Diese Wünsche sind wie Magneten, an denen wir unsere Handlungen ausrichten: Wir bündeln alle Energie auf das Erreichen dieses einen Zieles. Die entsprechenden Ideen und Gegenstände bestimmen von nun an unser Handeln – nicht wir selbst. Und wie selbstverständlich ist jeder, der meinen Weg kreuzt, zunächst verdächtig, mir die Butter vom Brot nehmen zu wollen.

Die Ziele sind austauschbar. Sie sind provisorisch, weil sie das Bedürfnis des Menschen nach Sinn im Leben nur vorübergehend befriedigen können. Der schlimmste Moment ist ge-kommen, wenn das Ziel der Sehnsüchte erreicht wird – denn dann beginnt eine unbequeme Lücke zu klaffen. Schnell tritt der nächste »Traum« an die Stelle des alten, um die Sinnlosig-keit des ganzen Unterfangens nicht spüren zu müssen. Dies ist ein großes Thema unserer Zeit. Wir haben große Angst, dass sich am Ende all unsere Bemühungen als sinnlos herausstellen werden. Darum halten wir uns ununterbrochen in Bewegung. Wir glauben, solange wir uns nur vorwärts bewegen, ist alles in Ordnung: am Leben zu sein, heißt zu handeln. Dass unsere Handlungen nichts mehr mit uns zu tun haben, sondern von den Absichten anderer gesteuert werden, scheint zweitran-gig – Hauptsache, es geht voran.

Der nächste Schritt besteht jedoch nicht darin, aufzuhören zu handeln, sondern sich als Mittelpunkt aller Handlungen wahrzunehmen, das heißt ein Bewusstsein davon zu gewin-nen, dass alles von uns abhängt. In diesem Moment werden wir uns nicht mehr als Figuren eines Spieles erleben, die dem Licht einer fremden Sonne nachjagen und verzweifelt bemüht sind, dem Schatten anderer zu entfliehen. Wir erleben uns als eine eigene Sonne, die es nicht nötig hat, ihr Licht von ande-ren zu beziehen, um zu strahlen. Jede unserer Handlungen ist dann Ausdruck dieses eigenen Lichtes und trägt den unver-wechselbaren Stempel unserer Persönlichkeit. Wir handeln nicht so, wie man es von uns erwartet, sondern wir handeln aus unserem Herzen heraus – wir handeln genau so, wie wir sind. Es gibt sie nicht, die eine Sonne für alle. Jeder von uns hat seine eigene Sonne und niemand muss einer fremden Sonne nachjagen, wenn er weiß, dass es eine Sache gibt, in der ihn niemand, wirklich niemand übertrumpfen kann: nämlich genau der zu sein, der er ist.

Essenz

Meine Situation: Ich fühle mich als Beobachter an den Rand des Geschehens gedrängt. Meine Persönlichkeit findet keinen Ausdruck in dem, was ich tue. Andere nehmen mir das Licht weg.

Mein Bedürfnis: Ich brauche den Selbstausdruck sowie die Anerkennung und möchte der Welt mit meiner eigenen Persönlichkeit schöpferisch begegnen.

Meine Herausforderung: Aus dem Schatten treten, ohne anderen das Licht wegzunehmen. Mir meiner Einzigartigkeit bewusst sein und sie schöpferisch einsetzen.

Meine persönliche Erkenntnis:

Übungen

Einzelübung: Die goldene Blase

Kennen Sie die Situation: Die Tür geht auf, ein Mensch kommt herein – und alle schauen ihn an? Dieser Mensch hat etwas an sich, ihn umgibt eine bestimmte Aura, die alle Anwesenden quasi registrieren *müssen*. Doch was ist es, das an ihm so anziehend wirkt, was er ausstrahlt? Was diesen Menschen unterscheidet, ist sein Charisma – und das lässt sich leider nicht einfach so antrainieren. Charisma ist jedoch auf der anderen Seite ebensowenig etwas, das einem einfach so in die Wiege gelegt wird. Es lässt sich durchaus entwickeln. Der Schlüssel dazu nennt sich Kongruenz (lat.: übereinstimmen). Kongruent bin ich dann, wenn mein Denken, Fühlen und Handeln übereinstimmen, wenn sie eins sind – dann bin ich genau so, wie ich eben bin, und zeige das auch. Kongruent sein heißt anwesend sein – es bedeutet, der Persönlichkeit im Hier und Jetzt ihren Platz zuzugestehen. Und genau das ist es, was wir wortwörtlich unter Selbstausdruck verstehen.

Wo glauben Sie, müssen Sie bei sich anfangen, um die Fähigkeit zu entwickeln, Ihr Selbst ausdrücken zu können? Viele versuchen es, indem Sie andere Persönlichkeiten imitieren, von denen Sie beeindruckt sind, sich also an der Umwelt orientieren. Doch dann ist man meilenweit entfernt von seinem Selbst. Wie Sie wahrscheinlich ahnen, kann der Weg nirgendwo anders beginnen als genau dort: bei Ihnen selbst. Die Grundlage dafür, den Ihnen zustehenden Platz auch wirklich einnehmen zu können, sind Selbstakzeptanz und Selbstliebe. Nur dann, wenn Sie sich selbst mit all Ihren Seiten akzeptieren können, werden Sie es sich gestatten, einfach da zu sein. Damit schaffen Sie die Voraussetzung, frei und selbstverantwortlich zu handeln, wie es Ihrem Wesen entspricht. Die folgende Übung soll Sie in Ihrem Selbstausdruck stärken. Sie ist sehr auf Ihre Körpersprache ausgerichtet, gleichzeitig werden Sie merken, wie Sie allein mit inneren Bildern Ihre körperliche Präsenz verändern können – während sich gleichzeitig auch etwas an Ihrer inneren Haltung tut.

Übungsanleitung

• Stellen Sie sich hin, die Füße etwa hüftbreit auseinander. Achten Sie dabei auf guten Bodenkontakt – denn je besser dieser ist, desto mehr Halt gibt der Boden uns, desto besser werden wir von ihm getragen. Der Boden ist quasi das Fundament, auf dem wir stehen – und alle Körperteile sind wie bei einem Gebäude von einem guten Fundament abhängig, um ebenfalls im Lot zu sein.

- Und dann nehmen Sie einfach wahr, wie der Kontakt Ihrer Füße zum Boden ist.

Ist er bei beiden Füßen gleich oder gibt es Unterschiede? Wie ist das Gewicht Ihres Körpers verteilt – liegt es eher vorn, auf einer bestimmten Seite oder eher hinten? Und dann stellen Sie sich vor, wie aus Ihren Füßen Wurzeln in den Boden hineinwachsen, die sie noch besser mit ihm in Verbindung bringen, wodurch Sie einen noch besseren Stand bekommen.

- Fahren Sie mit Ihrer Entdeckungsreise fort und spüren Sie, ob Ihre Knie durchgedrückt oder (besser) leicht gebeugt sind und ob Ihr Becken gerade ausgerichtet ist.

Dazu gibt es ein einfaches Bild: Stellen Sie sich Ihr Becken wie eine große, flache Schale vor, die mit Wasser gefüllt ist. Wenn Sie Ihr Becken zu weit nach vorn kippen, fließt Wasser aus, wenn Sie es zu weit nach hinten kippen, ebenfalls. Erst wenn Sie die Schale gerade halten, geht kein Wasser daneben.

- Dann achten Sie auf Ihre Schultern.

Sind sie hochgezogen oder nach unten gedrückt, ist eine Schulter angespannter als die andere – oder sind beide ganz locker? Da es recht schwierig ist, seine Schultern willentlich zu entspannen, versuchen Sie die folgende Übung:
Stellen Sie sich vor, Sie hätten je einen großen, klebrigen Kaugummi auf jeder Schulter kleben. Diese fassen Sie nun mit den Fingern und ziehen sie ganz lang – so lang es geht. Strecken Sie einfach die Arme lang nach oben. Und dann lassen Sie die Ellbogen einfach fallen, die Hände folgen: Ihre Arme hängen jetzt ohne Anstrengung einfach nach unten. Wenn Sie Ihre Aufmerksamkeit wieder auf Ihre Schultern richten, werden Sie merken, dass Sie jetzt aufrecht, mit lockeren Schultern dastehen, ohne bewusst darauf geachtet zu haben. Ebenso wird sich Ihr Brustraum erweitert haben, Sie stehen mit

offener Körperhaltung, mit gutem Stand aufrecht und trotzdem locker da. Doch sind Sie auch gerade?

- Pendeln Sie einmal ganz weit nach vorn und nach hinten, die Bewegung geht von den Füßen aus.

Achten Sie dabei darauf, welche Muskeln Sie anspannen müssen, um nicht nach vorn oder hinten zu kippen, und führen Sie diese Pendelbewegung mehrmals aus. Verkleinern Sie allmählich die Bewegung, bis Sie ganz von allein, irgendwann zum Stillstand kommen. Jetzt sind Sie im Lot – in Ihrer Mitte. Spüren Sie noch einmal in sich hinein, ob sich etwas verändert hat im Vergleich zum Anfang der Übung: Wie fühlt es sich an, im Lot zu sein?

- Bleiben Sie in diesem Zustand und breiten Sie die Arme aus. Schwingen Sie mit ihnen hin und her – nach vorn und hinten und dann von rechts nach links und wieder zurück.

Breiten Sie die Arme noch weiter um sich aus: nach oben und zur Seite und beobachten Sie, wie viel Raum Sie sich mit Ihren Armen nehmen können. Dieser Raum ist Ihr Vitalkreis, Ihr Raum, Ihre Raumblase! In diese Raumblase darf nur jemand hinein, wenn Sie ihn wirklich hineinlassen wollen. Hier beginnt Ihre Intimsphäre.

- Stellen Sie sich nun vor, wie diese Raumblase, die Ihnen ganz allein gehört, sich mit goldenem Licht füllt.

Spüren und sehen Sie dieses goldene Licht um sich herum, das Sie ausstrahlen und das Ihre gesamte Raumblase erfüllt und Sie wachsen und größer werden lässt – und Sie zu Ihrer gesamten Größe aufrichtet. Spüren Sie, ob diese Haltung auch etwas an Ihrer Atmung verändert. Vielleicht können Sie dieses goldene Licht ein- und ausatmen, vielleicht darf die Atmung ein bisschen tiefer und langsamer werden, ganz von allein ... Sie können sich für den heutigen Tag eine Situation vornehmen, in der Sie diese Haltung gut gebrauchen können. Kurz davor versetzen Sie sich wieder in diesen »goldenen Zustand«, und agieren einfach nur aus dieser goldenen Raumblase heraus – ganz bewusst, ganz freudig. Und lassen Sie auch andere an Ihrem goldenen Licht teilhaben. Seien Sie gespannt und offen dafür, wie sich die Situation aus dieser neuen Qualität heraus gestalten wird.

Partnerübung: Den Schatten integrieren

Nicht nur Ideen und Gegenstände – wie beispielsweise die Statussymbole – anderer Menschen vermögen unser Handeln zu bestimmen und uns von unserer Mitte wegzuführen – auch die Ideen oder Bilder in uns selbst können Macht über uns haben und uns davon abhalten, so zu handeln, wie wir es eigentlich wollen. Es sind Anteile in uns, die unsere eigentlichen Bedürfnisse boykottieren und uns damit schaden – wir nennen sie Schatten-Anteile. Gerade weil wir sie nicht mögen, versuchen wir, sie zu verdrängen – doch deshalb sind sie immer noch da und treiben quasi weiter ihr Unwesen. Die einzige Möglichkeit, sie »loszuwerden«, besteht nicht darin, sie zu ignorieren oder sie auf andere Personen zu projizieren, sondern einzig und allein darin, sie zu integrieren!

Das fällt umso leichter, wenn Ihnen klar wird, dass kein Verhalten, selbst wenn Sie es für noch so negativ halten, nur aus negativen Motiven besteht. Zumeist steckt irgendeine positive Absicht dahinter. Diese gilt es aufzuspüren und Wege und Möglichkeiten zu finden, wie sie auf eine konstruktive Weise ans Licht kommen darf.

Nehmen wir zum Beispiel das Rauchen: Sie möchten schon seit Jahren aufhören, doch irgendwie schaffen Sie es nicht. Bevor Sie nicht die positive Absicht dahinter entdeckt haben, werden Sie vieles versuchen können, ohne es wirklich zu schaffen. Sie müssen herausfinden, welcher Wert hinter dem

Rauchen steckt: Was wollen Sie für sich damit erreichen? Wenn das zum Beispiel fünf Minuten Besinnung und eine Pause in der Unrast des Alltags wäre, dann würde mit dem Rauchen aufzuhören bedeuten, dass dieser Wert wegfiele. Daher sollten Sie statt des Rauchens alternative Wege suchen, in denen Sie sich diese fünf Minuten Besinnung gönnen können. Wenn Sie diese positive Absicht für sich herausfinden, würdigen und ihr auf konstruktive Weise Gestalt verleihen, wird Rauchen mit der Zeit ganz von allein an Reiz verlieren.

Diese Übung setzt nun genau an diesem Punkt an: Es geht darum, Verhaltensweisen oder Eigenschaften, die Sie an sich selbst nicht mögen, zu identifizieren und bessere Alternativen zu finden – während Sie die positive Absicht, die hinter dem Verhalten steckt, weiter am Leben erhalten.

Diese Übung kann Sie sehr tief berühren. Sie lebt davon, dass Ihr Partner Ihnen beim Aufspüren der positiven Absicht und der Handlungsalternativen mit gezielten Fragen weiterhilft. Zum besseren Verständnis ist jedem Schritt ein konkretes Beispiel aus dem Seminaralltag beigefügt.

1. Schritt

- Schreiben Sie bitte alle Verhaltensweisen und/oder Eigenschaften von sich auf, die Sie an sich nicht mögen, die Sie am liebsten vor sich und anderen verschweigen, die Sie am liebsten ablegen würden.

2. Schritt

- Suchen Sie von diesen »negativen« Verhaltensweisen oder Eigenschaften eine heraus, die Sie jetzt mit Ihrem Partner bearbeiten möchten.

Alle anderen können Sie – wenn Ihnen die Übung gefällt – ein anderes Mal bearbeiten. Schreiben Sie sie bitte noch einmal so auf, dass Ihr Partner genau versteht, was Sie meinen:

(Zum Beispiel: »Ich bin launisch. Das bedeutet: meine Laune hängt stark von äußeren und auch inneren Einflüssen ab – sie kann sich ganz schnell häufig ändern ...«)

3. Schritt

In jedem Verhalten, sei es auch noch so »negativ« oder unangenehm, ist wie schon erwähnt, irgendwo eine positive Absicht versteckt. Oder anders ausgedrückt: Jede Schwäche kann auch eine Stärke sein, je nach Kontext, in dem ich mich befinde. Versuchen Sie nun gemeinsam, die positiven Absichten der ausgewählten Verhaltensweise herauszufinden. Schreiben Sie alles auf, was Ihnen zu dieser Eigenschaft an positiven Absichten einfällt, auch wenn sie auf den ersten Blick unrealistisch oder nicht völlig plausibel erscheinen mögen. Vielleicht hilft Ihnen auch folgende Formulierung: Wenn diese Verhaltensweise mit mir sprechen könnte: Was würde sie zu mir sagen? »Warum bin ich da? Wann und wie bin ich entstanden? Wozu diene ich dir als meinem Besitzer?«

(Zum Beispiel: »Launisch zu sein beinhaltet die Fähigkeit, flexibel zu sein; sich beeindrucken lassen zu können; zu glauben, was ich gerade sehe; sensibel zu sein; sie bringt einfach Abwechslung ins Leben ...«)

4. Schritt:

Lesen Sie diese Sammlung positiver Absichten noch einmal laut vor – und der Betroffene spürt genau in sich hinein, bei welcher positiven Absicht etwas in ihm »klingelt«, wann er das Gefühl hat: *Das* ist es!
(In unserem Fall waren es die Gegensätze, die Hochs und Tiefs, die der Teilnehmerin eigentlich Spaß machten. Sie bewahrten den Alltag davor, langweilig zu werden – insofern war launisch zu sein sehr wichtig für sie, da es ihrem Leben Farbe verlieh.)
Schreiben Sie diese positive Absicht noch einmal gesondert auf:

5. Schritt

Es geht nun darum, alternative Wege zur Verwirklichung der positiven Absicht zu finden. Wichtig: Lassen Sie dazu Ihrer Kreativität unbedingt freien Lauf! Keine Assoziation ist zu abwegig, nichts zu absurd. Alle Ideen sind erlaubt. Finden Sie in einem weiteren Brainstorming andere Zusammenhänge, alternative Verhaltensweisen, mit denen diese Absicht leicht, mühelos und konstruktiv ihren Ausdruck finden könnte.

(Wir fanden zum Beispiel: »Sich den ganzen Tag auf eine Zigarette freuen – und sie dann nach einem einzigen Zug ausmachen.« Oder: »Morgens eiskalt – abends heiß duschen« oder: »Es umdrehen: sich in Situationen, in denen man sich eigentlich ärgert, etwas Freudiges suchen und andersherum in freudigen Situationen etwas finden, das negativ ist.«)

6. Schritt:

Nun lesen Sie noch einmal alle gefundenen Ideen vor und spüren in sich hinein, was davon Ihnen gut tun könnte und welches alternative Verhalten Sie Lust hätten, im Alltag auszuprobieren. Wenn Sie eines gefunden haben, dann suchen Sie sich noch eine ganz bestimmte Situation aus, in der Sie »anders sein« werden, und legen auch dies schriftlich fest:

Hilfreiche Affirmationen und Glaubenssätze

- Ich bin ein Wesen voller Licht und Schönheit. Das strahle ich auch aus!
- Ich bin der Mittelpunkt all meiner Handlungen. Alles, was ich tue, trägt den Stempel meiner Persönlichkeit.
- Ich darf die Dinge tun und lassen, wie es mir entspricht.

Jungfrau

»Ich lebe mein Leben in wachsenden Ringen,
die sich über die Dinge ziehn.
Ich werde den letzten vielleicht nicht vollbringen,
aber versuchen will ich ihn.«
Rainer Maria Rilke

»Es entspricht einem Lebensgesetz:
Wenn sich eine Tür vor uns schließt,
öffnet sich eine andere. Die Tragik ist jedoch, dass man auf die
geschlossene Tür blickt und die geöffnete nicht beachtet.«
André Gide

Was auch immer wir tun – wenn wir ehrlich sind, wissen wir
hinterher oft, dass wir es noch besser hätten tun können. Das
menschliche Leben scheint von Unzulänglichkeiten geprägt
zu sein. Wenn wir uns fragen, warum es uns so selten gelingt,
wirklich unser Bestes zu geben, taucht häufig die Antwort auf,
dass die Umstände es eben nicht zuließen. Wir könnten ja,
wenn uns nicht von allen Seiten Grenzen gesetzt würden, so
argumentieren wir. Nicht wenige Menschen empfinden das
Leben als eine Kette ununterbrochener Niederlagen im Kampf
darum, sie selbst zu sein – und leiden darunter.
Man möchte meinen, dass uns die Grenzen, auf die wir bei der
Entfaltung unserer Persönlichkeit stoßen, zwar auf der einen
Seite unseren Freiraum auf ein Minimum reduzieren, uns aber
wenigstens Klarheit über unsere Position in der Welt verschaffen. Es scheint ein typisches Phänomen unserer Zeit zu
sein, dass keine Ordnung, in welche wir eingebunden sind,
uns im Gegenzug für die Einschränkung, die sie uns auferlegt,

wenigstens Sicherheit gewährt. Das Leben spielt sich ab ohne Netz und doppelten Boden.

Viele Menschen verschließen die Augen vor diesen Tatsachen. Sie glauben, dass wenn sie sich möglichst wenig auf das Leben einlassen, schon alles so bleiben wird, wie es ist. Sie suchen Beruhigung darin, dass sie möglichst wenig riskieren, weil sie glauben, dadurch auch wenig verlieren zu können. Sie vertrauen darauf, dass sie ungeschoren davonkommen werden, wenn sie sich nur ruhig verhalten und nicht auffallen. »Bloß nicht einmischen!«, lautet die Devise. Andere verstecken sich hinter einem »Leben und leben lassen!« und wähnen sich tolerant, während sie sich in Wirklichkeit nur nicht vom Leben der anderen berühren lassen möchten, um die eigene Stabilität nicht zu gefährden.

Dabei ist diese Stabilität nichts anderes als ein großer Selbstbetrug, der spätestens dann auffliegt, wenn uns das Schicksal dennoch trifft, trotz aller Zurückhaltung, trotz aller Anpassungsleistung. »Warum ich?«, mögen dann einige rufen, wenn der Arbeitsplatz wider Erwarten den großen, unüberschaubaren Mechanismen der Weltwirtschaft zum Opfer fällt oder der Lebenspartner sich aus heiterem Himmel in einen anderen Menschen verliebt und uns im Stich lässt. Viele suchen die Schuld bei den Mächten des Schicksals oder beim Zufall: »Ich habe doch immer alles richtig gemacht!« Es ist, als ob man eine teure Versicherung abgeschlossen hat und dann glaubt, man müsse sich um nichts mehr kümmern. Wenn dann der Versicherungsfall eintritt, stellt man fest, dass die Versicherung nicht zahlen kann, weil sie pleite oder schlimmer noch: eine Scheinfirma ist.

Viel zu oft fügen wir uns in unsere Situation, obwohl wir wissen, dass mehr in uns steckt und wir eigentlich mehr Platz benötigen, als uns zugestanden wird. Wir beruhigen uns damit, dass jeder Schritt in Richtung Selbstverwirklichung zugleich ein Schritt in immer größere Unsicherheit ist. Wir riskieren nichts, sondern überantworten uns einer vermeintlichen Stabilität im Vertrauen, dass schon alles gut gehen wird. Wir wollen nicht versagen, deshalb verzichten wir darauf zu gewinnen. Dabei halten wir uns für bescheiden und tolerant – in Wirklichkeit aber igeln wir uns aus Angst vor der großen weiten Welt in unserer Selbstzufriedenheit ein.

Echte Toleranz zeichnet sich nicht dadurch aus, sein Leben möglichst unbehelligt zu führen, sich fremden Einflüssen gegenüber zu verschließen, um die eigene Integrität zu bewahren. Toleranz hat etwas damit zu tun, die eigene Souveränität *aufzugeben*, mit dem Wunsch, an und mit der Umwelt zu wachsen, indem man sich ihr öffnet. Dies beinhaltet das Risiko, dem Chaos Einlass in sein Leben zu gewähren und sich von ihm berühren zu lassen. Es bedeutet auch das Risiko des Versagens einzugehen – und dafür die volle Verantwortung zu übernehmen. Dies mag Angst bereiten, aber nur dann, wenn uns nicht klar ist, dass die Verantwortung derer, die sich zu etwas verpflichten, nicht größer ist als die Verantwortung derer, die sich zu nichts verpflichten. Der Unterschied besteht darin: die einen nehmen die Chance zum Persönlichkeitswachstum wahr, die anderen nicht.

Wir leben in einer Welt, die uns in ihrer Unüberschaubarkeit und Vielfalt verwirrt. Entwicklung aber kann es nur geben, wenn wir uns nicht dagegen sträuben, Bestandteil dieser Vielfalt zu sein, sondern es wagen, in diese Welt hineinzuwachsen. Es ist zu erwarten, dass wir dabei auf Widerstand stoßen und dass Misserfolge nicht verhindert werden können. Aber sie bedeuten dann kein Leiden mehr, weil wir auf sie gefasst sind und sie wie einen Ball auffangen können, der uns zugeworfen wird. Sie treffen uns nicht mehr wie ein Stein, der plötzlich vom Himmel fällt. Vielmehr sind sie Meilensteine unserer Entwicklung – genauso wie unsere Erfolge. Misserfolge werfen uns nicht mehr aus der Bahn, sondern korrigieren unseren Weg und bringen ihn wieder in Einklang mit unseren Bedürfnissen. Jede Krise wird so zur Chance: Sie versetzt uns in die Lage, überprüfen zu können, ob der Weg, den wir bislang gegangen sind, der richtige war oder ob wir Korrekturen vornehmen müssen.

Wir brauchen einen Plan, damit wir nicht Teil des Planes anderer werden. Wir brauchen einen roten Faden in unserem Leben, etwas, das uns Orientierung verschafft, selbst wenn die Zeichen auf Sturm stehen. Dieser Plan muss Vorgaben enthalten, die uns an unseren Weg erinnern, wenn wir ihn einmal verloren haben sollten. Er sollte uns zeigen, dass wir zwar noch nicht das sind, was wir sein wollen, aber dass wir uns auf dem Weg dorthin befinden.

Wenn wir klaren Vorgaben folgen, können wir alles, was uns begegnet, einordnen und überlegen, wozu es gut sein könnte – selbst die Ereignisse, die uns zunächst wie ein Misserfolg vorkommen. Klaren Vorgaben zu folgen heißt, einen Rahmen abzustecken, in dem man sich selbst immer wieder neu einschätzen lernt und seine Fähigkeiten besser zur Geltung bringen kann. Mit einem Plan ausgerüstet sind wir sehr wohl in der Lage, genau die Schritte zu unternehmen, die der Augenblick gerade erfordert. Wir überschätzen uns nicht und sind wachsam genug, die Zeichen der Zeit zu erkennen, um unseren Bedürfnissen den Raum zu verschaffen, der ihnen zusteht.

Ein Plan kann uns helfen, die Erwartungen, die wir an uns selbst, aber auch an andere stellen, auf ein realistisches Maß zu reduzieren. Dies bewahrt uns vor Illusionen und vor allen Dingen vor Enttäuschungen, weil wir die (zu) hoch gesteckten Erwartungen nicht erfüllt haben.

Besonnenheit und planvolles Vorgehen sind angebracht, wenn es darum geht, die Welt Schritt für Schritt zu einem Platz zu machen, an dem wir uns wohl fühlen können. Wir erobern sie dann vielleicht nicht im Sturm, aber nähern uns dem Ziel mit Beständigkeit und Achtsamkeit. Die Welt ist dann kein Ort der Angst vor der eigenen Courage mehr: zwar ist sie nach wie vor voller überraschender Wendungen – und niemand kann von sich behaupten, so gut zu planen, dass er jede Eventualität einkalkulieren kann. Aber wir begegnen diesen Wendungen als einem Bestandteil unseres Lebens – wir integrieren sie, um an ihnen zu wachsen. Wir akzeptieren sie als Momente, die nicht uns selbst und unser Leben infrage stellen, sondern die Art und Weise, wie wir versuchen, unsere Ziele zu erreichen. Das Scheitern unserer Projekte ist dann kein Scheitern mehr an der Welt oder ein grundlegender Misserfolg unserer Persönlichkeit. Vielmehr ist es ein Grund, innezuhalten und noch einmal nachzudenken, warum dies passiert und vor allen Dingen wozu. Wir lernen, alles, was uns geschieht, als eine Antwort auf unsere momentane Haltung gegenüber unserem Leben und der Welt zu betrachten.

So bauen wir in dieser Welt eine eigene Wirklichkeit auf. Sie wächst mit jedem Schritt, den wir in Richtung unserer Zukunft unternehmen, und sie entsteht auf der Grundlage eines Lebens, das wir uns selbst entworfen haben. Weil wir diesen Entwurf im Gehen immer wieder revidieren müssen, weil das Leben nach allen Seiten offen ist und unbegrenzt, und die Grenzen die wir ziehen, immer nur ein Territorium umreißen können, das sich fortwährend ändert, können wir den Erfolg unseres Lebens nicht vorausahnen und schon gar nicht erzwingen. Aber wir haben zumindest das Beste getan – und das ist in jedem Falle mehr als nichts.

Essenz

Meine Situation: Ich habe den roten Faden in meinem Leben verloren und fühle mich als Teil des Plans anderer. Ich kann nicht bestimmen, welcher Schritt der nächste in meinem Leben sein könnte.

Mein Bedürfnis: Eine klare Position, von der aus ich mein Leben auf die Umstände abstimmen kann, ohne mich dabei selbst zu verraten. Grenzen ziehen, um nicht von anderen vereinnahmt zu werden.

Meine Herausforderung: In die Welt hineinwachsen – das heißt nicht in Abgrenzung oder Untätigkeit verharren, um Misserfolge zu vermeiden, sondern mich auf der Grundlage des eigenen Planes in die Welt einbringen.

Meine persönliche Erkenntnis:

Übungen

Einzelübung:
Das Wesentliche erkennen und Prioritäten setzen

Das »Eisenhower«-Schema

Wenn Sie in die Unüberschaubarkeit und Vielfalt Ihres Lebens einen roten Faden bringen wollen, dann brauchen Sie geeignetes Handwerkszeug, mit dem Sie diese Komplexität reduzieren können. Dazu möchte ich Ihnen eine Art Landkarte vorstellen. Sie kann als Basis dienen, alle anfallenden Arbeiten und Aufgaben so zu strukturieren, dass Sie Ihre Lebenszeit und Energie wieder in den Griff bekommen. Es geht dabei nicht darum, sich zu verplanen, sondern einen Kompass zur besseren Orientierung an die Hand zu bekommen. Nur dann, wenn Sie täglich genügend Zeit und Kraft besitzen, um sich auf das Wesentliche (nämlich das, was Ihrem Wesen entspricht) in Ihrem Leben konzentrieren zu können, befinden Sie sich auf dem richtigen Weg – nämlich auf Ihrem Weg.

Und da sind wir schon mitten im Thema: Zeit können Sie nicht haben und horten. Jeder von uns bekommt jeden Morgen von neuem 24 nagelneue Stunden geschenkt. Sie können die Zeit lediglich nutzen – oder eben nicht. Wenn Sie sie nutzen, dann bestimmen nur Sie selbst, wie. Versäumen Sie diese Chance jedoch, dann überlassen Sie es anderen Menschen, Aufgaben oder Ideen, Ihre Lebenszeit auszufüllen. Die »Landkarte«, die ich Ihnen vorstellen möchte, kann sehr hilfreich sein, um aus dieser Form der Fremdbestimmung herauszukommen und sein Leben wieder selbst in die Hand zu nehmen – um zu leben, statt gelebt zu werden.

Die Landkarte, von der ich spreche, ist das so genannte Eisenhower-Schema, das Basis-Werkzeug eines jeden Zeitmanagements. Es beruht auf der Grundannahme, dass wir uns verzetteln, weil wir zwei Dinge verwechseln: Dringlichkeit und Wichtigkeit.

Kennen Sie den Unterschied? Gehen Sie auch von der Annahme aus, dass etwas, das wichtig ist, meist auch dringlich ist? Oder umgekehrt: Wenn es dringend ist, muss es doch auch wichtig sein? Doch genau hier liegt der Hase im Pfeffer. Wichtigkeit bezieht sich nur auf den Wert der Aufgabe, also das, was hinterher herauskommen soll – das Ziel. Dagegen bezieht sich die Dringlichkeit allein auf den Zeitfaktor (also: morgen, in einer Stunde, in zehn Minuten), unabhängig davon, ob das, was am besten vorgestern erledigt werden soll(te), auch wirklich wichtig ist. Vielleicht ahnen Sie schon, dass es sich lohnt, alle Aufgaben hinsichtlich dieser beiden Begriffe genau unter die Lupe zu nehmen. Das Eisenhower-Schema geht noch einen Schritt weiter.

Wichtigkeit und Dringlichkeit werden in das folgende Koordinatensystem eingetragen:

Stellen Sie sich beispielsweise Ihren morgigen Tag vor. Alle anfallenden Aufgaben können Sie nun je nach Dringlichkeit und Wichtigkeit an entsprechender Stelle innerhalb dieses Schemas aufzeichnen: Je wichtiger etwas ist, umso weiter oben wird es platziert, und je dringlicher es ist, umso weiter rechts.

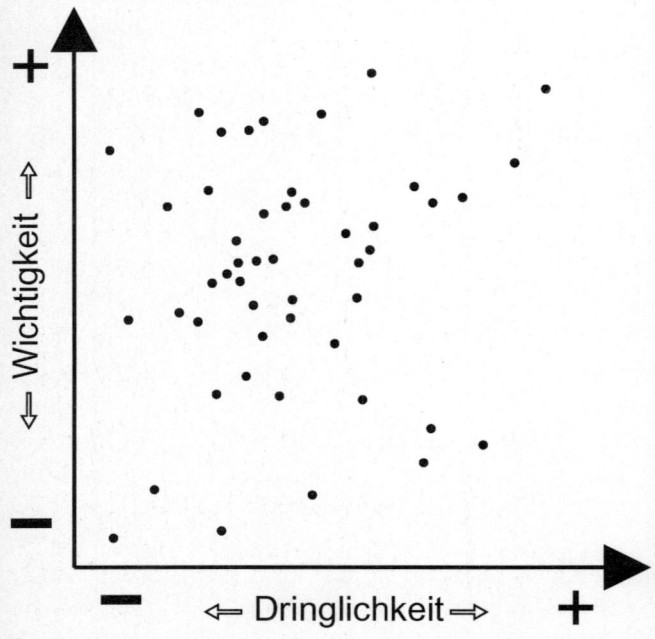

Abbildung 6: Was ist wichtig und was ist dringlich?

Aber was kommt dabei heraus? Zunächst haben Sie viele Punkte vor sich, die sich wie eine »Aufgabenwolke« über das Feld verteilen. Sie erhalten damit zwar eine erste Übersicht, doch verschafft Ihnen das noch keine wirkliche Klarheit darüber, wie Sie das Chaos, die Komplexität des Alltags meistern sollen. Deshalb kommt hier ein weiteres sehr wichtiges Prinzip zum Tragen: das Prinzip der Vereinfachung. Dazu unterteilen Sie die Skizze in vier Quadranten, indem Sie jeweils auf der Mitte jeder Achse einen Strich sowohl senkrecht als auch waagerecht ziehen, wie in der folgenden Abbildung. Mit diesen vier Quadranten lässt sich schon viel leichter arbeiten. Betrachten wir die Quadranten der Reihe nach:

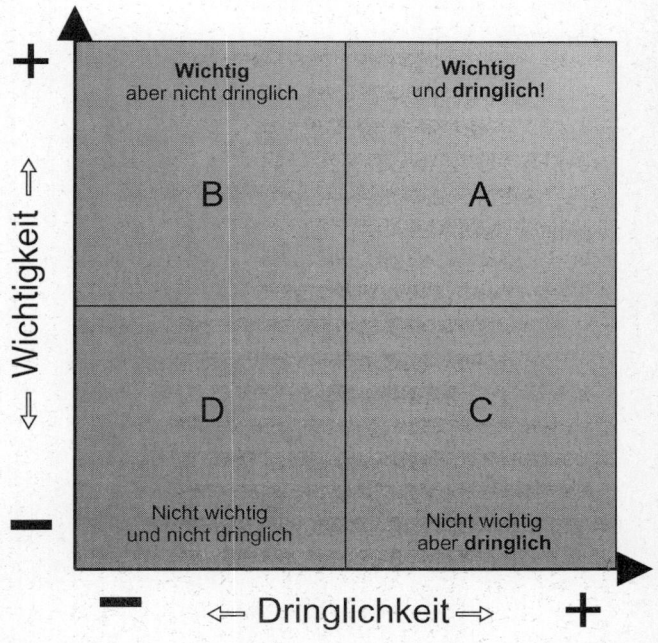

Abbildung 7: Das Eisenhower-Schema.

- Quadrant A rechts oben: sehr wichtig und sehr dringlich.

Bitte gehen Sie in Gedanken Ihren Alltag durch: Welche Aufgaben fallen Ihnen ein? Was ist in Ihrem Leben alles wichtig und dringlich, oder anders gefragt: Welche Aufgaben tragen am meisten zur Erreichung eines anstehenden wichtigen Zieles bei und müssen deshalb so bald wie möglich erledigt werden? Tragen Sie bitte alles, was Ihnen dazu einfällt, in diesen Quadranten ein.

In dieses Feld müssen wir all unsere Energie und Aufmerksamkeit stecken. Falls wir hier nicht wirklich präsent sind, wird es unter Umständen negative Folgen für uns und auch für andere haben. Ihr Leben, Ihr Beruf bieten Ihnen wahrscheinlich genügend Aufgaben, in denen Sie absolut am Ball sein müssen. Hier könnte zum Beispiel die Reklamation eines wichtigen Kunden stehen oder Ihr Sohn, der sich gerade das Bein gebrochen hat. Wenn es nur solche Aufgaben gäbe, dann wäre das Leben eine einzige Reaktion auf die Erfordernisse unserer Umwelt und nichts wäre planbar. Glücklicherweise gibt es noch drei andere Quadranten, in denen sich Aufgaben anderer Qualität finden.

- Quadrant B links oben: sehr wichtig und überhaupt nicht dringlich.

Was fällt Ihnen hierzu ein? Meist sind es längerfristige, komplexere Projekte, die nicht an einem Tag erledigt werden können, jedoch sehr wichtig sind, zum Beispiel eine Diplomarbeit schreiben, Weiterbildung, die Wartung von Maschinen etc. Solche Aufgaben liegen oft wie ein Berg vor einem – und nicht wenige schieben diesen Berg nur allzu gern vor sich her (»morgen, morgen, nur nicht heute ...«), wodurch der Berg allerdings nicht kleiner wird. Irgendwann wird diese Aufgabe dann durchaus dringlich – und oft ist es dann zu spät, um wirkliche Qualität zu erreichen oder um die Aufgabe überhaupt noch zu schaffen. Andere und zumeist unwichtigere

Dinge wurden dieser eigentlich wichtigen Aufgabe immer wieder vorgezogen – und für das wirklich Wichtige blieb dann keine Zeit mehr. (Wie viele Studenten bringen gerade noch in der letzten Nacht vor Abgabe ihre Diplomarbeit unter enormem Druck und Stress zu Ende? Eigentlich hätten sie genug Zeit zur Verfügung gehabt, um bei kontinuierlicher Arbeit in Ruhe und mit Sorgfalt fertig zu werden ...)

Ihnen fallen sicher viele weitere Beispiele aus Ihrem Leben ein. Hier liegt das Problem, wenn mein Zeitmanagement nicht funktioniert: Nur in diesem Quadranten habe ich die Möglichkeit, wirklich zu agieren, anstatt zu reagieren, nur hier kann ich die Dinge planen, vorbereiten und mir angemessenen Freiraum für sie schaffen. Da aber zunächst keine Dringlichkeit besteht, gibt es auch niemanden, der mich zur kontinuierlichen Erledigung dieser Aufgaben antreibt – hier bin ich ganz mir selbst überlassen. Ich muss mich selbst zur Beständigkeit anhalten und den Berg Stück für Stück abarbeiten (also zum Beispiel täglich ein paar Seiten schreiben, anstatt in einer Woche die ganze Arbeit). Das Dilemma dabei ist, dass bestimmte Aufgaben aus einem anderen Quadranten uns nur zu gern davon abhalten – aus dem nun folgenden:

- Quadrant C rechts unten: Nicht wichtig – aber sehr dringlich.

Überlegen Sie, welche Aufgaben Ihnen hierzu aus Ihrem Alltag einfallen. Meist sind es Aufgaben, die relativ schnell erledigt werden können. Oft werden sie von anderen an uns herangetragen und vermitteln uns das Gefühl, produktiv zu sein – was leider eine Illusion ist, denn: die erledigten Aufgaben sind ja nicht wirklich wichtig (zumindest nicht für uns persönlich, für andere vielleicht). Da sind ein kleines Telefonat hier, ein Brief dort, ein Gefallen da etc. Es kommt hinzu, dass diese Aufgaben oft auch noch sehr viel mehr Spaß machen. Wenn wir uns hier aufhalten, fühlen wir uns ungemein produktiv, wir sind in Aktion, vielleicht sogar noch in Kontakt mit anderen Menschen – doch die Effektivität bezüglich dessen, was wir eigentlich erreichen wollen, ist eher gering. Und nach einem anstrengenden, kräfte- und nervenzehrenden Tag fragen wir uns: »Was habe ich heute eigentlich überhaupt geschafft?« Hätten wir Aufgaben aus dem Quadranten B oben links erledigt, würden wir uns wesentlich effektiver fühlen hinsichtlich unserer persönlichen Ziele. Doch vor lauter Erschöpfung durch das viele Hin- und Herpendeln zwischen »nicht wichtig, aber sehr dringlich« und »sehr wichtig und sehr dringlich« fallen wir schließlich in den letzten Quadranten:

- Quadrant D rechts unten: nicht wichtig und auch nicht dringlich.

Gemeint sind Aufgaben, Arbeiten und Tätigkeiten, die im Grunde keinen Sinn verfolgen und keinem Zweck dienen, außer dem, Zeit totzuschlagen. Das kann je nach Situation etwas anderes sein und auch hier entwickeln wir gern Vorlieben, zum Beispiel: irgendwelche Prospekte lesen, im Fernsehen rumzappen, im Internet surfen, bummeln gehen usw. Es geht hier aber nicht um Erholung oder um Dinge, die mir wirklich Spaß machen. Erholung und Spaß finden wir nicht in diesem Quadranten, sondern sie sind eher ein Fall für den Quadranten B – wichtig, wenn auch nicht dringlich. Überlegen Sie: Mit welchen Tätigkeiten füllen Sie den Quadranten D tagtäglich? Und tragen Sie Ihre Antwort in das Schema ein.

Fassen wir noch einmal zusammen:

Wichtige und dringliche Aufgaben wird es immer geben. Und zwar solche aus der Umwelt, aber natürlich auch solche, die Sie sich selbst schaffen. Sie stammen aus dem Berg an wichtigen, aber nicht dringlichen Erledigungen. Von diesem Berg sollten Sie möglichst täglich ein kleines Stückchen abtragen und dieses dann als »Termin mit mir selbst« dringlich machen, also von Quadrant B in den Quadranten A verschieben. So haben Sie eine echte Chance, Ihren eigenen Zielen treu zu bleiben.

Von Aufgaben aber, die zwar dringlich, aber unwichtig sind, sollten Sie lernen, sich abzugrenzen. Hier beginnt aller Erfahrung nach die Schwierigkeit. Denn diese unwichtigen, aber dringlichen Aufgaben werden, wie gesagt, meist von außen an uns herangetragen. Hier gilt es also manchmal, ein klares und deutliches Nein zu den unwichtigen Dingen auszusprechen.

Denken Sie jedoch daran: Ein Nein zu einer Aufgabe sollte immer einhergehen mit einem ehrlichen Ja für eine andere. Nur dann sind Sie ehrlich – sich selbst und anderen gegenüber.

Doch lassen Sie uns noch konkreter werden.

Übung

Bitte nehmen Sie sich für die folgende Übung mindestens eine halbe Stunde Zeit, in der Sie wirklich ungestört sind. Es geht darum, das gerade erarbeitete Schema in einen aktuellen Lebenszusammenhang zu stellen und anzuwenden, es auf seine Brauchbarkeit hin zu prüfen und sich dabei über das Wesentliche bewusst zu werden.

- Suchen Sie sich zunächst einen Lebensbereich aus, von dem Sie aktuell den Eindruck haben, er könnte am ehesten etwas mehr Ordnung vertragen.

Vielleicht ist es der Beruf, in dem Sie die nächsten wichtigen Schritte planen müssen; vielleicht müssen Sie aber auch ein Familienfest organisieren; oder Sie haben wichtige Dinge in Ihrer Partnerschaft zu klären?

Stellen Sie sich folgende Fragen zu diesem Lebensbereich:

- Welche Aufgaben und Tätigkeiten bringen Sie Ihren Zielvorstellungen wirklich näher?
- Wie viel Zeit investieren Sie tagtäglich dafür? Wie viel Zeit verbringen Sie mit den Personen, die Ihnen wirklich wichtig sind? (Machen Sie ruhig eine Prozent-Angabe für eine Woche, zum Beispiel »Ich investiere etwa 20 Prozent meiner Zeit für Unternehmungen und Zusammensein mit ...)
- Wofür verbrauchen Sie den Rest Ihrer Zeit?

Nun nehmen Sie sich noch einmal das Eisenhower-Schema vor: Sie haben ja bei der Erarbeitung schon einige Aufgaben für jeden Quadranten gefunden.

Finden sich die Tätigkeiten, die Sie jetzt gerade notiert haben, bei den wichtigen, aber nicht dringlichen Aufgaben wieder? Wenn nicht, tragen Sie sie unbedingt nach. Überlegen Sie, wie viel Ihrer Zeit und Energie Sie für die aktuell wichtigen Ziele, Aufgaben und Menschen aufbringen wollen. Ideal wäre es, wenn Sie jeden Tag etwas dafür tun könnten. Schreiben Sie auf, welche selbst gemachten wichtigen und dringlichen Aufgaben Sie in Ihren Tagesablauf integrieren können, damit Sie jeden Tag etwas Wesentliches tun:

Partnerübung: Grenzen setzen, Neinsagen lernen

Wenn wir Prioritäten setzen wollen, dann bedeutet das, sich für eine Sache – und naturgemäß gegen andere Dinge entscheiden zu müssen. Gleichzeitig alles erledigen – das geht eben nicht. Doch da kommen wir in ein Dilemma, an dem Zeitmanagement nicht selten scheitert: Wir sind nicht allein auf der Welt, und während wir unseren eigenen Dingen nachgehen wollen, treten andere Menschen an uns heran und wollen etwas von uns. Manchmal wird unsere Hilfe wirklich benötigt – oft genug aber werden wir einfach nur in unserem Tun gestört. Diesen Anliegen mit Höflichkeit, Hilfsbereitschaft und Nettigkeit zu begegnen mag als Tugend gelten, doch wenn wir immer freundlich und nett zu anderen sind, kann es leicht passieren, dass wir uns selbst dabei vergessen.

Viele von uns haben den Drang, es immer allen recht zu machen. Auf diese Weise werden Sie aber letztlich niemandem gerecht, am wenigsten sich selbst. Unzufriedenheit, Stress bis hin zu Krankheiten sind die Folge, wenn es nicht gelingt, die wesentlichen Dinge im Leben von den unwesentlichen abzugrenzen. Und geht es nicht letztendlich darum, selbst bestimmen zu können, wann ich nett sein möchte und wann nicht? Wie viel ist Nettigkeit wert, wenn sie aus einem falsch verstandenen Pflichtbewusstsein kommt? Ist nicht gerade diese aufgesetzte Höflichkeit die eigentliche Unhöflichkeit anderen gegenüber?

Wie aber finde ich das rechte Maß? Wann immer ich Nein zu etwas sagen möchte, sollte mein Innerstes von einem Ja zu einer anderen Sache beseelt sein. Nur dann kann ich einer Person, der ich jetzt (aus gutem Grund!) eine Absage erteile, ein anderes Mal mit voller Überzeugung eine Zusage geben – nämlich genau dann, wenn ich auch 100 Prozent für sie da sein kann und will. Einer Handlung geht in diesem Fall eine klare Entscheidung für den anderen voraus.

Viele von uns denken, ein Nein zur Sache käme einem Nein zur Person gleich, welche diese Sache an uns heranträgt. Dies ist der Grund, warum manche sich so schwer abgrenzen können – sie fürchten den anderen zu verletzen. Aber Abgrenzung bedeutet nicht Ablehnung! Durch eine freundliche und verständliche Begründung wird dieses Nein für unser Gegenüber nachvollziehbar. Wenn wir uns dann ein anderes Mal wirklich Zeit für ihn oder sie nehmen, wird die Beziehung garantiert keinen Schaden nehmen, im Gegenteil.

Genau darum geht es in der folgenden Übung: Sie bietet Ihnen Gelegenheit, sich einerseits über Ihre eigenen Muster klar zu werden, wann immer es um Abgrenzung geht, und Sie können andererseits unterschiedliche Formen üben, Grenzen zu ziehen und außerdem ein Feedback auf Ihr eigenes Verhalten bekommen.

Übung

- Stellen Sie sich beide so auf, dass Sie sich anschauen.

Nun zieht einer von Ihnen eine Grenze: Nehmen Sie einen Gegenstand (einen Stift, ein Lineal o.Ä.) – und bestimmen Sie, in welchem Abstand von Ihnen dieser Gegenstand Ihre persönliche Grenze symbolisieren soll, dann legen Sie diesen Gegenstand zwischen sich und Ihren Partner auf den Boden. Es geht nun darum, dass Ihr Partner bewusst eine Grenzüberschreitung vornimmt, das heißt, er wird über Ihre selbst gesteckte Grenze in Ihre Intimsphäre eintreten.

1. Schritt: Innehalten und Wahrnehmen

Versuchen Sie zu fühlen, was jetzt ist. Nehmen Sie sich dazu genug Ruhe und Zeit! Es gilt, sich zu spüren, die eigenen Körpersignale wahrzunehmen.

Wie fühlt sich das an? Ist irgendetwas unangenehm? Was genau ist es: der direkte Blickkontakt, die körperliche Nähe oder etwas anderes? Wo können Sie Ihre Reaktion bei sich orten: Ist es ein Gefühl? Ein körperliches Signal? Ist es anfangs weniger unangenehm – und steigert sich erst im Laufe der Übung? Erinnert Sie das, was Sie jetzt gerade erleben, an eine Ihnen bekannte Situation oder einen bekannten Menschen aus Ihrem Leben?

Lassen Sie so ein paar Minuten vergehen, ohne etwas zu verändern. Dabei achten Sie auf all Ihre Gefühle, Stimmungen, Körperreaktionen und Gedanken, die durch diese Grenzüberschreitung hervorgerufen werden.

2. Schritt: Entscheidung zum Nein

Wenn Sie Ihre Intimsphäre verteidigen wollen – Ihren so genannten Vitalkreis –, müssen Sie sich vorher innerlich abgegrenzt haben. Das heißt, bevor Sie nicht innerlich eine persönliche Grenzlinie gezogen haben, sowohl in räumlicher als auch in zeitlicher Hinsicht (denken Sie zum Beispiel an die Telefonate, die Sie schon lange beenden wollten), werden andere für Sie diese Grenze definieren – und auf Ihre Bedürfnisse keine Rücksicht nehmen.

- Wenn Sie sich innerlich klar geworden sind, wie weit der andere gehen darf und ab wann Sie dazu Nein sagen, dann entscheiden Sie, das jetzt zu tun.

3. Schritt: Eine klare und deutliche Abgrenzung

- Finden Sie Ihre Form, wie Sie dem anderen deutlich machen, dass Sie ihn jetzt nicht so nah bei sich haben wollen, dass er aus Ihrem Vitalkreis hinaustreten soll!

Versuchen Sie es erst einmal mit Ihrem gewohnten Verhaltensmuster und wenn das nicht klappt: Experimentieren Sie mit nonverbalen Zeichen, mit klaren Worten, mit Gesten – probieren Sie alles Mögliche aus, bis Ihr Gegenüber sich zurückzieht.

Für Ihren Partner ist es wichtig, dass er Ihre Zeichen bewusst wahrnimmt und nachspürt, wie ehrlich Sie es meinen. Er sollte erst dann aus Ihrem Vitalkreis hinaustreten, wenn es sich für ihn stimmig anfühlt. Er muss das Gefühl haben, dass er jetzt wirklich besser gehen sollte.

- Danach wechseln Sie die Rollen.

Reflexion

- Wie war es? Hat es Ihnen Spaß gemacht?
- Welche Rolle fiel Ihnen leichter: die des Grenzüberschreitens oder die der Abgrenzung?
- Wann hat die Abgrenzung geklappt? Wann waren Sie für den anderen glaubwürdig? Was genau hat das ausgemacht? (Notieren Sie hier möglichst detaillierte Beobachtungen.)
- Gibt es Situationen im Alltag, die Sie an die gerade gemachten Erfahrungen erinnern?
- Wenn ja: Was könnten Sie in Zukunft aus der Übung in den Alltag mitnehmen? Was könnten Sie gebrauchen, um sich besser abgrenzen zu können?
- Ihr Fazit für diese Übung:

Hilfreiche Affirmationen und Glaubenssätze

- Ich setze Prioritäten – und erobere so Schritt für Schritt die Welt.
- Ich darf mir Zeit und Raum nehmen – und Grenzen setzen, so wie ich sie brauche.
- Ich entscheide mich immer für das, was *jetzt* das Wichtigste ist.

Waage

»Doch alles, was uns anrührt, dich und mich,
nimmt uns zusammen wie ein Bogenstrich,
der aus zwei Saiten *eine* Stimme zieht.

Auf welches Instrument sind wir gespannt?
Und welcher Geiger hat uns in der Hand?
O süßes Lied.«

Rainer Maria Rilke, Liebeslied

»Liebt einander, aber macht die Liebe nicht zur Fessel:
Lasst sie eher ein wogendes Meer zwischen den Ufern
eurer Seelen sein. Und steht zusammen, doch nicht zu nah:
Denn die Säulen des Tempels stehen für sich, und die Eiche
und die Zypresse wachsen nicht im Schatten der anderen.«

Khalil Gibran

»Es ist gut, dass der Mensch nicht allein sei.« In fast allen
Schöpfungsgeschichten der Welt ist der Mensch von Anfang
an nicht als Einzelwesen gedacht. Immer schon scheint den
Menschen klar gewesen zu sein, dass ein wesentliches Merk-
mal des Lebens als Mensch darin besteht, mit anderen Menschen in Beziehung zu treten. Es gibt viele sehr unterschiedliche Formen, wie wir uns auf andere beziehen können, und
jede zeichnet sich durch eine besondere Qualität aus. Jede
Beziehung antwortet auf ein anderes Bedürfnis in uns: die
Beziehung zwischen Eltern und Kind ist eine grundlegend andere als die zwischen zwei Liebenden oder Kollegen. Man
könnte auch sagen, jede Beziehung ist etwas Eigenständiges,
das sich zwischen zwei Menschen entfaltet – es ist etwas

Drittes, das vor dieser Beziehung noch nicht da gewesen ist. Eine Beziehung ist immer etwas Neues, das zwischen zwei Menschen geboren wird.

So wichtig Beziehungen auch sind, wir leben offensichtlich in einer Zeit, in der sie zu einem seltenen und kostbaren Gut geworden sind, und dies in mehrfacher Hinsicht: so sprechen wir davon, dass ohne Beziehungen heute nichts mehr geht. Wir sagen: Wer einen bestimmten Arbeitsplatz möchte oder eine gute Wohnung sucht, braucht die richtigen Beziehungen. Erfolg und Anerkennung werden oft daran geknüpft, dass man die richtigen Leute kennt. Auf der anderen Seite gibt es Heerscharen von Menschen, die sich einsam fühlen und nach einem anderen Menschen sehnen, mit dem sie ihr Leben teilen können. Gleichzeitig glauben die meisten, dass eine solche Beziehung sehr schwer zu finden ist.

Interessant ist dabei, dass gerade in menschenreichen Gebieten, zum Beispiel in Großstädten, besonders viele Menschen auf der Suche nach einer Beziehung sind. Man möchte doch meinen, dass gerade dort das Potenzial besonders groß ist und es besonders leicht sein müsse, mit anderen Menschen eine Beziehung einzugehen. Das Gegenteil ist der Fall: in den Ballungsgebieten ist die Rate an Singles am höchsten und die Solidarität der Menschen untereinander am geringsten. Viele kluge Köpfe haben sich Gedanken darüber gemacht, warum das so ist, und viele komplexe Antworten wurden dafür ersonnen, historische Fakten zusammengetragen und Statistiken entworfen.

Letztlich scheint die Vereinzelung der Menschen das Ergebnis einer Berührungsfurcht zu sein, die vom Individualismus genährt wird. Wenn ich in einer Welt lebe, in der es nur darauf ankommt, wie ich mich von allen anderen unterscheide, können schwerlich Beziehungen geknüpft werden. Man fürchtet, etwas gemeinsam zu haben mit den anderen und dadurch gewöhnlich zu sein. Wenn ich Angst habe, dass das Leben des anderen mein eigenes Leben kontaminiert, kann ich kaum in der Lage sein, es mit anderen Menschen zu teilen. Die Fremdheit der Menschen resultiert aus Angst vor Gemeinsamkeit.

Dennoch kommen wir im Alltag nicht umhin, uns mit anderen Menschen zu umgeben und vielfach müssen wir uns mit ihnen auseinander setzen. Um unsere Individualität zu bewahren, versuchen wir die Gemeinsamkeit auf ein Minimum zu reduzieren: Wir betonen immer nur einzelne Aspekte des anderen, die wir nur vorübergehend mit ihm gemeinsam haben. Die Beziehungen zu anderen werden nach den Funktionen bewertet, die sie für uns haben. Kann er mir den Weg nach oben ebnen oder nicht? Zollt er mir die nötige Anerkennung oder nicht? Welchen Vorteil ziehe ich aus der Begegnung? Was kann der andere für mich tun? In diesen Funktionen berühren sich die Menschen, aber dann driften sie wieder auseinander. Wir erleben unser Gegenüber nicht als ganzen Menschen und wollen dies zumeist auch nicht.

Man möchte meinen, dass sich wenigstens in jenen Beziehungen Solidarität finden ließe, die auf einem gemeinsamen Gefühl aufbauen, den so genannten Partnerschaften. Viele Partnerschaften beginnen mit einem intensiven Gefühl der Gemeinsamkeit. Am Anfang steht eine intensive Anziehungskraft, man hat das Gefühl, füreinander bestimmt zu sein. Doch häufig stellt sich heraus, dass diese Gemeinsamkeit nicht den ganzen Menschen umfasst, dass der andere doch weit mehr Eigenschaften mitbringt, die sich mit den eigenen Gepflogenheiten und Vorstellungen nicht 100-prozentig decken. Wir entdecken Fehler und Mängel, lernen die Unzulänglichkeiten des anderen kennen – und nicht selten ziehen wir die Konsequenz daraus, dass dieser Partner eben doch nicht der Richtige sein kann. Dann zerbricht die Beziehung und man geht wieder seiner eigenen Wege – wahrscheinlich aber ist man nie einen gemeinsamen Weg gegangen.

Dem liegt ein fundamentaler Irrtum zugrunde, der das elementare Wesen einer Beziehung leugnet: eine Beziehung ist immer etwas, das erst mit den beiden Menschen geboren wird und sich von da aus entwickeln muss. Eine Beziehung *ist* nicht, sie *wird* erst – ihr Wesen ist die Veränderung. Wenn ich aber nicht bereit bin, meinen Teil zu dieser Veränderung beizutragen, indem ich mich selbst verändere, kann es keine Beziehung geben. In dem Moment, in dem ich nicht bereit bin, etwas von meiner Individualität aufzugeben, ein anderer zu werden, existiert die Beziehung nicht mehr.

Nicht selten treffen wir auf den *égoisme à deux,* den Egoismus zu zweit. Hier gehen Individuen eine Verbindung ein, ohne das Leben miteinander zu teilen. Man tut sich zusammen, um die Chancen auf die Befriedigung der eigenen Bedürfnisse zu erhöhen. Dies mag seine Berechtigung haben, aber es ist keine Beziehung, weil keiner von beiden bereit ist, etwas von sich selbst für den anderen aufzugeben. Es ist eher ein Tauschgeschäft als echte Anteilnahme am Leben des anderen.

Aus einer Kontaktanzeige:

> Wo bist du nur? Ich suche und suche dich, finde dich aber nicht. Du träumst, wie ich auch, von einer harmonischen Beziehung, die nicht nur oberflächlich ist. Du solltest ein sehr attraktiver, moderner, intelligenter, ruhiger, geduldiger Mann sein mit Tiefgang, Stolz und Charme, der ehrgeizig ist, aber auch noch weiß, wofür er arbeitet und es in seiner freien Zeit genießen kann! Im Gegenzug biete ich Hingabe, Leidenschaft und Beständigkeit. Ich (32) würde mich total freuen, wenn du mir antwortest.

Weil in Beziehung treten immer bedeutet, etwas von sich selbst aufzugeben, ohne von Anfang an zu wissen, wofür, scheuen viele Menschen den spontanen Kontakt. Sie versuchen im Vorfeld herauszufinden, wer zu ihnen passt und wer nicht, legen Maßstäbe an und Kriterien fest. Auf dem Reißbrett ihrer Vorstellungen ersteht eine Schablone, die helfen soll, alle Unwägbarkeiten und Eventualitäten im Vorhinein auszuschalten. Nichts soll schief gehen – und am Ende geschieht gar nichts. Der eine ist zwar ganz nett, aber er trägt das falsche Parfüm, der andere kann sich zwar gut ausdrücken, ist aber zu unsportlich; sie ist zwar elegant gekleidet, aber es fehlt ihr der Humor usw. Alles zielt darauf ab, dass ein potenzieller Partner *mein* Leben mit mir teilen und deshalb alle Erwartungen erfüllen soll. Doch wenn wir von Beziehung sprechen, geht es nicht darum, *sein* Leben mit einem anderen Menschen zu teilen, sondern *das* Leben – ein neues Leben, wie es sich nur zwischen diesen beiden Individuen entfalten kann.

Ein weiterer Grund für die Erfolglosigkeit vieler Versuche, in Beziehung mit anderen Menschen zu treten, ist das Fehlen einer gemeinsamen Aufgabe, die über beide Partner hinaus geht. Wir halten Beziehungen für etwas, das zu unserem Leben dazugehört wie ein Haus, ein Auto oder unser Job. Beziehungen *hat* man oder man hat sie eben nicht.

Wenn wir aber das Leben mit einem anderen Menschen teilen, betreten wir eine neue Sphäre. Hier geht es nicht darum, ob ein Mensch bereits alle Merkmale aufweist, die wir uns von einem perfekten Partner wünschen, sondern ob er bereit ist, sich auf mich einzulassen und ich auf ihn. Wenn das geschieht, wird ohnehin nichts mehr so sein wie vorher und alles, was ich bislang für richtig und gültig gehalten habe, muss ich unter Umständen infrage stellen und sogar aufgeben.

Die Beziehung ist der Sinn der Verbindung zweier Menschen. Dieser Sinn ist eine gemeinsame Aufgabe, die nur im Zusammenspiel und in der Ergänzung beider Individuen erfüllt werden kann. Und dies gilt nicht nur für Partnerschaften, wie sie gerade beschrieben wurden. Wenn eine Partnerschaft nur meine egoistischen Bedürfnisse befriedigen soll, kann sie keine Beziehung sein. Eine Beziehung geht über den Einzelnen hinaus. Sie geht sogar über beide in der Beziehung zusammengefassten Individuen hinaus – sie ist mehr als die Summe beider Teile. Eine Beziehung entsteht dann, wenn wir nicht mehr betonen, was uns voneinander trennt, sondern was wir gemeinsam haben. In diesem Gemeinsamen liegt die Kraft einer Beziehung, die Vergangenheit zu überwinden und eine neue Zukunft zu erschaffen.

Essenz

Meine Situation: Ich bin allein und völlig auf mich gestellt. Niemand steht mir zur Seite, auf niemanden kann ich mich verlassen.

Mein Bedürfnis: Das Leben mit einem anderen Menschen teilen. Andere Menschen in das eigene Leben einbeziehen.

Meine Herausforderung: Nicht *mein* Leben mit anderen teilen, sondern ein *neues* Leben. Beziehung als etwas begreifen, das größer ist als die Summe beider Teile. Nicht *voneinander* und nicht *gegeneinander*, sondern *miteinander* leben.

Meine persönliche Erkenntnis:

Übungen

Einzelübung: Beziehungen analysieren

Wenn wir Beziehungen als einen aktiven Prozess auffassen, dann müssen wir nicht warten, bis uns das Glück überfällt. Wir überlegen statt dessen, was wir aktiv dazutun können, um das Glück zu uns einzuladen, und was wir beitragen können, dass es sich auch bei uns wohl fühlt. Dazu finden Sie hier ein paar Fragen, mit deren Hilfe Sie Ihre Beziehungsmuster hinterfragen und reflektieren können.

Übungsanleitung

- Suchen Sie zu jedem der unten stehenden Beziehungsfeldern einen Menschen aus Ihrem Leben raus – und nehmen Sie sich genug Zeit, um die folgenden Fragen ehrlich und ausführlich für sich zu beantworten.

- Die Beziehung mit einem Freund oder einer Freundin.
- Die Beziehung zu einer Autorität oder zu Vater/Mutter.
- Die Beziehung zum Lebenspartner (wenn Sie gerade keinen haben, dann erinnern Sie sich an Ihre letzte Partnerschaft oder stellen Sie sich eine mögliche Partnerschaft vor).
- Stellen Sie sich folgende Fragen für jedes der drei Beziehungsfelder:

- Was verstehe ich unter einer »guten Beziehung« mit gerade dieser Person? Welche Werte müssen in ihr gelebt werden?
- Was glaube ich, ist unsere gemeinsame Aufgabe, die über uns beide hinausgeht – unser »Auftrag«, der unsere Beziehung ausmacht, unsere Gemeinsamkeit?
- Wie könnten wir beide uns so ergänzen, dass wir unsere gemeinsame Aufgabe erfüllen?
- Was ist meine ganz persönliche Aufgabe in unserer Beziehung?
- Was gebe ich in unserer Beziehung von mir auf?
- Was gibt der andere in unserer Beziehung auf?
- Was mag ich am anderen ganz besonders?
- Und was mag ich am anderen gar nicht? Kann ich davon Anteile entdecken, die ich an mir selbst nicht akzeptiere oder die ich selbst nicht auslebe?
- Was glaube ich, soll ich in unserer Beziehung lernen?
- Was bekomme ich in unserer Beziehung vom anderen geschenkt?
- Was kann ich dem anderen schenken? Was will ich ihm schenken?
- Wann habe ich das letzte Mal aktiv etwas für die Qualität unserer Beziehung getan?
- Was genau werde ich in den nächsten 24 Stunden für unsere Beziehung tun?

Partnerübung: Gewinnen Sie – so viel wie möglich!

Das Spiel

Nehmen Sie sich mit Ihrem Partner ein wenig Zeit, um folgendes Spiel zu spielen:

- Es geht für jeden von Ihnen darum, möglichst viel zu gewinnen.

Ein Gewinn ist für jeden dann erreicht, wenn entweder Spieler A eine ganze Reihe/Spalte vollständig mit X – oder Spieler B

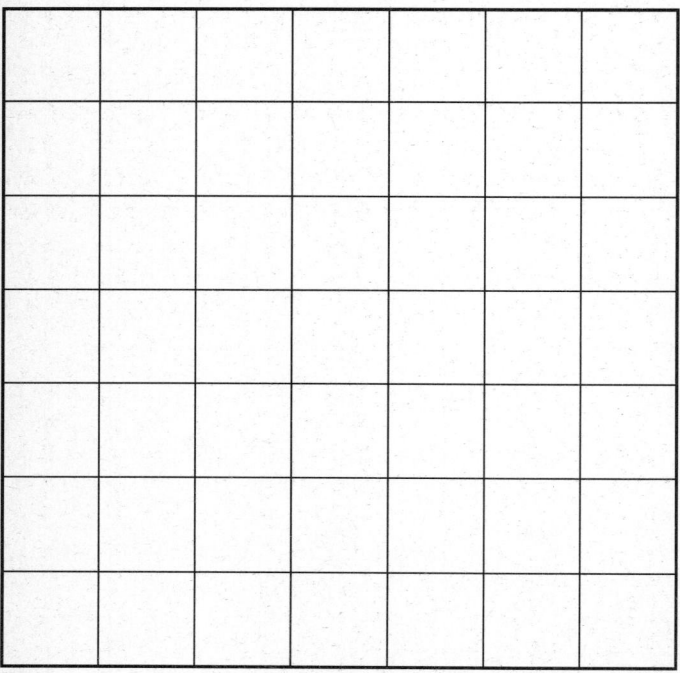

Abbildung 8: Gewinnen Sie so viel wie möglich!

eine ganze Reihe/Spalte mit O ausgefüllt hat. Je durchgehend ausgefüllter Spalte oder Reihe mit seinem Symbol erhält der entsprechende Spieler einen Punkt.

Spieler A: besetzt die Quadrate mit X
Spieler B: besetzt die Quadrate mit O

Jeder darf abwechselnd immer wieder ein X bzw. O machen, bis das Spiel beendet ist (= alle Felder sind besetzt). Viel Spaß dabei!

Die Auswertung

Bitte lesen Sie hier unbedingt erst weiter, wenn Sie dieses Spiel gespielt haben!

Wer hat gewonnen? Wie viele Punkte haben Sie gemacht?

- Überlegen Sie: Wie viele Punkte, glauben Sie, kann jeder der beiden Spieler in diesem Spiel maximal gewinnen?

Vielleicht ist es Ihnen ähnlich gegangen wie vielen: Sie haben (wie wir es ja in Spielen meistens tun, leider aber auch im »richtigen« Leben) gegeneinander, statt miteinander gespielt. Wer gegeneinander spielt, der erzielt in diesem Spiel höchstens 1 bis 2 Punkte, noch dazu auf Kosten des Partners, der oft 0 Punkte zu verzeichnen hat. Eine magere Ausbeute – im Verhältnis dazu, was man aus diesem Spiel wirklich herausholen könnte: nämlich für jeden Spieler 3 Punkte. Und wenn man beide Gewinne zusammennimmt, ist sogar ein Maximal-Gewinn von 6 Punkten *für beide zusammen* möglich!

Dies ist aber nur dann der Fall, wenn Sie sich – bevor Sie anfangen – über das Ziel des Spiels Gedanken machen: Es lautet: Gewinnen Sie – so viel wie möglich!

Mehr steht da nicht. Es steht nicht dort: »auf Kosten des anderen« oder gar »wer die höchste Punktzahl hat, hat gewonnen« – auch wenn die meisten dies wahrscheinlich so verstanden haben. Es zeigt, wie sehr wir geneigt sind, den Gesamtzusammenhang aus den Augen zu verlieren und nur an kurzfristige, nicht selten egoistische Ziele zu denken. Doch in dem Moment, in dem ich »Gewinn« als »Gewinn für alle Beteiligten« deute, komme ich in eine ganz andere Ausgangslage: es geht nicht mehr darum, auf Kosten des anderen zu gewinnen, sondern gemeinsam mit dem anderen einen Weg zu finden, bei dem alle etwas davon haben.

Das Geheimnis ist der Unterschied zwischen »Sieg« (= auf Kosten der anderen) und echtem »Gewinn« (= in Kooperation mit den anderen). Ein Gewinn für alle Beteiligten ist nur dann möglich, wenn die Aufmerksamkeit auf die Gemeinsamkeit der Beziehung, anstatt auf ihre Unterschiede gelenkt wird. Mit dieser Einstellung werden beide Partner immer beide Seiten sehen und sich bestenfalls weder für den einen noch für den anderen Weg entscheiden, sondern einen dritten Weg finden, der für beide vorteilhaft ist.

Ist diese Grundhaltung nicht vorhanden, dann versucht mindestens einer von beiden, seine Macht, seine Position oder andere Möglichkeiten dahingehend einzusetzen, zu bekommen, was er oder sie will – und billigt den Verlust auf der Seite des anderen. Vielleicht ist damit ein kurzfristiger Erfolg für ihn möglich, langfristig gesehen können die Auswirkungen jedoch auch für ihn katastrophal sein.

Hilfreiche Affirmationen und Glaubenssätze

- Ich darf mit anderen Menschen in Kontakt treten und mich von ihnen beeindrucken lassen.
- Ich bin offen und bereit, dich in deiner Einzigartigkeit kennen, schätzen und lieben zu lernen.
- Ich nehme in unserer Beziehung das wahr, was wir gemeinsam haben und was wir gemeinsam erreichen können.

Skorpion

»Drei Dinge ist der Mensch:
was alle von ihm denken,
was andere von ihm denken
und was er wirklich ist.«

Anonym

Ein junger Mann betrat einen Laden. Hinter der Theke stand
ein älterer Mann. »Was verkaufen Sie, mein Herr?«, fragte der
Junge. »Alles, was Sie wollen!«, antwortete der Alte.
»Na, wenn das so ist, dann hätte ich gern den Weltfrieden,
die Beseitigung der Armut, das Ende der Rassentrennung,
die Gleichberechtigung zwischen Mann und Frau und ...« Da fiel
ihm der Alte freundlich ins Wort: »Entschuldigen Sie, junger
Mann, Sie haben mich falsch verstanden: Wir verkaufen keine
Früchte, wir verkaufen nur den Samen.«

Anonym

Versetzen wir uns einige Jahre zurück in unsere Kindheit –
welche Figur, welche Person besaß jenen magischen Glanz,
sodass wir bereit waren, ihr überallhin zu folgen? Wer war in
unseren Augen so vollkommen, dass wir genauso sein wollten
wie er oder sie? War es der Vater oder die Mutter? War es die
Lehrerin, der große Bruder, die Großmutter oder ein Popstar?
War es vielleicht eine fiktive Gestalt – der Held eines Romans,
eines Filmes oder eines Comicstrips? Auch wenn die Erinnerung blass geworden sein mag, gewiss hat jeder von uns solch
ein Ideal gekannt. Ideale besitzen Eigenschaften, die etwas in
uns bewegen. Sie berühren uns nicht einfach nur in unserem
So-Sein, sondern sie berühren auch unsere Zukunft. Wir

wussten genau: »Wenn ich groß bin, dann möchte ich so sein wie du.«

Mit dem Alter wurden wir immer kritischer, und von den konkreten Vorbildern, mit denen wir diese leuchtenden Ideale verbanden, blieb das übrig, was sie wirklich sind: Menschen mit Fehlern und Schwächen oder eben einfach Fantasiegestalten. Ganz vergessen haben wir sie freilich nicht, und so geistern viele ihrer Eigenschaften noch heute als erstrebenswerte Ideale in unseren Köpfen herum. Wir wollen zwar nicht mehr so sein wie der Vater, wie Superman oder Pippi Langstrumpf, aber wir hätten ganz gern die Fürsorglichkeit des einen und den Mut des anderen, um unserem eigenen Leben mehr Glanz zu verleihen.

Das Faszinierende an einem Ideal ist, dass es keine beliebigen Charakterzüge aufweist, sondern immer in Resonanz zu unseren eigenen Anlagen steht. Das heißt, wir empfinden diese oder jene Figur genau deshalb als Vorbild, weil sie Eigenschaften besitzt, die auch wir haben *könnten* – nur haben wir noch keinen Weg gefunden, sie zur Entfaltung zu bringen. Man könnte Ideale mit Schmetterlingen vergleichen, die einen Zustand unserer Persönlichkeit verkörpern, der in uns als Raupe bereits angelegt ist. Anders ausgedrückt: In unserer Vorstellungskraft existiert eine positive Vision unserer Persönlichkeit, die genau so ist, wie wir uns wünschen zu sein – sie ist unser Ideal, an dem sich unser Leben ausrichten möchte.

Doch für die meisten von uns hat sich seit der Kindheit einiges verändert. Die Realität holt uns ein und wir machen schnell die Erfahrung, dass sich die Welt in der Regel völlig unbeeindruckt zeigt von unseren Wünschen, Träumen und eben auch unseren Idealen. Vielleicht werden wir dann zu Realisten, die aufgehört haben, an Ideale zu glauben, oder sogar zu Zynikern, die gegen ihre eigenen Ideale Rachegefühle entwickeln, weil sie keine andere Funktion zu haben scheinen, als einen daran zu erinnern, dass sie im Grunde unerreichbar sind. Manche beginnen nicht nur die eigenen Ideale abzuwerten, sondern Ideale überhaupt. Für sie ist einer, der noch das Bild einer leuchtenden Zukunft in sich trägt, ein unverbesserlicher Idealist. Um im Bild zu bleiben: Für den Zyniker ist der Schmetterling zu einer Schimäre geworden, während er sich selbst grollend mit dem Raupendasein abgefunden hat.

Andere sind davon überzeugt, dass es möglich ist, seinen Idealen zu folgen, nur schließen sie sich selbst davon aus. »Ideale? Das ist ein Luxus, den sich nicht jeder leisten kann.« Viele denken, dass sie mit ihren Idealen zur falschen Zeit am falschen Ort gelandet sind, und glauben, dass die Umstände, in denen sie leben, nicht geeignet sind, diese zu verwirklichen. Sie halten sich nicht für privilegiert genug. Insgeheim bewundern oder beneiden sie diejenigen, die scheinbar mit leichtem und zielsicherem Schritt ihre Wünsche und Träume verwirklichen. Aber sie haben sich damit abgefunden, dass sich ihr Leben in den letzten und vorletzten Rängen abspielt.

Und dann gibt es noch diejenigen, für die das Wort »Ideal« einen ganz anderen Reiz hat – nur hat es nichts mehr mit den *eigenen* Idealen zu tun. Entweder sie haben die Fantasien der Kindheit vergessen oder sie betrachten sie nurmehr als reine Spinnereien, denen man keine Aufmerksamkeit mehr schenken sollte. Jetzt, als Erwachsene, müssen solche Illusionen durch Fakten ersetzt werden. Andere Werte sind gefragt, und die Ideale von heute kommen nicht mehr von einem selbst, sondern von außen: die Idealfigur, der ideale Arbeitsplatz, der ideale Partner, die ideale Familie, das ideale Make-up, die ideale Frisur, das ideale Haus usw. Für alle Fragen des Lebens gibt es eine ideale Antwort – doch was sind das für Ideale, die allmählich die leuchtende Vision in uns in einer Art feindlichen Übernahme nach und nach verdrängen und ersetzen? Es sind Instant-Bilder aus Film und Fernsehen, die uns vom

Erfolg der Schönen und Reichen erzählen, Klischees von Partnerschaft und Zweisamkeit, stereotype Konzepte von Familie und Karriere. Diese Ideale haben nichts mehr mit unserer Persönlichkeit gemein, sondern sind nichts anderes als Schablonen. Sie fordern auf, sich mit ihnen zu identifizieren, und wir tun es, weil wir nach dem Verlust unserer eigenen Ideale nach dem Nächstbesten greifen, das sich uns auf der Suche nach Glück und Zufriedenheit bietet. Doch im Grunde handelt es sich hierbei nicht um wirkliche Ideale – es sind vielmehr Idole, goldene Kälber, um die wir tanzen.

Menschen brauchen Ideale – und in einer Welt, in der Ideale aus der Mode gekommen sind, nehmen wir mit den Idolen aus der Werbung oder made in Hollywood vorlieb. Beide, das Ideal wie auch das Idol, beziehen ihre Kraft aus dem Wunsch nach Identifikation mit ihm. Der Unterschied besteht jedoch darin, dass das Ideal uns zu einer Identifikation mit uns selbst führt, während das Idol uns immer weiter von uns fortlockt. Das Ideal hat immer eine Aussicht auf Verwirklichung, weil es mit unserer Persönlichkeit zu tun hat – es entspricht uns im tiefsten Grunde unseres Wesens. Dem Idol aber können wir niemals gerecht werden. Es ist ein Grund ununterbrochener Selbst-Abwertung, weil wir uns permanent mit ihm vergleichen und krampfhaft versuchen, in diese Schablonen zu passen. Wenn wir scheitern, fühlen wir uns als Versager – anstatt das Idol selbst infrage zu stellen. Wir vergessen eines: Idole sind starre Bilder, die wir nicht mit Leben füllen *können*, so sehr wir uns auch bemühen, weil Leben immer Veränderung bedeutet – Idole aber können sich nicht verändern, weil sie bereits perfekt sind. Die Identifikation mit dem Idol unterminiert jede Entwicklung, weil sie Entwicklung per se ausschließt. Nach dem Idol kommt das große Nichts.

Ideale hingegen gleichen Gefäßen, in welchen wir unsere Absichten und Kräfte sammeln. Wenn wir sie pflegen, wachsen sie mit uns und verändern ihre Gestalt mit dem Grad unserer Reife und unserem Verständnis der Welt. Wenn wir diese Ideale nicht verlieren wollen, müssen wir alles daransetzen, den Idolen des Zeitgeistes keine Macht über sie zu geben. Dies schaffen wir nur, wenn wir lernen, uns nicht zu identifizieren.

Sich nicht zu identifizieren verlangt einige Übung angesichts des ununterbrochenen Bombardements an »idealen« Angeboten unserer Außenwelt. Es bedeutet in erster Linie zu erkennen, dass die Bilder, die mir der Zeitgeist anempfiehlt, nicht *meine* Bilder sind – sie haben nichts mit dem zu tun, was ich meinem Wesen nach bin. Wir benötigen also ein Gefühl für die Stärke unserer Persönlichkeit. Wir müssen dem Druck der Schablonen unsere Einzigartigkeit als Mensch entgegensetzen. Wir müssen uns beobachten und herausfinden, warum manche Idole uns besonders ansprechen und was sie in uns ansprechen: welche Unzulänglichkeiten, welche Mängel, welche Bedürfnisse. Das Idol verspricht uns den Ausgleich dieser »Fehler« – allerdings nicht für umsonst. Irgendetwas müssen wir dafür tun, um so zu sein, wie es dem Idol entspricht – und sei es, Kleidung zu tragen, die uns eigentlich gar nicht gefällt, Dinge zu sagen, hinter denen wir gar nicht stehen, oder uns auf eine bestimmte Art und Weise zu verhalten, obwohl es uns innerlich völlig widerstrebt. Das Idol verlangt von uns, dass wir ein Stück unserer Identität opfern, um »perfekt« zu sein. Doch zunächst wird alles darangesetzt, uns vorzuführen, wie wenig perfekt wir eigentlich sind – oder anders gesprochen: wie wenig wert wir sind. Genau an den Stellen, an denen wir das Gefühl haben, nichts wert zu sein – nicht liebenswert, nicht beachtenswert, nicht anerkennenswert, nicht sehenswert –, an diesen Stellen können die Idole ihre Enterhaken in unser Leben werfen. Hier besitzen sie die Macht, unser Interesse zu gewinnen und uns schließlich zu absorbieren.

Der Schlüssel zur Kraft, sich nicht mit Idolen zu identifizieren, liegt einerseits in größerer Wachsamkeit gegenüber den Einflüssen der Umwelt und andererseits in einem vertieften Studium seiner selbst. Hier sollten wir intensiv der Frage nachgehen, was wir uns selbst wert sind. Den Defiziten, die wir verspüren und die für andere leichtes Spiel bedeuten, uns zu manipulieren, sollten wir mit großer Aufrichtigkeit begegnen – und mit großem Interesse. Wir sollten uns fragen, wie diese Defizite zustande gekommen sind, denn zumeist sind es schlecht verheilte Wunden aus alten Tagen, die uns von denjenigen zugefügt wurden, die uns – selbst ohne Ideale – mit unseren Träumen und Wünschen abgewertet und uns im Bemühen, die zu sein, die wir sind, herabgesetzt haben. Sich mit diesen Demütigungen auseinander zu setzen, ist eine schwierige und langwierige Aufgabe, die hier nicht en passant behandelt werden kann. Dennoch kann es schon helfen, sich mit ihren Konsequenzen auf unser Bewusstsein zu befassen, auch wenn die Lösung nur in einer Versöhnung mit der eigenen Vergangenheit bestehen kann.

Vorerst mag es genügen, zu beobachten und zu reflektieren. Dies schärft unsere Sinne für die Manipulationen des Zeitgeistes und seiner Bilderwelt. Mit der Zeit werden wir die Kraft unserer verloren geglaubten Ideale wieder in uns aufsteigen spüren. Wir werden sie leicht erkennen, denn: Ideal heißt nicht perfekt. Ein echtes Ideal lädt zur Identifikation ein, aber es hält uns nicht fest. Vor allen Dingen aber verlangt es nicht von uns, gegen uns selbst vorzugehen. Es stellt in sich keinen End- oder Selbstzweck dar, sondern ist ein Leuchtfeuer in unserem Leben, das uns Orientierung bietet, uns aber den Weg nicht vorschreibt. Ein echtes Ideal bekommt seine Bedeutung erst durch meine Persönlichkeit – ohne diese ist es eine leere Hülse. Es lässt uns die Chance, der Schmetterling zu werden, der in uns angelegt ist.

Essenz

Meine Situation: Ich lebe nicht nach meinen Idealen, sondern werde von den Idealen anderer gelebt. Ich werde manipuliert durch die Statussymbole und Idole des Zeitgeistes und kann mich ihnen kaum entziehen.

Mein Bedürfnis: Meinen eigenen Bildern wieder mehr Wert verleihen und die eigenen Ideale wieder entdecken. Eine klare Idee von meinem eigenen Leben entwickeln.

Meine Herausforderung: Mich nicht mit der Außenwelt zu identifizieren, sondern mir geistige Unabhängigkeit bewahren; ein Bild finden, welches mir entspricht und ein Leitbild für meine Zukunft sein kann.

Meine persönliche Erkenntnis:

Übungen

Einzelübung: Die eigenen Ideale entdecken

In dieser Übung dürfen, ja sollen Sie sich einfach Ihren Träumen hingeben. Und zwar den Träumen von einem idealen Leben. Viele Menschen haben anfangs ihre Schwierigkeiten mit dieser Übung. Das liegt daran, dass wir schon von klein auf gelernt haben, »realistisch« zu sein, nicht »nach den Sternen zu greifen«, und »auf dem Boden zu bleiben«. Im Laufe unseres Lebens haben wir dann meist einen großen Fundus an negativen Denkmustern entwickelt: Viele von uns haben weitaus klarere Vorstellungen davon, was sie *nicht* wollen – und was sie tun müssen, um die Verwirklichung ihrer Träume mit allen Mitteln zu verhindern –, als von dem, was sie eigentlich wollen! So sprechen wir davon, dass wir »nicht arbeitslos« werden wollen, anstatt unsere »Berufung zu leben« oder »nicht diese oder jene Krankheit zu bekommen«, anstatt »körperlich, geistig und seelisch gesund zu bleiben« usw.

Viele Menschen leben ein Leben, das sich an ihren »realistischen« Möglichkeiten orientiert, anstatt eines Lebens, das ihren Möglichkeiten und Begabungen entspricht. Dabei verwechseln sie die Ebenen: Sie denken, sie müssten erst viel *haben* (Besitz, Geld, Sicherheit ...), damit sie endlich das *tun* können, was Sie wollen, um endlich glücklich zu *sein*. Das, was wir *haben* wollen, wird zum wichtigsten Bezugspunkt. Wir glauben, dass wir dafür viel und hart arbeiten müssen, wobei kaum Zeit und Energie für die Dinge bleibt, die man eigentlich gern tun würde. Aber genau darunter leiden wir letztlich.

Der Weg zum eigenen Ideal verläuft jedoch exakt in der entgegengesetzten Richtung: Anfangen muss man damit, derjenige zu *sein*, zu dem man sich berufen fühlt – um aus dieser Haltung heraus das zu *tun*, was man einfach (aus einem inneren Drang heraus) tun muss, um letztlich das zu *bekommen*, was man sich aus tiefstem Herzen wünscht.

Der erste Schritt, um im Leben das zu verwirklichen, was man wirklich will, ist zu erkennen, dass wir selbst es sind, die uns mit unseren eigenen Gedanken blockieren. Umgekehrt können wir unser Leben sehr viel erfüllter leben, wenn wir uns erlauben, unser Denken an unseren Idealen auszurichten. Dazu müssen wir uns zuerst an unsere eigenen Ideale herantasten. Wir müssen die Beschränkungen im Denken auflösen, die uns daran hindern, über das hinaus zu denken, was wir in unserer unmittelbaren Umwelt als Realität erleben.

Die folgende Übung dient dazu, mit Ihren Idealen in Kontakt zu kommen und dabei einschränkende Gedankenmuster oder Glaubenssätze (wie zum Beispiel »So etwas tut man doch nicht!«) zu entlarven. Das Ziel ist, diese durch positive Gedanken zu ersetzen.

Bitte nehmen Sie sich mindestens eine Stunde Zeit. Für den ersten Schritt, den Tagtraum, können Sie eine leise Hintergrundmusik auswählen.

1. Schritt

- Sie dürfen sich nun eine Viertelstunde lang in Ihren ganz persönlichen Tagtraum begeben.

Eventuell stellen Sie sich einen Wecker, sodass Sie sich völlig entspannen können und nicht auf die Zeit achten müssen. Stellen Sie sich in diesem Traum all das vor, was Sie sein könnten, wenn es keinerlei Beschränkungen gäbe. Wenn Sie sein könnten, tun könnten, haben könnten, was Sie wirklich wollen, wie sähe Ihr Leben dann aus? Was würden Sie tun? Was würden Sie besitzen? Mit welchen Menschen wären Sie zusammen? Was würden Sie für die Welt, für Ihre unmittelbare Umgebung tun? Und was wäre darüber hinaus noch möglich – für Sie und auch für die Menschen in Ihrem Umfeld? Was wäre Ihr Dienst an der Gemeinschaft? Machen Sie sich immer wieder klar, dass es in Ihrem Traum absolut keine Beschränkungen gibt, dass alles möglich ist, was Sie sich wünschen. Also: Was wäre die erhabenste Vision Ihrer selbst?

2. Schritt

- Schreiben Sie nun alles auf, was Ihnen in dieser Viertelstunde eingefallen oder an Bildern begegnet ist.

Erlauben Sie sich auch, in diesem Schritt über Ihre gegenwärtigen Grenzen hinauszugehen, bleiben Sie offen für Neues. Lassen Sie Ihrer Fantasie weiterhin freien Lauf – und gönnen Sie sich schriftlich alles, was Sie möchten.

Überlegen Sie dabei nicht krampfhaft, sondern schreiben Sie einfach auf, was Ihnen in den Sinn kommt.

- Meine Idealvorstellung von mir selbst – so sein, wie ich sein möchte, alles tun und haben, was ich wirklich in meinem Innersten will:
- Wie würde meine Realität ganz konkret aussehen, wenn sie meinem Ideal entspräche? Wie würden sich die folgenden Lebensbereiche gestalten:
- Beziehungen – Arbeit, beruflicher Erfolg – Geld – Lebensstil – Besitz – Wohnort – schöpferischer Selbstausdruck – Freizeit, Reisen – persönliches Wachstum, Weiterbildung?
- Wie würde ich die erhabenste Vision meiner Selbst in wenigen Worten beschreiben?

3. Schritt

Vielleicht sind Ihnen schon während Ihres Tagtraums, spätestens jedoch wahrscheinlich beim Aufschreiben Ihres eigenen Idealbildes viele Gedanken durch den Kopf geschossen, die Sie gestört haben. Gedanken, die Sie »auf dem Boden halten« wollten, oder andere innere kritische Stimmen.

Lassen Sie sie noch einmal Revue passieren – und schreiben Sie alle, an die Sie sich jetzt erinnern können, auf:

4. Schritt

Nachdem Sie diese »Killergedanken« entlarvt haben, überlegen Sie, woher sie kommen. Wann haben sie sich zu Ihnen gesellt, wurden vielleicht sogar zur Lebenseinstellung? Sie können diese negativen Gedanken in einem weiteren Schritt durch konstruktivere ersetzen. Denken Sie daran: Sie werden immer nur das bekommen, woran Sie auch glauben können. Wenn sich also ein Killergedanke vor Ihr Ideal geschoben hat, dann ersetzen Sie ihn durch einen konstruktiven Glaubenssatz, zum Beispiel »Das schaffe ich nie!« durch: »Ich schaffe alles, was ich wirklich will«. Lassen Sie sich auch von den Affirmationen am Ende dieses Kapitels inspirieren oder fragen Sie Ihren Lernpartner, ob er mit Ihnen an dieser Stelle weiterarbeiten möchte und ob ihm andere positive Sätze einfallen, die anstelle der negativen Glaubensmuster stehen könnten. Denken Sie daran: Ihre Gedanken sind der erste Schritt in die Zukunft.

Partnerübung: Mach dir ein Bild von mir

Sobald sich mehr als zwei Personen in einem Raum befinden, findet Kommunikation statt, auch wenn gerade niemand spricht. Sie kennen den Begriff des »ersten Eindrucks«: Sobald wir einem fremden Menschen begegnen, wird dieser von uns quasi »gescannt«. Dabei vergleicht unser Geist alle Eindrücke, die dieser Mensch uns bietet, mit Erfahrungen aus der Vergangenheit, sprich: mit bekannten Personen und bekannten Begebenheiten – um dann sehr schnell zu einem wortwörtlichen »Vor-Urteil« zu kommen. Überspitzt gesagt ist dieses Vor-Urteil dazu da, möglichst schnell zu klären, ob unser Gegenüber Freund oder Feind, sympathisch oder unsympathisch, interessant oder uninteressant ist. Dieser Scan-Vorgang findet innerhalb der ersten 90 Sekunden einer Begegnung statt. Danach hat sich jeder Mensch schon einen ersten Eindruck vom anderen gebildet. Der erste Eindruck ist ein Relikt aus der Entwicklungsgeschichte des Menschen, das wir immer noch in uns tragen. Es steuert uns, ob wir wollen oder nicht. Mit anderen Worten: Sobald wir uns unter Menschen befinden, können wir uns des ersten Eindrucks nicht entziehen. Wir dürfen den Umstand nicht unterschätzen, dass die Gesellschaft und die Menschen, die uns unmittelbar umgeben, immer einen Einfluss auf uns haben.

Wie viel Macht über uns wir unserer Umwelt geben (in der Form, dass wir uns von ihrem Wohlwollen abhängig machen oder nicht), ist eng gekoppelt mit unserem Selbstwertgefühl: dem Gefühl, dass wir selbst wertvoll sind. Ist unser Selbstwertgefühl groß, so werden wir weniger den Drang verspüren, uns an anderen Menschen und vor allem an den Idolen des Zeitgeistes auszurichten. Wenn ich mir meines eigenen Wertes als liebenswerter Mensch sicher bin, kann ich leichter »gegen den Strom schwimmen«, mein eigenes Profil zeigen. Ich bin dann einfach ich selbst, und weniger abhängig davon, was wohl die anderen über mich denken mögen.

Empfinde ich meinen Selbstwert als gering, dann kann es sehr leicht sein, dass ich mich von den Idolen aus Film, Fernsehen, Werbung und anderen Klischees verführen lasse: Wenn ich mich *so* kleide, die Haare *so* trage, mein Leben nach diesen Statussymbolen ausrichte, dann werde ich beachtet und finde letztendlich Anerkennung ... Das bedeutet natürlich nicht, dass wir in Sack und Asche gehen müssen, um authentisch zu sein – aber bedenklich wird es dann, wenn wir uns mit Modetrends so identifizieren, dass das eigene Selbst keine Ausdrucksmöglichkeit mehr findet, die einzigartig ist.

Genau davon handelt die folgende Übung: Es geht darum, über das Bild, das man von sich selbst hat, nachzudenken, und es mit dem Bild in Beziehung zu setzen, das sich die Umwelt (vertreten durch den Lernpartner) von einem macht.

Für die gesamte Übung brauchen Sie etwa eine Stunde – planen Sie jedoch etwas mehr Zeit ein, da es erfahrungsgemäß zu sehr interessanten und intensiven Gesprächen kommen kann. Im ersten Teil arbeitet jeder Partner allein für sich, um im zweiten Teil der Übung in den gegenseitigen Austausch zu treten.

1. Teil: Das Selbstbild

Für die Reflexion über das Selbstbild sollten Sie sich etwa eine Viertelstunde Zeit nehmen. Dieses Selbstbild hat drei »Unterbilder«: das selbstbestimmte Idealbild, das fremdbestimmte Idol und das eigentliche Selbstbild.

- Nehmen Sie sich ein Blatt Papier und unterteilen Sie es in drei Bereiche mit den Überschriften: Idealbild – Idol – Selbstbild. Schreiben Sie in der nächsten Viertelstunde alles auf, was Ihnen zu den drei Bildern einfällt.

Die Bilder werden im Folgenden noch etwas näher erklärt. Die nachfolgenden Fragen sollen Ihnen als Anregung dienen. Bringen Sie einfach alle Gedanken, die Ihnen in den Sinn kommen, zu Papier, zensieren Sie nichts.

- Idealbild: Wie wäre ich gern?

Wie wäre ich gern? Was ist das Leuchtfeuer meines Lebens? Welchem Ideal von mir selbst strebe ich entgegen? Welche Art des Ausdrucks meines Selbst würde ich mir wünschen?

- Idol: Wie hätten mich die anderen (die Gesellschaft, mein Umfeld etc.) gern?

In welchen Schablonen des Zeitgeistes glaube ich, würden die anderen mich gern sehen? Wann wäre ich für sie »perfekt«? Wie sehen mich die anderen wohl? Was glaube ich, sehen die anderen von mir? Welchen Eindruck rufe ich wohl in ihnen hervor? Was gefällt anderen an mir, was missfällt ihnen eher?

Gibt es Unterschiede je nach Kontext (Arbeit, Familie, Partnerschaft)?

- Selbstbild: Das Bild, das ich von mir selbst habe – eine Bestandsaufnahme.

Wie ist mein Bild von mir selbst? Was von dem, was in mir steckt, lebe ich aus, was weniger? Was mag ich an mir, was weniger? Inwieweit lasse ich mich zurzeit von Idolen »verführen« und passe mich vorgefertigten Schablonen an? In welchem Ausmaß lebe ich meine Ideale? Wie sehe ich mich, bezogen auf meinen Selbstausdruck? Ist er in verschiedenen Kontexten verschieden?

2. Teil: Das Fremdbild

Setzen Sie sich einander nun in angenehmem Abstand gegenüber, sodass Sie einerseits genügend Raum für sich haben, jedoch Ihren Partner auch immer wieder mal ansehen können, um spontane Bilder, Emotionen oder Gedanken auftauchen zu lassen. Denn in der nächsten Viertelstunde ist das Bild des Partners an der Reihe, das heißt, jeder notiert auf einem extra Zettel das Fremdbild, das er von ihm hat:

- Fremdbild: Wie sehe ich mein Gegenüber?

Kann ich mich an den ersten Eindruck erinnern? Wie war er? Was fällt mir zu seinem Selbstausdruck ein? Was gefällt mir – was weniger? Kommt seine Einzigartigkeit zum Ausdruck? Spüre ich etwas von den Idealen in seinem Leben? Und wo sehe ich ihn in Schablonen gepresst? Wo läuft er Idolen nach? Womit, glaube ich, ist er identifiziert?

3. Teil: Austausch der Bilder

Einigen Sie sich, wer von Ihnen als Erster das Feedback des anderen bekommt.

- Nehmen Sie sich für das Feedback bis zu einer Viertelstunde Zeit, um Ihrem Gegenüber all das zu sagen, was Ihnen zu seinem Fremdbild eingefallen ist.

Es lohnt sich, bei der Rückmeldung Ihres Fremdbildes offen und ehrlich zu sein. Fragen Sie Ihren Partner, ob er das auch wünscht. Und bedenken Sie immer: Es gibt keine Objektivität – jeder hat seine ganz eigene Wahrnehmung der Wirklichkeit. Das, was Sie von Ihrem Partner wahrnehmen, sagt oft mehr über Sie aus als über ihn.

- Nach einer Viertelstunde wechseln Sie.

Nachdem Sie sich Ihre Fremdbilder berichtet haben, gibt es zwei Möglichkeiten, wie Sie mit Ihrem Selbstbild umgehen können: eine mutigere und eine vorsichtigere Variante.

Zuerst die vorsichtige: Sie behalten das Blatt mit Ihren Bildern von sich selbst und sagen auch nichts mehr dazu. Die Übung wäre damit beendet. Die mutigere Variante besteht darin, dem anderen auch die eigenen Bilder preiszugeben, was oft, wie schon erwähnt, zu sehr intensiven und anregenden Gesprächen führen kann. Gestalten Sie diese Übung so, dass es für Sie stimmt. Viel Spaß dabei!

Hilfreiche Affirmationen und Glaubenssätze

- Es ist in Ordnung, mir Dinge vorzustellen, ohne Angst zu haben, dass sie Wirklichkeit werden könnten.
- Ich erlaube es meinen leuchtenden Idealen, aus dem tiefsten Grunde meines Wesens aufzutauchen.
- Ich entwickle meine Anlagen und Talente kontinuierlich weiter und setze sie zum Wohle aller auf die mir bestmögliche Weise ein.

Schütze

»Die Tür zum Glück, zum Heil, zur Rettung,
zur Selbstverwirklichung geht nach außen auf.«
Sören Aabye Kierkegaard

»Keinen verderben lassen, auch nicht sich selbst,
jeden mit Glück erfüllen, auch sich. Das ist gut.«
Bertolt Brecht

»Verantwortlich ist man nicht nur für das, was man tut,
sondern auch für das, was man nicht tut.«
Laotse

Was ist das Wichtigste für mich auf der Welt? Was halte ich für so unverzichtbar, dass ich mir nicht vorstellen kann, weiterzuleben, wenn ich es verlöre?

Wenn wir diese Fragen einem Manager stellen, so wird er vielleicht antworten, das Glück seiner Familie sei ihm das Wichtigste auf der Welt. Und wenn wir dann einen Blick in seinen Terminplaner werfen und beobachten, wie er mit gestresster Miene von einem Geschäftsessen zum anderen hetzt, während er schon die nächste Reise bucht und in Gedanken Pläne für die kommenden Monate schmiedet, dann könnten uns Zweifel kommen. Würde man sein Interesse an der Familie daran messen, wie viel Zeit er mit ihr verbringt – sie würde weit abgeschlagen auf den hintersten Rängen seines Lebens landen. Wie kommt es eigentlich, dass immer mehr Menschen immer weniger Zeit für das haben, was ihnen *eigentlich* am wichtigsten ist? Wenn wir uns an unsere erste große Liebe erinnern – was war unser innigster Wunsch? Wir wollten Tag und Nacht mit ihr oder ihm verbringen und jede Minute, die wir voneinander getrennt waren, schien unerträglich und dauerte eine Ewigkeit. Vielleicht genügt es aber auch, sich an das letzte spannende Buch zu erinnern, welches uns so in seinen Bann schlug, dass wir es nicht zur Seite legen konnten, ehe wir nicht den letzten Buchstaben in uns aufgesogen hatten. Tatsächlich scheint es das Natürlichste auf der Welt zu sein, dass wir bereit sind, für das, was uns wichtig ist, auch Zeit aufzuwenden.

Was aber sagt unser Manager dazu? Er wird argumentieren: »Ich sichere so den Lebensstandard meiner Familie und damit ihr Wohlergehen.« Was er damit ausdrücken möchte: Gerade *weil* ihm seine Familie so wichtig ist, ist er bereit, den Preis dafür zu zahlen, nicht mit ihr zusammenzusein. Oder noch stärker auf den Punkt gebracht: Seine Familie ist ihm so wichtig, dass er sie bereitwillig seinem Terminplan opfert. Es erhebt sich dabei die Frage: Was habe ich eigentlich damit erreicht, wenn das, wofür ich lebe, zugleich das ist, was ich opfern muss, um es zu bekommen bzw. zu erhalten?

Viele Menschen glauben, dass ihr Lebensentwurf ganz allein ihre private Angelegenheit sei. »Jeder ist seines Glückes Schmied« oder »Jeder soll nach seiner Fasson selig werden« sind Sprüche, mit denen dies oftmals untermauert wird. Das Leben wird zur Privatsache, und im Grunde verbittet man sich jede Beurteilung oder gar Einmischung: »Mein Leben gehört mir! Es ist *mein* Leben.« Und da das Leben wie ein Besitz gehandelt wird, scheint es den meisten nicht schwer zu fallen, die Tatsache zu akzeptieren, dass ein Preis fällig wird für persönliches Glück und Wohlergehen: Nichts ist umsonst!

Die viel zitierte Selbstverantwortung suggeriert, oberflächlich betrachtet, dass jeder Mensch die Freiheit hat, zu tun und zu lassen, was ihm gefällt – wenn er nur bereit ist, den Preis dafür zu zahlen. Diese gefällige Auslegung fällt in der heutigen

Zeit auf fruchtbaren Boden, nämlich auf das sich verbreitende Grundgefühl, dass wir uns auf nichts mehr verlassen können und sollen, außer auf uns selbst. Soziale Zusammenhänge, Solidarität, Gemeinschaft, Nachbarschaft – das ist alles schön und gut, aber in diesen unsicheren Zeiten sei sich jeder selbst der Nächste. Das falsch verstandene Prinzip Selbstverantwortung wird missbraucht, um den eigenen Egoismus und Individualismus, wenn schon nicht zur Tugend, so doch zur Notwendigkeit zu erheben.

Dummerweise hat die Sache einen ganz gewaltigen Haken: Wir sind nicht allein auf der Welt. Jeder Mensch geht im Laufe seines Lebens zahlreiche Bindungen zu anderen Menschen ein, seien es Freundschaften, Partnerschaften, Geschäftsbeziehungen, Arbeitsverhältnisse, Familie usw. Wie für unseren Manager gehören diese Bindungen für die meisten Menschen sogar zu einem erfüllten Leben. Und an dieser Stelle beginnt das eigentliche Dilemma: Wenn wir auf der einen Seite nur für unseren eigenen Lebensentwurf zuständig sind – wie fügen sich dann die Beziehungen zu anderen Menschen in diesen ein? Wenn nur zählt, was wichtig *für uns* ist und wir nur Verantwortung dafür tragen, wie wir mit *unserem* Leben zurecht kommen – was passiert dann mit den Freunden, Partnern, Verwandten, Nachbarn? Nicht selten stellen wir uns die Frage: Dürfen sich unsere Lebensentwürfe überhaupt berühren? Das Beispiel des Managers zeigt das angesprochene Dilemma besonders deutlich: er will seinen Job, seine Karriere, sein eigenes Leben *und* er will Familie, Partnerschaft, ein Zuhause. Beides ist Bestandteil seines Lebensentwurfes, doch scheinbar schließen sie sich aus. Woran liegt das? Es liegt daran, dass man weder eine Familie noch einen Partner und ein Zuhause einfach *haben* kann. Es geht hier um Bindungen zu anderen Menschen und diese kann man nicht besitzen, sondern sie müssen sich entwickeln: Wir leben in unseren Beziehungen und das bedeutet, die Bereitschaft zu haben, das Leben mit anderen zu *teilen*. Hier endet die Selbstverantwortung für unser Leben, weil wir uns dem Einfluss und der Einmischung durch andere aussetzen müssen. Wer Bindungen eingeht, kann nicht mehr einfach so tun und lassen, was er für richtig hält – er muss bereit sein, das gemeinsame Leben über sein eigenes zu stellen.

Diese Vorstellung wird vielen Menschen in unserer Zeit ein unbehagliches Gefühl bereiten. Das riecht nach überkommenen Moralvorstellungen, die der Essenz des modernen und aufgeschlossenen Lebens entgegenzustehen scheinen: seinen eigenen Weg gehen und sich – um jeden Preis – seine Unabhängigkeit bewahren. Der eigene Lebensentwurf gilt heute als oberste Priorität, der sich alles andere unterzuordnen hat: Wir müssen uns schließlich selbstverwirklichen, um glücklich zu sein.

Solche auf Selbstverwirklichung und Selbstverantwortung aufbauenden Lebensentwürfe beginnen nach und nach das soziale Miteinander zu strangulieren und noch schlimmer: zu instrumentalisieren. Manche sind heute schon so weit, dass sie aus Angst davor, der Selbstverantwortlichkeit nicht mehr gerecht werden zu können, echten Bindungen eine Absage erteilen. Es ist normal geworden zu glauben, dass sich Beziehungen irgendwann »verbraucht« haben und man sich dann auf ein lockeres »Mach's gut, nett dich getroffen zu haben, ich ruf' dich mal an« einigt: Wir »gleiten schwerelos aneinander vorbei«, wie der Dichter Botho Strauß es einmal formulierte. »Touch and go« – und zwar immer dann, wenn wir merken, dass ein Mensch nicht mehr zu unseren Lebensentwürfen passt. Wortmonster wie »Lebensabschnittspartner« sprechen hier für sich.

Sich nicht einmischen, »leben und leben lassen« – die (falsch verstandene) Philosophie des »Ich bin okay, du bist okay« hat weit reichende Folgen für unser Verständnis von Mitmenschlichkeit. Im Vordergrund steht nun nicht mehr das Interesse am Leben des anderen, sondern inwieweit dieser mit meinem Leben kompatibel ist. Miteinander bedeutet nicht mehr, sich für ein gemeinsames Leben zu entscheiden, sondern sich in einem eher technischen Sinn an der Oberfläche zu vernetzen. Wie Module wählen wir unsere Beziehungen, je nachdem, welches Thema für uns ansteht – und wie Module können unsere Beziehungen ausgetauscht werden. Keiner muss sich mehr vom anderen berühren lassen und niemand läuft Gefahr, sich für einen anderen verändern zu müssen. Wenn sich Menschen trennen, dann heißt es oft: »Es hat halt nicht mehr gepasst« – so wie man nach einer halben Stunde in ein anderes Fernsehprogramm zappt, weil es begonnen hat, einen zu langweilen.

Wir bewundern Leute, die »ihr Ding« machen – sie stehen über den Dingen und strahlen eine lässige Erhabenheit aus. Das, so denken wir, muss wahre Selbstverwirklichung sein: die Segel setzen und dann immer der Nase nach. Möglicherweise blicken wird neidvoll auf das Leben der Jetsetter und Globetrotter und vergleichen es mit unserem bescheidenen Dasein. Vielleicht muss es nicht gleich die große weite Welt sein – aber nichtsdestoweniger leben die meisten von uns in dem Grundgefühl, nicht das Beste aus unserem Leben gemacht zu haben. Andere würden sagen: Wir waren eben nicht bereit, den Preis für unser Glück zu zahlen. Nur wer sein eigenes Leben zur absoluten Priorität macht, kann wirklich glücklich sein.

Prioritäten sind vernünftig, weil wir damit Grenzen setzen, um eine Aufgabe ohne Ablenkung zu bewältigen. Wir bestimmen, was uns beeinflussen darf und was nicht, umso effizienter arbeiten zu können. Wer effizient sein möchte, stellt schon mal das Telefon ab, wenn er nicht gestört werden will. Aber bedeutet Effizienz im Leben, sich nicht mehr auf andere einzulassen, weil sie sich als Störfaktor erweisen könnten? Bedeutet es, andere Menschen mit ihren Bedürfnissen zu ignorieren, nur um nicht vom eigenen Weg abzukommen? Was ist der eigene Weg überhaupt? Kann ein eigener Weg auf Kosten anderer gelebt werden?

»Jeder ist seines Glückes Schmied.« Dieser Satz – so richtig er in vielerlei Hinsicht auch sein mag – hat in den Köpfen unserer überindividualisierten Welt für große Verwirrung gesorgt. Wir lesen in ihm nicht nur, dass jeder für sein Glück selbst Verantwortung trägt, sondern wir sind geneigt, ihn dahin gehend zu interpretieren, dass jeder auch für sein Unglück verantwortlich sein muss. Richtig ist, dass wir uns nicht mit jeder Situation, in die wir hineingeraten, abfinden müssen. Wer aber zwingt uns, daraus zu schließen, dass jeder seinen Weg allein gehen muss und dass wir diejenigen, die es nicht aus eigener Kraft schaffen, zurücklassen müssen?

Richtig ist auch, dass wir nicht über die Umstände jammern dürfen, während wir untätig die Hände in den Schoß legen. Wenn wir aber einen anderen Weg gehen wollen, müssen wir erkennen, dass sein Leben in die Hand zu nehmen nicht nur bedeutet, für sich selbst die Verantwortung zu tragen, sondern auch für all diejenigen Menschen, die von unseren Entscheidungen betroffen sind. Glück ist kein Gut, das jeder für sich auf isoliertem Wege erreicht – Glück findet statt, wenn wir das Gefühl haben, unser Lebensweg trägt zum Wohle all derer bei, die wir mit unserem Leben berühren. Denn weder Anerkennung, Macht, Geld, Attraktivität und Erfolg haben einen Sinn, wenn sie auf dem Rücken anderer errungen wurden.

Wir sollten uns nicht selbst täuschen: auch wir sind käuflich. Für jeden von uns liegt ein Köder bereit und wir werden anbeißen, wenn man ihn uns nur appetitlich genug vor die Nase hält. Darum sollten wir immer wieder fragen: Wofür bin ich bereit, meine Prinzipien zu verkaufen? Was müsste man mir bieten? Ist es Prestige? Liebe, Anerkennung, Zuneigung? Eine Lotto-Million? Oder einfach nur Erfolg?

Es geht nicht darum, dem Individualismus den schwarzen Peter zuzuschieben. Er hat uns gezeigt, dass jeder Mensch ein Recht auf persönliches Glück und Verwirklichung seiner Träume hat. Vielmehr geht es darum, die Individualität nicht als Ziel misszuverstehen, sondern als Weg in die Welt. Individualität ist erst der Anfang: sie ist der Ausgangspunkt für den wirklich schöpferischen Umgang mit anderen. Nur wenn wir wissen, was wir selbst an uns haben, können wir es auch anderen geben. Wenn wir beginnen, unsere Individualität mit anderen zu teilen, werden wir merken, dass wir sie nicht verlieren, sondern etwas Neues gewinnen: das Gefühl, dass unsere Existenz Sinn macht. Ohne diesen Sinn hampeln wir wie ferngesteuerte Marionetten über die Bühne des Lebens. Mit diesem Sinn werden wir zu Akteuren, die lernen, im Konzert mit den anderen die Welt in einen Ort zu verwandeln, an dem Glück für jeden möglich ist.

Dazu noch eine kleine Geschichte von Nossrat Pesechkian: Einst kam ein Mann zum Propheten Elias. Ihn bewegte die Frage nach dem Himmel und der Hölle, wollte er doch seinen Lebensweg bewusst gestalten. Da nahm ihn der Prophet bei der Hand und führte ihn durch dunkle Gassen in einen großen Saal, wo sich viele ausgemergelte Gestalten um die Feuerstelle drängten. Dort brodelte in einem großen Kessel eine köstlich duftende Suppe. Jeder der Menschen besaß einen gusseisernen Löffel, der so lang war wie er selbst. Der Löffel war auf Grund seiner Größe zu schwer, um damit allein die Suppe zu schöpfen und zu lang, um damit Nahrung zum Mund führen zu können. So waren die Menschen halb wahnsinnig vor Hunger und schlugen vor Wut aufeinander ein. Da fasste Elias seinen Begleiter am Arm und sagte: »Siehst du, das ist die

Hölle!« Sie verließen den Saal und traten bald in einen anderen ein. Auch hier waren viele Menschen und auch hier stand ein Kessel mit Suppe. Und sogar die riesigen Löffel glichen denen im Saal davor. Aber die Menschen waren wohlgenährt, und man hörte in diesem Saal nur das zufriedene Summen angeregter Unterhaltung. Männer und Frauen hatten sich zusammengetan. Einige tauchten gemeinsam die schweren Löffel ein und fütterten die gegenüber Sitzenden. Umgekehrt geschah es ebenso. Auf diese Weise wurden alle satt. Und der Prophet Elias sagte zu seinem Begleiter: »Siehst du, das ist der Himmel!«

Essenz

Meine Situation: Ich komme vom Hundertsten ins Tausendste und verliere den Überblick über das, was mir wirklich wichtig ist. Die Prioritäten meines tägliches Lebens stimmen mit dem, was mich eigentlich glücklich machen würde, nicht überein. Ich fühle mich verantwortlich für alles, was ich tue – ganz allein verantwortlich.

Mein Bedürfnis: Den Sinn hinter dem, was ich tue, wiederfinden. Das Wesentliche im Leben spüren und leben. Einem eigenen Lebensentwurf folgen.

Meine Herausforderung: Meinen eigenen Lebensentwurf nicht über den anderer stellen. Solidarität als schöpferischen Umgang mit Beziehungen begreifen.

Meine persönliche Erkenntnis:

Übungen

Einzelübung: Das Wesentliche in meinem Leben

Diese Übung zielt darauf ab, herauszufinden, worauf es uns im Leben ankommt, was uns das Wichtigste und Wesentliche ist – und wie viel es uns letztlich tatsächlich wert ist.

Einstimmung

Denken Sie zunächst über folgende Fragen nach:

- Angenommen, Ihnen würde mitgeteilt, dass Sie nur noch drei Monate zu leben hätten. In diesen drei Monaten könnten Sie alles tun, was Sie wollten: Was wäre das? Wie würden Sie Ihre Tage verbringen? Wen würden Sie noch alles sehen wollen? Wo würden Sie diese Zeit gern verbringen?

- Doch gehen wir mal davon aus, dass Sie noch länger zu leben haben: Wenn Sie nun in Gedanken zehn, zwanzig oder dreißig Jahre in die Zukunft gehen: Wie alt werden Sie sein? Wie geht es Ihnen? Wo werden Sie sich befinden? Was werden Sie tun? Welche Personen sind bei Ihnen?

- Und wenn Sie aus dieser Perspektive zurück auf Ihr Leben blicken: Was müsste geschehen sein, damit Sie wirklich auf sich stolz sein könnten, sich glücklich und gesund fühlten? Was haben Sie geschafft? Wie haben Sie gelebt?

1. Schritt

• Lesen Sie folgende Werte-Liste durch und ergänzen Sie sie, falls Sie Werte vermissen sollten. Streichen Sie aus ihr vierzehn Begriffe aus, die für Sie einen weniger hohen Wert darstellen.

Liebe – Freiheit – Macht, Einfluss – Prestige – Toleranz – Freundschaft – Familie – Selbstbestimmung – Reichtum – Zivilcourage – Ehrlichkeit – Selbstverantwortung – Gleichheit – Natürlichkeit – Schönheit – Tradition – Unabhängigkeit – Loyalität – Offenheit – Unvoreingenommenheit – Genuss – Verantwortung – Humanität – Religion – Spiritualität – Treue – Gesundheit – .... – .... – ....

• Jetzt wählen Sie aus den verbleibenden Werten die sechs aus, die für Sie wirklich am wichtigsten sind, und tragen sie in folgende Liste ein:

> • 1.
> • 2.
> • 3.
> • 4.
> • 5.
> • 6.

2. Schritt

• Erstellen Sie nun eine Rangliste: Was ist für Sie der allerwichtigste, der zweitwichtigste Wert usw. Diese Rangliste übertragen Sie nun in die Kreise der folgenden Abbildung, wobei Sie den wichtigsten Wert in die Mitte eintragen, den zweitwichtigsten in den nächstgrößeren Kreis usw.

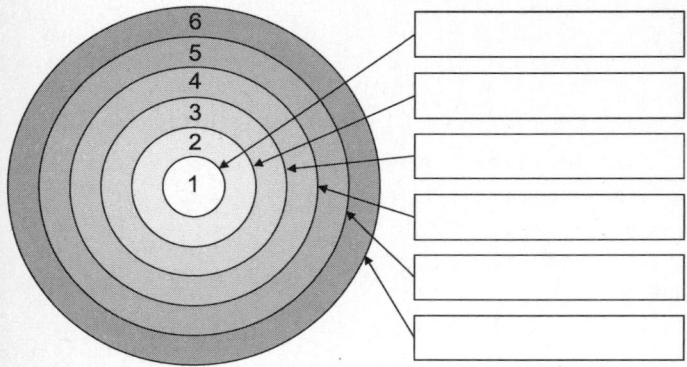

Abbildung 9: Was ist Ihnen im Leben am wichtigsten?

3. Schritt

- Nun nehmen Sie sich die Liste der Werte bei Schritt 1 noch einmal vor. Diesmal aber streichen Sie alle Werte aus, die in Ihrem Leben keine Rolle spielen, selbst wenn sie Ihnen eigentlich wichtig sind.

Übrig sollen nur die Werte bleiben, für die Sie gegenwärtig die meiste Zeit und Energie aufwenden. Fragen Sie sich dazu einfach: Um welche Werte dreht sich mein Leben im Augenblick? Welche Werte dominieren mein Leben?

- Wählen Sie wieder die sechs wichtigsten aus und tragen Sie sie in folgende Liste ein:

- 1.
- 2.
- 3.
- 4.
- 5.
- 6.

4. Schritt

- Tragen Sie nun diese Werte in das zweite Kreisschema ein. Wieder soll der Wert, der den größten Raum in Ihrem Leben einnimmt, in der Mitte des Schemas eingetragen werden, dann der zweite, der dritte usw.

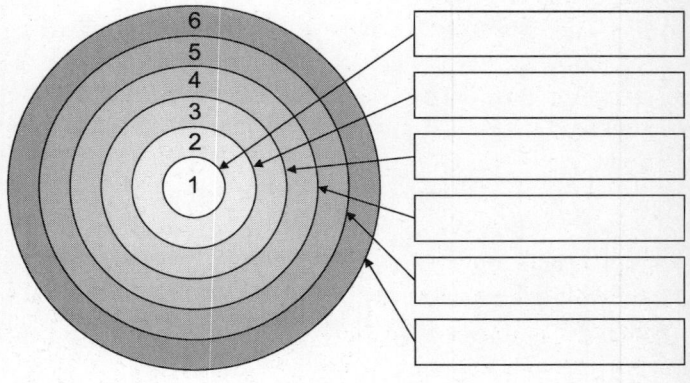

Abbildung 10: Welche Werte dominieren mein Leben zurzeit?

5. Schritt

- Vergleichen Sie nun beide Wertekreise in Ruhe.

Wenn beide übereinstimmen, können Sie sagen: »Ich lebe das, was mir wichtig und wesentlich ist!« Gratulation!

Mit größerer Wahrscheinlichkeit aber werden beide sich nicht sehr ähnlich sehen. In der einen Rangliste werden Begriffe auftauchen, die in der anderen gar nicht vorkommen, oder die Reihenfolge kann sogar völlig unterschiedlich sein. Achten Sie vor allen Dingen auf den zentralen Wert – dieser entspricht dem, was Ihnen im Leben wirklich am wichtigsten ist: Er repräsentiert das Wesentliche in Ihrem Leben! Wenn dieser Wert aber in der Liste der Werte, um die sich Ihr Leben momentan dreht, überhaupt nicht auftaucht – dann liegt mit großer Sicherheit etwas im Argen.

- Überlegen Sie: Was könnten Sie tun, um Ihre jetzige Lage immer mehr dem Wesentlichen in Ihrem Leben anzugleichen? Welche Prioritäten müssen Sie verschieben? Was für konkrete Konsequenzen hat dies auf Ihre aktuelle Situation?

Wenn Sie möchten, können Sie jetzt das Ergebnis Ihrer Reflexionen in einem Wunsch, einem Vorsatz oder einem Entschluss formulieren:

- Ich wünsche mir, möchte, nehme mir vor, dass ...

Partnerübung: Mein Geschenk für dich

Die Lebensmetapher

Setzen Sie sich mit Ihrem Partner gemütlich zusammen. Sie haben nun die Aufgabe, sich gegenseitig etwas zu schenken. Dabei handelt es sich nicht um ein materielles Geschenk, sondern um etwas sehr viel Wertvolleres – nur müssen Sie es sorgsam auswählen und von Herzen geben.

- Es geht darum, dem anderen eine Metapher für sein Leben zu schenken: in Form eines Bildes, einer Geschichte, eines Märchens, eines Theaterstücks o.Ä.

Diese Lebensmetapher soll sich auf das beziehen, was man als das Wesentliche im Leben des anderen entdeckt zu haben glaubt.

Metaphern können sehr wirkungsvoll sein, um Botschaften zu übermitteln und Sinn zu stiften. Gerade dann, wenn die Zeit reif dafür ist, sich über den eigenen Lebenssinn Gedanken zu machen, kann diese Übung wichtige Impulse geben und zu tieferen Einsichten anregen. Metaphern haben auch deshalb eine so große Wirkung, weil sie in erster Linie unser Unterbewusstsein anregen. Die Sprache der Bilder ist die Sprache, die es versteht. Dabei kommt es gar nicht so sehr darauf an, dass die Metapher besonders »originell« oder »perfekt inszeniert« ist: Viel wichtiger ist es, dass sie aus der Intuition dessen entspringt, der sie erschafft, und dass sich dieser wirklich über sein Gegenüber Gedanken macht, sich in ihn hineinversetzt und versucht zu erspüren, was genau das Leben des anderen so unverwechselbar und einzigartig macht. Wichtig ist aber auch, dass er die Gefahren aufdeckt, die er zum jetzigen Zeitpunkt sieht und von denen er glaubt, dass sie den anderen von seinen Lebensprinzipien und der Verwirklichung seiner Individualität abbringen könnten.

Vielen fällt diese Übung anfangs etwas schwer, gerade dann, wenn sie noch wenig Erfahrung mit dieser Form des Feedbacks haben. Deshalb finden Sie im Folgenden ein paar Anregungen, die als Fragen formuliert sind. Lassen Sie sich von ihnen inspirieren – und wählen Sie diejenige Fragestellung aus, zu der Sie sich spontan hingezogen fühlen. Entscheiden Sie sich dann für eine – und lassen Sie alle Ideen, Gedanken, Bilder, Erinnerungen und Geschichten ganz von allein vor Ihrem geistigen Auge auftauchen. Wenn Sie sich leicht und spielerisch mit der ausgewählten Frage beschäftigen, wird Ihnen das keine Probleme bereiten. Halten Sie sich bei dieser Übung trotz aller Leichtigkeit und ihres spielerischen Charakters an das Setting, das wir vorschlagen, denn nur dann kann sie ihr volles Potenzial entfalten.

Mögliche Fragestellungen

- Wenn ich *dein Leben als Theaterstück* inszenieren würde: Welches Stück wäre es? Wie würde es heißen? Welche Personen würden in ihm vorkommen – und welche Rolle hättest du? Wäre es eher ein Lustspiel, ein Drama oder ein absurdes Theater? Wie würde es anfangen, sich entwickeln, enden?

- Wenn ich *dein Leben als Märchen* erzählen würde: Um welches Märchen würde es sich handeln? Hätte es einen Bezug zu einem bekannten Märchen oder wäre es sogar ein ganz neues Märchen? Welche Märchenfigur wärst du? Wer würde noch alles in diesem Märchen vorkommen – und wie verliefe die Handlung? Was wäre »die Moral von der Geschicht'«?

- Wenn ich *dein Leben als Bild* beschreiben würde: Was für ein Bild kommt mir dabei in den Sinn? Was ist alles zu sehen? Was ist gerade nicht zu sehen? Und was ist vielleicht sogar unsichtbar und wird trotzdem im Bild angesprochen? Welche Farben hätte das Bild? Wann wurde es gemalt und von wem? Was hatte der Maler im Sinn? Haben sich im Laufe der Zeit die Farben verändert?

- Wenn ich für *dein Leben ein Symbol* finden müsste: Welches Symbol kommt mir dabei in den Sinn? Welches Symbol könntest du für dein Leben gebrauchen? Was würde mit diesem Symbol ausgedrückt? Welche Themen, Geschichten, Bilder, Möglichkeiten und Gefahren werden durch dieses Symbol angesprochen? Ist es eher ein archaisches oder ein modernes Symbol? Wie sähe es aus? Welche Form hätte es, woran erinnert es?

1. Schritt

- Setzen Sie sich gemeinsam schweigend hin, mit genügend Abstand zueinander, jeder von Ihnen mit Papier und Stift »bewaffnet«.

Lassen Sie sich nun etwa eine Viertelstunde Zeit, um sich von einer der oben genannten Fragestellungen inspirieren zu lassen und Ihr Geschenk für den anderen zusammenzubasteln. Schreiben und/oder malen Sie alles auf, was Ihnen in den Sinn kommt. Sie können den anderen zwischendurch immer wieder mal anschauen, um so Ihre Intuition darin zu unterstützen, Bilder zu ihm auftauchen zu lassen. Setzen Sie sich nicht unter Druck, nehmen Sie einfach das, was in dieser Zeitspanne gerade da ist. Sie werden merken: aus allem, was Ihnen in den Sinn kommt, baut sich nach und nach eine interessante und faszinierende Metapher auf.

2. Schritt

- Einigen Sie sich darauf, wer das Geschenk als Erster erhalten soll – und dann erzählen Sie es dem anderen.

Wenn Sie als Beschenkter Fragen haben, so sollte es sich dabei nur um Verständnisfragen handeln, die sich auf den Inhalt der Metapher beziehen. Fragen Sie nicht nach, woher der andere wohl diese oder jene Idee hat oder was sie wohl mit dem eigenen Leben zu tun haben könnte. Hören Sie einfach nur zu, lassen das jeweilige Bild auf sich wirken – und bedanken sich am Ende bei Ihrem Partner. Selbst in dem (sehr unwahrscheinlichen) Fall, dass Sie gar nichts mit der Metapher anfangen können, wird dieses Bild seine Wirkung entfalten. Lassen Sie sich überraschen, was das Bild mit Ihnen macht! Danach wechseln Sie die Rollen.

3. Schritt

Es ist wichtig, dass Sie jetzt nur das tun, was Ihnen gut tut. Entweder beenden Sie diese Übung, mit der Möglichkeit, dass jeder noch ein paar Minuten schweigend für sich sein kann. Oder Sie erzählen Ihrem Partner, wie die Metapher auf Sie wirkt, was dadurch in Ihnen für Gedanken und Emotionen auftauchen und welche Assoziationen das Geschenk in Ihnen hervorruft.

Ich wünsche Ihnen, dass es Ihnen so gehen mag wie manchen Seminarteilnehmern, die berichten, dass sie das Geschenk in ihrem jetzigen Lebensabschnitt tief berührt hat, dass die Metapher zu ihrem Begleiter geworden ist und ihre Wirkung entfaltet hat. Viele wurden so auf Dinge in ihrem Leben aufmerksam, die sie auf anderem Wege noch nie erfahren hatten.

Hilfreiche Affirmationen und Glaubenssätze

– Ich darf erforschen, wer ich bin. Es ist wichtig, dass ich herausfinde, was meine Person ausmacht.

- Es ist in Ordnung, mein Leben nach meinen wichtigsten Werten auszurichten und danach zu leben.
- Ich lebe jeden Augenblick so, wie ich es aus meinem tiefsten Inneren heraus will - und grenze mich klar und deutlich von dem ab, was mich davon abbringt.

Steinbock

»Ein mögliches Erlebnis oder eine mögliche Wahrheit
sind nicht gleich wirklichem Erlebnis weniger dem Wert des
Wirklichseins, sondern sie haben etwas sehr Göttliches in sich,
ein Feuer, einen Flug, einen Bauwillen und bewussten
Utopismus, der die Wirklichkeit nicht scheut, wohl aber
als Aufgabe und Erfindung behandelt.«

Robert Musil

»Wir alle glauben, unsere Pflicht, unsere Berufung, bestünde
darin, verschiedene Aufgaben zu erfüllen. Kinder erziehen, ein
Vermögen erwerben, ein wissenschaftliches Gesetz entdecken
und dergleichen, dabei haben wir alle nur eine einzige
Aufgabe – unser Leben zu gestalten, zu erreichen, dass unser
Leben etwas Ganzes, Vernünftiges, Gutes wird.«

Lew Nikolajewitsch Tolstoi

Jeder von uns hatte diesen Traum in der Kindheit, den Traum,
der immer mit dem Satz begann: »Wenn ich mal groß bin, dann
möchte ich ... werden!« Und manche von uns sahen sich schon
als Feuerwehrmann, als Schriftstellerin, als Präsident, Schauspieler, Ärztin oder gar als Päpstin in einer wunderbaren Zukunft. Wir malten uns mit leuchtenden Farben aus, wie wichtig
wir sein und wie sich alle unsere Träume erfüllen würden.
Der Feuerwehrmann wurde ein Metzger, um den Familien-
betrieb fortzuführen, aus der Schriftstellerin eine Lehrerin,
weil das eben mehr Sicherheit bietet, aus dem Schauspieler ein
Mechaniker, weil das Geld für eine entsprechende Ausbildung
nicht gereicht hat, und warum aus der Päpstin dann doch eine
Bankangestellte wurde, liegt auf der Hand.

Es mag sein, dass wir für das Erreichen und auch das Nichterreichen unserer Ziele im Leben prinzipiell selbst verantwortlich sind, und dass ein gut Teil unserer Misserfolge und Erfolge auf eigene Entscheidungen zurückzuführen sind – und wir deshalb die Verantwortung dafür übernehmen müssen. Doch eines haben wir nicht gewählt: die Welt, in die wir hineingeboren wurden.

Diese Welt empfängt uns voller Spielregeln, die ihre Wurzeln in dem gesellschaftlichen und kulturellen System haben, welches sich über unserem Leben aufspannt. Vieles von dem, was wir über uns selbst glauben und was deshalb unseren Lebensweg beeinflusst, ist auf dem Boden soziokultureller Bedingungen gewachsen. Aus diesem Grunde werden wir zwar alle gleich geboren, aber schon bald sind manche »gleicher« als andere, weil sie von dem Milieu, in dem sie aufwachsen, begünstigt werden. Andere wiederum scheitern an den restriktiven Umständen, denen sie ausgesetzt sind und die ihren Fähigkeiten und Talenten nicht den Spielraum gewähren, den sie benötigen. Insbesondere Herkunft und materieller Wohlstand sind ganz entscheidende Kriterien dafür, wie viel von unseren Träumen wir in die Wirklichkeit hinüberretten können. Aber auch die Religion, der Lebensstil des Elternhauses, die Bildungsmöglichkeiten und natürlich Bedingungen wie Geschlecht, Hautfarbe und eventuelle körperliche Handikaps zählen zu den Faktoren, die uns beim Verfolgen unserer Ziele im Wege stehen können, weil sie von Anfang an bestimmte Lebenswege nahelegen und andere ausschließen.

Natürlich kennen wir auch die Fälle von Menschen, die es trotzdem geschafft haben: wie im Mythos vom Tellerwäscher, der zum Millionär wurde. Wir bewundern Menschen, die den Mut und den Fleiß aufbringen, sich selbst zu verwirklichen. Allerdings beneiden wir sie selten um die Opfer, die sie dafür bringen müssen – ein sicheres Leben, Freizeit, Freiheit. Die meisten Menschen richten sich angesichts dieser Strapazen lieber in den vom System bereitgestellten Nischen ein, als sich eigene zu bauen. Dabei scheint es doch so, als ob wir in der heutigen Zeit weitaus mehr Möglichkeiten zur Verfügung hätten, an der Verwirklichung unserer Träume zu arbeiten, als in früheren Zeiten. Damals hatten die Menschen offensichtlich kaum eine Wahl und ihr Schicksal stand lange im Voraus fest. Nicht selten warteten die Fußstapfen des Vaters oder der Mutter auf die Nachkommen, lange bevor sie überhaupt geboren waren. Freiheit – das müsste für uns Heutige doch kein Fremdwort mehr sein!

Doch über eines werden wir uns immer deutlicher klar: Diese Freiheit ist nur eine scheinbare. Wir können kein nur dem eigenen Ich und seinen Vorlieben verpflichtetes Leben führen, sondern müssen uns in einem fort an Bedingungen ausrichten, die sich unserer Kontrolle entziehen. Wir sind abhängig von den Öffnungszeiten der Kindergärten, von den Verkehrsverbindungen, den Einkaufsmöglichkeiten. Unser Leben wird bestimmt vom Arbeitsmarkt, dem Sozialstaat, der allgemeinen Wirtschaftslage, dem Zustand der Natur. Wohin wir auch blicken: unser Leben stößt an allen Ecken und Enden auf Grenzen. »Manchmal muss nur die Oma, die die Kinder hütet, ausfallen, und die windigen Konstruktionen des eigenen Lebens brechen in sich zusammen« (Ulrich Beck).

Die meisten Menschen in unserer Gesellschaft erleben sich ohnmächtig gegenüber den Prozessen, welche heutzutage die Welt bewegen. Ratlos stehen wir einer sich immer schneller verändernden Welt gegenüber, von der wir uns zunehmend entfremden, weil wir nicht mehr erkennen können, was die Entwicklungen mit uns zu tun haben – sie geschehen einfach und lassen sich offensichtlich nicht aufhalten.

Die Erfahrung zeigt, dass jeder von uns zu jeder Zeit persönlich betroffen sein kann: niemand kann sich mehr wirklich dem Zugriff der globalen Veränderungen auf sein Leben entziehen, geschweige denn davon ausgehen, dass er verschont werde. Vielleicht glaubten wir gestern noch, dass unser Arbeitsplatz sicher ist, und heute erfahren wir, dass unsere Firma aufgekauft und meine Stelle wegrationalisiert wurde. Das Leben in der Gesellschaft ist zu einer völlig unsicheren Angelegenheit geworden: ein weiterer Grund, warum so viele von uns auf die Verwirklichung ihrer Pläne verzichten. Denn am Ende kommt sowieso alles anders, als man denkt, und manche Anstrengung wäre ja dann vielleicht umsonst gewesen. Die Angst, irgendwann feststellen zu müssen, gegen die Windmühlen der Zeit angekämpft zu haben und am Ende mit leeren Händen dazustehen, ist zu groß, als dass man es wagte, sich auf das Abenteuer einer eigenen Berufung einzulassen.

Berufung – ein Wert, den sich offensichtlich nur noch ganz wenige Menschen leisten können. Eigentlich verstehen wir darunter die Verwirklichung dessen, was in einem angelegt ist und nach Ausdruck in der Welt drängt. Die Berufung ist die Erfüllung des gesellschaftlichen Auftrags der Persönlichkeit. Sie ist wie ein Magnet, der uns in die Zukunft zieht und unser Leben zu einem roten Faden bündelt, an dem wir uns ausrichten. Am Ende der Berufung steht eine kontinuierliche Entwicklung zu dem, was wir im Grunde unseres Herzens immer schon gewesen sind und was nur wir sein können.

Etwas aus Berufung tun – das ist nicht mehr gefragt in der heutigen Zeit, denn es würde ein dauerhaftes und langfristiges Streben auf ein Ziel hin bedeuten, angetrieben von dem Drang zur Selbstverwirklichung. Heute scheinen andere Qualitäten gefragt: Flexibilität, Mobilität und Anpassungsfähigkeit. Die Kurzfristigkeit dominiert das öffentliche Leben, Trends ersetzen Traditionen. Eine Berufung – das ist etwas für Künstler, Priester oder Schriftsteller.

Der Beitrag, den ich als Individuum in der Gesellschaft leiste, wird nicht mehr als identitätsstiftende Lebensaufgabe erlebt. Er entwickelt sich nicht mehr entlang meiner ganzen Persönlichkeit, sondern bedient sich nur noch der Teilaspekte, deren Einsatz sich gerade lohnt. Das *eine* große sinnstiftende Ziel wird zergliedert in überschaubare Projekte, Tätigkeitsfelder, Missionen. Ich muss immerzu bereit sein, aktiv auf die Anforderungen zu reagieren und gegebenenfalls wieder bei null anfangen, wenn es die Umstände erfordern. Die Kontinuität des Lebens ist zerstückelt. Welchen Sinn mein Leben hat, diktiert der Augenblick. Die Teilnahme am gesellschaftlichen Prozess besteht darin, sich so gut wie möglich an diesem Augenblick auszusteuern und so wenig wie möglich vom Leben zu erwarten.

Die Frage, was ich selbst zur Gesellschaft beitragen möchte, ist in den Hintergrund gerückt. Immer deutlicher trennen wir Berufung von Arbeit. Der Beruf ist zur Pflichtübung geworden und nach seiner Erledigung flüchten wir in unsere so genannte Privatsphäre. Die immer größer werdenden Anforderungen an Flexibilität und Mobilität, vor allem auch der zunehmende Gruppendruck durch so genanntes Teamwork erschwert den Aufbau sozialer Bindungen und moduliert den Austausch auf das Erreichen des Plansolls hin – danach werden die Karten soundso wieder neu gemischt, die Gruppe löst sich auf, neue Gruppen werden zusammengestellt für neue Projekte. Gekünsteltes Engagement, um die Gleichgültigkeit zu kaschieren, sind die Folge davon, dass sich niemand mehr emotional engagieren muss – wozu auch? Vielleicht habe ich ja morgen schon einen ganz anderen Job …

Was aber geschieht mit den kreativen Visionen, die mich bewegt haben und mir das Gefühl gaben, etwas Einzigartiges und Unersetzliches in dieser Welt zu sein? Wir retten sie, so gut es geht, ins Private hinein: Berufungen werden zu Hobbys, Talente zu Liebhabereien. Privatsphäre – ein Zauberwort gegen die Unbilden der Zeit. Die Ruhe im Auge des Sturms. All unsere Wünsche und Hoffnungen zentrieren sich um die Intimität der Privatsphäre und ihren Schutz: das Alleinsein mit sich selbst, mit der Familie, mit Freunden. Wir trennen unser Selbst und das, was uns bewegt, von der Gesellschaft, in der wir uns fremd und belästigt fühlen. Der Feierabend – und dann: Endlich *ich* sein!

Aber was ist dieses Ich? Ist es wirklich nur das, was übrig bleibt, wenn ich alles abziehe, was ich der Gesellschaft an Tribut abzutreten habe? Und wie viel bleibt dann übrig?

Kehren zurück wir zum Ausgangspunkt: Die Umstände sind, wie sie sind – wir haben sie primär nicht gewählt. Aber das heißt nicht, dass wir uns mit ihnen abfinden müssen. Der erste wichtige Schritt zu einem positiven Verhältnis gegenüber diesen Umständen besteht darin, sie als Potenzial zu betrachten, das ich in Kauf nehmen muss, das aber *an sich* nicht gegen mich gerichtet ist. Die Bedingungen, die mir die Welt, in die ich hineingeboren wurde, auferlegt hat, mögen Ursache für viele negative Erfahrungen sein – aber sie sind nicht *schuld*. Wenn ich mich den Umständen unterwerfe, weil ich glaube, dass ich nicht wichtig bin, dann bin ich es, der etwas Wichtiges nicht verstanden hat: Es ist die Gesellschaft, die etwas von mir will – die Gesellschaft braucht mich! Leider fühlen wir uns häufig eher missbraucht und verbraucht.

Eine Gesellschaft aber, die sich entwickeln möchte, ist auf jedes einzelne Individuum angewiesen, und zwar auf das, was es in seiner Einzigartigkeit zu bieten hat. Durch den individuellen Einsatz unserer Fähigkeiten und Talente entwickeln wir nicht nur unsere Persönlichkeit, sondern wir nehmen an der Entwicklung der Gesellschaft teil – und sei unser Beitrag noch so klein und mag er uns noch so unbedeutend erscheinen. Die Umstände sind kein Verhängnis, auch wenn uns eine Veränderung der gegenwärtigen Lage schwierig oder gar aussichtslos erscheinen mag. Diese Gesellschaft ist, so wie sie ist, das Produkt gemeinsamer Anstrengungen vieler Individuen, und auch ihre künftige Entwicklung hängt davon ab, ob wir bereit sind, unsere Individualität in diesen Prozess einzubringen. Unsere Träume und Visionen aus der Kindheit mögen uns unreif oder phantastisch vorkommen – aber sie sind der erste wichtige Ausdruck für den Glauben daran, dass es auf mich ankommt. Auch wenn wir an diesen Bildern nicht festhalten können, weil es die Umstände nicht zulassen, so können wir uns dennoch dafür entscheiden, den Glauben an uns selbst zu bewahren.

Träume zu haben ist nicht das Privileg der Kinder, noch hören wir automatisch auf zu träumen, wenn wir erwachsen werden. Anstatt Träume angesichts der Sachzwänge und Vernunftgründe fallen zu lassen, sollten wir uns vielmehr darauf konzentrieren, ihnen eine Gestalt zu geben, in der sich ihr Wesenskern bewahren lässt. Wir sollten uns fragen: Wo bin ich mit meinen Visionen eine Antwort auf ein Bedürfnis in dieser Gesellschaft? Was braucht die Gesellschaft von mir und wie kann ich es ihr unter den Bedingungen, die ich antreffe, geben? Wo lege ich mit meiner Persönlichkeit den Grundstein für die Zukunft des Ganzen? Realismus ist gefragt – aber kein destruktiver, sondern ein kreativer, konstruktiver Realismus, der die Chancen erkennt, die sich ihm bieten, und das, was *möglich* ist, für nicht geringer achtet als das, was *wirklich* ist.

Essenz

Meine Situation: Das System, in dem ich lebe, zwingt mir seine Spielregeln auf und beraubt mich der Freiheit eines eigenen Lebens. Überall drängen sich Sachzwänge und Vernunftgründe auf.

Mein Bedürfnis: Mich aus dem System ausklinken, um meinen eigenen Weg zu gehen. Eine Berufung finden und ihr folgen. »Ich« sein und mich selbst verwirklichen.

Meine Herausforderung: Den eigenen Träumen *in der Gesellschaft* Gestalt geben. Mich nicht entziehen, sondern das eigene Leben als Chance *für die Gesellschaft* verstehen.

Meine persönliche Erkenntnis:

Übungen

Einzelübung: Die »SIEH!«-Formel

Wenn es darum geht, etwas im Leben zu verändern, scheitern viele schon im Vorfeld. Sie fühlen sich durch die Strukturen, in die sie eingebettet sind, in ihrer Freiheit so stark eingeschränkt, dass sie es irgendwann aufgeben, überhaupt noch an ihre Träume oder Pläne zu denken. Sie wenden sich ernüchtert wieder ihren Alltagsproblemen zu, von denen in der Regel mehr als genug auf sie warten ...

Auch in Seminaren kommt dieses Dilemma immer wieder zur Sprache: Wenn ein Seminarteilnehmer etwas gelernt hat, möchte und sollte er das Gelernte auch im Alltag umsetzen. Dadurch würde sich aber einiges verändern – und zwar nicht nur beim Teilnehmer selbst, sondern auch an den Umständen, in denen er lebt. Aus der Sicht der meisten Teilnehmer aber ist das ein Ding der Unmöglichkeit. Sie argumentieren, dass das Umfeld (der Partner, der Chef, die Firma, die Familie, die Gesellschaft) es nicht zulassen werden, wenn er oder sie zum Beispiel wirklich mal laut und deutlich die Meinung sagen würde. Das Gelernte sei zwar »theoretisch« ganz gut oder sogar sehr richtig, »praktisch« jedoch nicht umsetzbar. Am Ende wird wider besseren Wissens alles beim Alten gelassen. Vielleicht kennen Sie diese Thematik auch aus Ihrem Leben.

So wie die Seminarteilnehmer werden auch Sie im Folgenden dazu eingeladen, an diesem Dilemma zu arbeiten. Mit der »SIEH!«-Formel können Sie trotz der beschränkenden Bedingungen Ihrer Umwelt eine Möglichkeit finden, um Ihren persönlichen Weg zu größerer Freiheit zu gehen. Dieser Weg führt über die Klarheit im Denken, Fühlen und Handeln zu mehr Selbstbestimmung im Leben. Nur dann, wenn Sie quasi als ganzer Mensch – also mit Kopf, Herz und Hand – die Herausforderungen des Leben bewältigen, haben Sie langfristig Aussicht darauf, Ihr Selbst optimal zu entfalten.

»S-I-E-H«

Im Folgenden wollen wir diese »SIEH!«-Formel gemeinsam erarbeiten. Suchen Sie sich dazu einen Ort, der Sie möglichst aus dem Alltagstrott herausholt, an dem Sie ungestört sind und sich wohl fühlen. Die einzelnen Schritte dieser Formel wenden Sie dann bitte auf Ihre aktuelle Lebenssituation oder ein akutes Problem an. Sie finden im Anschluss an diese Erläuterungen noch einige zusätzliche Fragen, die Ihnen dabei helfen können.

- Wann immer Sie also unzufrieden sind, sich gestresst oder ohnmächtig den Gegebenheiten ausgeliefert fühlen oder ein anders gelagertes Problem haben, egal ob groß oder klein: der erste Schritt, der zu tun ist, lautet immer:

Stopp!

Meist nehmen wir uns die Zeit zum Anhalten nicht – und versuchen, den Alltag irgendwie durch viel Aktionismus in den Griff zu kriegen. So viele Menschen, Aufgaben und Dinge beschäftigen uns dort und verlangen unsere Aufmerksamkeit, dass kaum noch Zeit bleibt, über uns selbst nachzudenken. Oft merken wir nicht einmal, dass wir in Wirklichkeit zum Beispiel sehr unglücklich sind – weil wir bei all der Ablenkung das Wesentliche gar nicht mehr wahrnehmen. Darum ist dieses »Stopp!« der erste wichtige Schritt: Nur dann können wir Abstand gewinnen und lassen uns nicht mehr vom Augenblick absorbieren.

Manche schaffen diesen ersten Schritt – und halten wirklich an, zum Beispiel im Urlaub. Oft folgt eine so genannte »Entlastungs-Depression«, das heißt in dem Moment, in dem sie wirklich Ruhe geben, in dem alle Ablenkungen wegfallen, kommt viel Unerledigtes hoch. Geist und Seele wollen sich »reinigen«, und gerade in der Zeit, auf die man sich schon so lange gefreut hat, erlebt man Albträume und ist »schlecht drauf«!

- Was jetzt jedoch erst möglich wird, ist der zweite Schritt:

In sich gehen!

Damit ist vor allem gemeint, die eigenen Gefühle wahrzunehmen, sie anzuerkennen. Das funktioniert nur dann, wenn wir unsere Aufmerksamkeit voll und ganz auf den gegenwärtigen Moment richten und uns fragen: Was fühle ich jetzt?

Wann haben Sie zum letzten Mal bewusst darauf geachtet, was *jetzt* ist? Meist befinden wir uns in Gedanken bei dem, was noch erledigt werden muss, oder bei anderen künftigen Dingen. Oder aber wir denken zurück an eine bestimmte Situation oder Zeit, in der dies oder jenes passiert ist. Nur allzu selten sind wir in der Gegenwart, im jetzigen Augenblick, und an diesem Ort. Diese Form der Achtsamkeit ist uns in der westlichen Welt eher fremd. Doch nur wenn ich achtsam bin, also darauf achte, was gerade mit mir los ist, kann ich meine Gefühle auch wirklich wahrnehmen, das heißt *für wahr nehmen*. Das beinhaltet, dass ich die Welt akzeptiere, so wie sie gerade ist – und dass ich realisiere, ob ich mich gerade wohl oder unwohl fühle, traurig, wütend, ärgerlich oder erfreut.

Erlaube ich mir nicht, meine eigentlichen Gefühle in Bezug auf mein Problem zu spüren, werde ich nicht wirklich zur Wurzel meines Problems kommen. Erst wenn ich akzeptiere, dass ich zum Beispiel wütend bin, kann ich dem näher auf den Grund gehen und herausfinden, was genau mich so wütend macht, was passieren müsste, damit ich mich nicht mehr ärgern würde etc. Dieses Akzeptieren, dass die Dinge sind, wie sie sind und nicht anders, ist der wesentliche Punkt beim Innehalten. Erst dann haben wir die Kraft und die Zuversicht, zu erkennen, dass wir trotz der gegebenen Bedingungen selbst entscheiden können, wie wir weiterhin mit der Situation im Rahmen unserer Möglichkeiten umgehen: Ob wir uns entscheiden, hilfloses Opfer zu bleiben – oder die Freiheit erkennen, unser Leben trotz der Umstände so lebenswert wie möglich zu gestalten.

• Und damit sind wir beim dritten Schritt:

Entscheiden!

Sie haben jederzeit die Möglichkeit zu wählen, wie Sie mit einer Situation umgehen. Um sich glücklich und frei zu fühlen, ist es nicht so entscheidend, was einem passiert – sondern vor allem, wie man mit der Situation umgeht. Natürlich mag es sein, dass Sie in manchen Lebenssituationen verzweifelt oder unglücklich sind – das sollten Sie ernst nehmen und auch würdigen. Doch dieser Schritt geht darüber hinaus: Wenn Sie akzeptiert haben, dass Sie zum Beispiel verzweifelt sind, und diese Verzweiflung auch zulassen, dann haben Sie in diesem Zustand immer noch die Wahl, was Sie daraus machen. Solange Sie andere für Ihre Verzweiflung verantwortlich machen, kommen Sie natürlich sehr schlecht in einen besseren Zustand. Doch sobald Sie erkennen, dass Sie, und nur Sie allein dafür verantwortlich sind, wie Sie mit Ihrer Verzweiflung umgehen, nehmen Sie das Heft wieder in die Hand und haben so die besten Chancen, an Ihrer Situation etwas zu ändern.

- Und damit kommen wir zum vierten Schritt – um aus einer negativen Situation oder Stimmung herauszukommen, müssen Sie:

Handeln!

In dem Moment, in dem Sie sich entscheiden zu handeln, haben Sie grundsätzlich drei Möglichkeiten:
change it – love it – or leave it.

– »Change it«

bedeutet, dass Sie prüfen sollten, was Sie in der gegenwärtigen Situation alles verändern können und wollen. Welche Handlungen würden zu einer Verbesserung oder gar grundlegenden Wandlung der Situation beitragen? Und: Haben Sie wirklich schon alle Handlungsalternativen für eine Veränderung der Situation angedacht und ausprobiert? Falls Sie schon alles, was in Ihrer Macht steht, getan haben, um die Situation zu verändern, Sie aber entweder merken, dass Sie die Umstände nicht ändern können bzw. keine Kraft, keine Lust oder keine Energie mehr haben, sich dafür einzusetzen, dann haben Sie immer noch die Wahl, sich für ein

– »Love it«

zu entscheiden. Damit akzeptieren Sie die Bedingungen und nehmen die Dinge einfach so, wie sie eben sind. Mit einem kleinen Unterschied zur Ausgangssituation: Wenn Sie sich zu einem »love it« entscheiden, brauchen Sie sich nicht mehr über die Situation aufzuregen. Denn das wäre einfach Energieverschwendung. Weshalb sich über etwas aufregen, das nicht zu ändern ist? Verwenden Sie Ihre wertvolle Energie lieber für die Angelegenheiten, die Sie mögen – oder die Sie verändern wollen. Falls Sie jedoch in einer Situation stecken, in der Sie a) schon alles getan haben und mit der Sie sich b) trotzdem nicht abfinden können, dann bleibt Ihnen immer noch eine Wahl:

– »Leave it«

Überlassen Sie das Problem sich selbst – und suchen Sie sich eine neue Herausforderung. Diese dritte Wahlmöglichkeit haben Sie immer. Wenn Sie zum Beispiel mit Ihrem Partner unglücklich sind und Sie haben alles in Ihrer Macht Stehende getan (wirklich alles!), um die Situation zu verbessern *(»change it!«)* – und können sie nun einfach nicht mehr ertragen *(»love it!«)*, dann bleibt Ihnen immer noch die Möglichkeit, Ihren Partner zu verlassen *(»leave it!«)*.
Jede dieser drei Wahlmöglichkeiten hat ihre Folgen: Es bleibt an Ihnen, welche Sie in Kauf nehmen wollen und welche nicht. Sie müssen sich daher immer fragen, welche Konse-

quenzen Sie tragen wollen. Die Freiheit, über Ihr Handeln selbst zu entscheiden, bleibt – egal, in welcher Situation Sie sich befinden!

Übung

- Suchen Sie sich ein Problem oder eine Situation aus Ihrem Leben, mit der Sie unzufrieden oder unglücklich sind oder die Ihnen ausweglos erscheint.

Gehen Sie die Situation mit der SIEH!-Formel durch – reflektieren Sie Ihre bisherigen Wahlmöglichkeiten und wie Sie damit umgegangen sind.

- S *(Stop):* Diesen Schritt haben Sie ja schon getan, wenn Sie sich wirklich in ungestörter Atmosphäre befinden!

- I *(In sich gehen):* Wie geht es Ihnen gerade a) ganz allgemein und b) in Bezug auf Ihr Problem? Was empfinden Sie, wenn Sie jetzt daran denken? Welche Gefühle kommen in Ihnen hoch? Wenn Sie dem Problem wirklich ins Auge sehen: Wie würden Sie es beschreiben? Können Sie akzeptieren, dass die Situation so ist, wie sie ist?

- E *(Entscheiden):* Ist Ihnen klar, dass Sie sich entscheiden können, in Zukunft mit dieser Situation anders umzugehen? Wollen Sie sich für ein bewusstes und selbstverantwortliches Handeln entscheiden? Können Sie Ihren Spielraum erkennen? Beschreiben Sie ihn!

– H *(Handeln):* Welche Alternativen gibt es aus Ihrer jetzigen Sicht? Was haben Sie schon alles versucht? Was könnten Sie noch ausprobieren? Welche Konsequenzen hätten die einzelnen Schritte? Gehen Sie in Gedanken die einzelnen Alternativen des »change it!« – »love it!« – »leave it!« durch!

- Wofür entscheiden Sie sich jetzt? Was ist für Sie zu tun, um die Situation für Sie und alle Beteiligten zu verbessern? Schreiben Sie auf, wofür Sie sich entschieden haben:
  - Ich werde ...

Falls Sie nach Durcharbeitung aller Schritte noch nicht so viel Klarheit gewonnen haben, dass Sie sich beherzt und 100-prozentig für eine Wahlmöglichkeit entscheiden können, dann ist die Zeit dafür vielleicht noch nicht reif. Suchen Sie sich jemanden, mit dem Sie noch einmal über die Sache sprechen können – und lassen Sie sich die Dinge aus einer anderen Sicht erzählen. Gehen Sie die nächsten Tage immer mal wieder in sich – um Ihre Intuition zu befragen, was zu tun ist!

Partnerübung: Das Horrorszenario

Nehmen wir an, Sie sind mit einer Situation unzufrieden. Wie in der Einzelübung näher ausgeführt, sollten Sie Ihre Unzufriedenheit zum Anlass nehmen, um all das, was in Ihrer Macht steht, zu verändern. Doch Ihr Kraftaufwand wird nur dann wirklich zum Erfolg führen, wenn Sie sich vorher detaillierte Gedanken darüber gemacht haben, wie das gewünschte

Ziel aussehen soll. Und genau damit haben viele Menschen ihre Probleme.

In Seminaren und Beratungssituationen klagen so manche Teilnehmer, dass sie einfach zu wenig Vorstellungskraft hätten, um sich auszumalen, wie ihre Situation denn genau aussehen könnte, wenn sie besser wäre. Die meisten von uns sind sehr viel geübter darin, sich Horrorszenarien und Katastrophen auszudenken, als sich ein positives Bild von ihrem Leben zu machen. Sie sehen die Grenzen anstatt die Freiräume. Vielleicht kennen Sie ja auch diesen Zustand, wenn Sie mitten in einem Problem stecken und alle Gedanken sich immer wieder um das Problem drehen, anstatt sich auf die Lösung oder einen anderen Kontext zu konzentrieren ...

Die folgende Übung macht sich nun genau diesen Umstand zunutze: Sie sollen nichts anderes tun, als sich auf das Problem und seine Verschlimmerung zu konzentrieren. Das ist auf den ersten Blick eine »wirklich schlimme«, frustrierende Übung, doch auf den zweiten Blick eröffnet sie ungeahnte Möglichkeiten zur Kreativität – und sie macht sogar sehr viel Spaß! Haben Sie erst einmal alle Möglichkeiten gesammelt, wie das Problem noch zu verschlechtern wäre, dann bietet sich der nächste Schritt an: Sie überlegen, wie diese Verschlechterung verhindert werden könnte. Nach dieser Übung haben Sie – trotz Fokus auf das Negative – viele positive Ansatzpunkte, um die unbefriedigenden Bedingungen zu verbessern.

Bitte überlegen Sie sich zu zweit eine Situation aus Ihrem Leben, die möglichst für Sie beide unbefriedigend ist. Das sollte im besten Fall etwas sein, von dem Sie wirklich unmittelbar betroffen sind.

1. Schritt

- Nehmen Sie ein Blatt Papier und sammeln Sie jeder für sich
  eine Viertelstunde lang schriftlich alle Ideen zu folgender
  Aufgabenstellung:

Was könnten wir aktiv dazu tun, dass die Situation XY noch
viel schlimmer wird? So schlimm, dass Sie das, was Sie
eigentlich erreichen wollen, völlig vergessen können und alle
Beteiligten möglichst unglücklich sind?

Alle, wirklich alle Ideen sind erlaubt und sollten aufgeschrieben werden. Lassen Sie Ihrer Kreativität und Ihren »kleinen
inneren Teufelchen« freien Lauf! Es ist manchmal erschreckend und lustig zugleich, auf was für Ideen wir kommen
können, um andere zu ärgern, uns zu rächen, andere und uns
selbst zu boykottieren.

Wenn Ihr kreativer Fluss langsam nachlässt, dann wird es Zeit
für den nächsten Schritt.

2. Schritt

- Schauen Sie sich noch einmal alle Ideen an, lesen Sie sich
  gegenseitig vor, was Ihnen eingefallen ist. Malen Sie sich
  aus, wie die Welt wäre, wenn dieses Szenario Wirklichkeit
  werden würde.

Nun geht es darum, diese Aufzeichnungen noch einmal mit
dem Fokus auf folgende Fragestellungen durchzugehen. Markieren Sie dazu die jeweiligen Punkte in Ihren Aufzeichnungen mit verschiedenen Farben.

A) Welche Horrorsituation wären für Sie wirklich die
Schlimmste?

B) Welche Horrorsituation wäre für Sie am wenigsten unangenehm?

C) Welche Situationen, glauben Sie, könnten schon im Vorfeld vermieden bzw. verbessert werden?

3. Schritt

- Nehmen Sie sich nun ein neues Blatt Papier und überlegen
  Sie noch einmal gemeinsam etwa eine Viertelstunde lang,
  was Sie alles tun könnten, um dieses Horrorszenario zu
  vermeiden.

Nehmen Sie sich Punkt für Punkt vor und stellen Sie sich
folgende Fragen:

Was können wir aktiv dazu tun, dass die Situation XY nicht
eintritt? Welche Möglichkeiten haben wir? Und welche Möglichkeiten müssten wir uns erst schaffen? Was bräuchten wir
noch dazu?

4. Schritt

Suchen Sie sich zum Abschluss dieser Übung bitte jeder für
sich eine einzige der erarbeiteten Möglichkeiten zur Vermei-
dung des Horrorszenarios heraus, die Sie in nächster Zukunft
aktiv angehen wollen. Was werden Sie ganz konkret tun, um
einen Schritt zur Verbesserung Ihrer Situation zu machen –
und sei er auch noch so klein?

Nach dieser intensiven Arbeit gönnen Sie sich ein gemeinsames Essen und feiern Sie, dass Ihre jetzige Situation lange nicht so schlecht ist, wie sie sein könnte – und dass Sie
viele Möglichkeiten haben, um Ihre Zukunft aktiv zu gestalten!

Hilfreiche Affirmationen und Glaubenssätze

- Ich darf die Konsequenzen meines eigenen Handelns herausfinden.
- Es ist in Ordnung, für meine eigenen Bedürfnisse, Gefühle, Gedanken und Verhaltensweisen verantwortlich zu sein.
- Ich habe die Freiheit, meine Gedanken, Gefühle und Handlungen zu wählen.

Wassermann

»Du warst nun gedacht als ein blinkender Knopf
Auf der Weste der Welt; doch die Öse misslang.
So musst Du denn, Freund, in den Ausschusstopf –
Und nimmst wieder in die Masse den Gang.«

Henrik Ibsen, Peer Gynt

»Ihr seid das Licht der Welt. Es kann die Stadt, die
auf dem Berge liegt, nicht verborgen bleiben. Man zündet
auch nicht ein Licht an und setzt es unter einen Scheffel,
sondern auf einen Leuchter; dann leuchtet es für alle im Hause.
So soll euer Licht leuchten vor den Menschen.«

Matthäus 5: 14–16

»Den Fortschritt verdanken wir den Nörglern.
Zufriedene Menschen wünschen keine Veränderung.«

H. G. Wells

Manch einem erspart der Blick in den Spiegel nicht die Erkenntnis, dass wir auch im Zeitalter von Anti-Aging und Forever-Young-Programmen das Altern nicht aufhalten können und dass wir jeden noch so kostbaren Augenblick unseres Lebens unwiederbringlich an das Gestern verloren haben. Dinge, an die wir gestern noch fest geglaubt haben, gelten schon heute nicht mehr; die Straßen unserer Kindheit gibt es nur noch in unserer Erinnerung, die Städte haben über die Jahre ihr Gesicht verändert; auch die Menschen kommen und gehen: die beste Freundin aus der Schulzeit ist heute nicht einmal mehr eine flüchtige Bekannte und an die große Liebe von einst erinnert nur noch ein altes Foto.

Niemals können wir in denselben Fluss zweimal steigen, fasste der Philosoph Heraklit die Grunderfahrung des Menschen zusammen, dass sich alles wandelt und nichts besteht: »Alles fließt.« Man könnte auch sagen: das einzig Sichere auf der Welt ist, dass nichts so bleibt, wie es ist. Für die meisten Menschen ist dies eine beunruhigende Erkenntnis und so tun wir in der Regel alles, um ihr in unserem Alltag nicht zu begegnen. Viele richten sich ihr Leben so ein, als ob nichts auf der Welt sie erschüttern und sie vom einmal eingeschlagenen Pfad abbringen könnte.

Sich dem Wandel der Welt zu verschließen ist jedoch nicht ohne Aufwand möglich: Jede Abweichung vom gewohnten Gang der Dinge muss verhindert, jeder Abzweigung auf dem Lebensweg misstraut werden. Das eigene Leben wird durch ein Bollwerk aus Gewohnheiten und Ritualen vor Erfahrungen geschützt, die den Gleichschritt des Daseins bedrohen könnten. Was sich zwischen Morgen und Abend an Lebenszeit aufspannt, wird durchreguliert und in einen besänftigenden Rhythmus überführt. Nichts wird dem Zufall überlassen, für jede Eventualität ist man gerüstet. Mit Argwohn registriert man neue Entwicklungen und fremdartige Phänomene – und reagiert mit noch stärkeren Bestrebungen, sich abzusichern und das Unbekannte daran zu hindern, das auf Regelmaß geeichte Leben aus dem Takt zu bringen. Alles was anders ist, als es sein soll, ist Grund zur Besorgnis und stört die Zufriedenheit des Normalen.

Normen sind dazu da, die Vielfalt vor der Beliebigkeit zu schützen. Sie haben ihre berechtigte Funktion, denn gäbe es keine Normen, müssten wir für jede Schraube einen eigenen Dübel erfinden. Normen sind hilfreich, um das Leben der Menschen in der Gesellschaft zu organisieren und zu regulieren. Sie sind die Spielregeln, die wir einhalten müssen, um das Miteinander nicht zu gefährden. Manche Normen sind Gesetze, bei deren

Übertretung wir mit Strafe zu rechnen haben. Andere wiederum sind kulturell bedingt und bestimmen, was wir unter einem korrekten Umgang miteinander verstehen, mit welcher Hand wir uns begrüßen oder wie leer ein Glas Wein sein muss, bevor nachgeschenkt werden darf. Aber das Leben selbst steht abseits der Norm. Pflanzen wachsen nicht im DIN-A4-Format und Tiere müssen nicht zum TÜV. Das Natürliche ist durch Unberechenbarkeit und Ungenauigkeit gekennzeichnet.

Die Fähigkeit des Menschen, Normen selbst zu definieren und sich damit neben der Natur eine eigene Welt zu konstruieren, ist eine seiner ganz großen Stärken. Er hat es verstanden, das Natürliche seiner Kontrolle zu unterwerfen und es nutzbar zu machen – ungeachtet aller Komplikationen, deren Auswirkungen wir heute in der schonungslosen Ausbeutung der Natur erleben.

Tatsächlich ist es ein fester Bestandteil des Menschlichen, sich gegen den Gang des Natürlichen zu stellen. Alle Errungenschaften der Zivilisation – geistige, technische und medizinische – wurzeln im Trotz, sich den Kräften der Natur nicht geschlagen geben zu wollen. Dem Natürlichen setzte der Mensch beständig das Menschliche entgegen: sich nicht mit seiner natürlichen Bestimmung zufrieden zu geben, sondern diese selbst in die Hand zu nehmen. Unzufriedenheit ist deshalb der Motor des Fortschritts. Wer nicht zufrieden ist mit seinem Status quo, der wird sich angestachelt fühlen, die Umstände zu seinen Gunsten zu beeinflussen. Die Zivilisation, so wie sie uns heute begegnet, ist ein Produkt der Unzufriedenheit, die in der Gewissheit wurzelt, dass wir es immer *noch* besser machen können.

Etwas besser machen zu können, setzt die Fähigkeit voraus, aus Fehlern zu lernen. Und dies wiederum setzt voraus, Fehler zuzulassen. Tatsächlich gibt es keine bessere Möglichkeit, sein Wissen und seine Fähigkeiten zu schulen, als über gemachte

Fehler zu reflektieren. Errare humanum est – Irren ist menschlich. Das Lernen aus den Irrtümern ist die große Chance der menschlichen Evolution. Während der Biber seit Anbeginn der Geschichte seiner Art seine Dämme auf die immer gleiche und bewährte Methode baut, durchlief die Spezies Mensch in der weitaus kürzeren Zeit ihrer Existenz von den Höhlen, Hütten, Häusern, über Paläste und gotische Kathedralen bis hin zu Raumstationen im All eine fantastische Entwicklung der Kunst, sich ein Zuhause zu schaffen. Für das Überleben der Spezies freilich hätte vielleicht die Höhle genügt – aber die Unzufriedenheit mit dem Gegebenen und die Fähigkeit, aus Fehlern zu lernen, steigerte die Virtuosität menschlicher Fertigkeiten schier ins Grenzenlose.

Der Trick des Menschen besteht im Wesentlichen darin, sich nicht gegen den Wandel der Dinge zu stellen, sich ihm aber auch nicht zu unterwerfen, sondern *mit* dem Wandel zu arbeiten. Wenn wir auf das Bild von der Zeit als Fluss zurückgreifen, so können wir uns vorstellen, dass es sinnlos wäre, den Fluss in seinem Lauf aufhalten zu wollen. Da ist es doch viel geschickter, die Zeit für sich arbeiten zu lassen, so wie wir am Rande eines Flusses eine Mühle aufstellen, deren Räder durch die Kraft des Wassers im Schwung gehalten werden. Wenn ich fliegen möchte, dann hat es keinen Sinn, gegen die Luft zu kämpfen – ich muss mich ihrer Eigenschaften und ihrer Möglichkeiten bedienen, um mich von meinen Schwingen in die Höhe tragen zu lassen.

Die große Stärke des Menschen war und ist es, sich an verändernde Bedingungen nicht einfach nur anzupassen, sondern sie aktiv in sein Leben zu integrieren. Das Unvermeidliche wurde nicht bekämpft, sondern zur Chance für einen nächsten Entwicklungssprung genutzt. Kurz: die Entwicklung des Menschen war deshalb so erfolgreich, weil er es verstand, das Neue zu integrieren und dadurch das Alte zu verbessern. So verstehen wir Normen als den Versuch, dem unkontrollierten Wandel der Welt Stabilität abzuringen und zugleich die Effizienz zu erhöhen. Doch Normen können unser Leben auch strangulieren. Wenn Normen nicht mehr für den Menschen da sind, sondern der Mensch für die Normen, dann beginnt nämlich das Alte das Neue zu dominieren.

Offenheit für das Neue ist die Voraussetzung für den Fortschritt. Sie verhindert, dass die Strukturen, in denen wir uns bewegen, erstarren und aus den stützenden Normen sklavisch zu befolgende Diktate werden. Im Grunde bedroht jeder Mensch, der geboren wird, durch seine Einzigartigkeit bereits das System, in das er hineingeboren wird. Denn es ist bis zur Geburt nicht vorhersehbar, welche Anlagen dieser Mensch mitbringen wird. Nur eines ist sicher: er wird immer anders sein als die Menschen vor ihm, um ihn und nach ihm. Mit seiner Geburt stellt er bereits das Bestehende infrage – und trägt dadurch zugleich die Chance zur Veränderung der Umstände in sich.

Jedes Individuum trägt einen Funken der Unzufriedenheit in die Welt. Diese Unzufriedenheit besteht darin, dass wir schon bald erkennen, wie wenig die tradierten Gepflogenheiten und Normen unserer Einzigartigkeit gerecht werden können. Sie fordern Anpassung zugunsten der Stabilität des Ganzen – wir wollen wir selbst sein. Das System reagiert für gewöhnlich harsch und unbarmherzig auf spontane Äußerungen der Individualität. Es übt den Druck des Konformismus auf uns aus, und viele Menschen kapitulieren vor den Normen und Spielregeln, aus Angst, das eigene Anderssein zu leben und dafür in Ungnade zu fallen. In den meisten Fällen bedeutet anders zu sein, zunächst auf viele Annehmlichkeiten zu verzichten, sich vielleicht sogar dem Spott der Leute auszusetzen oder gar dafür bestraft zu werden. Die Geschichte der großen emanzipatorischen Bewegungen der letzten Jahrhunderte legen ein beredtes Zeugnis davon ab.

Anderssein ist unbequem – aber es ist die einzige Chance zur Veränderung. Nur das Anderssein eröffnet neue Horizonte und ermöglicht so die Entwicklung hin zu einer besseren Zukunft. Jeder von uns besitzt eine eigene Form des Andersseins und erlebt es deshalb ganz individuell in Bezug auf seine einzigartigen Fähigkeiten. Wir spüren dieses Anderssein immer dann, wenn wir das Gefühl haben, ungerecht behandelt zu werden, für etwas bestraft zu werden, das wir eigentlich als eine Gabe empfinden. Doch im Laufe der Zeit lernen wir, mit unserem Anderssein umzugehen.

Einige verbergen es. Sie stumpfen gegen das Gefühl der Ungerechtigkeit ab und versuchen, möglichst allen Vorgaben gerecht zu werden. Daraus leitet sich eine ganz bestimmte Haltung ab: Wo einst die Ungerechtigkeit zum Aufstand gegen die bestehenden Umstände und für eine bessere Zukunft aufrief, residiert nun die Selbstgerechtigkeit. Dort wo die Unzufriedenheit zur Verwirklichung künftiger Ideale anstachelte, kümmert man sich lieber um die eigene Selbstzufriedenheit. Warum Veränderung? Uns geht es doch gut! Warum sich beklagen? Anderen geht es doch viel schlechter ...

Selbstgerechtigkeit und Selbstzufriedenheit: das heißt nicht, sich selbst gerecht zu werden oder mit sich selbst zufrieden zu sein. Es heißt nichts anderes, als sich selbst genug zu sein – aber nicht man selbst zu sein. Man begibt sich freiwillig in die Obhut des Mittelmaßes. Die Einzigartigkeit, mit der man geboren wurde, verliert an Kraft und wird bedeutungslos, weil man aufgehört hat, das eigene Anderssein als Chance zu begreifen, um nicht nur sich selbst ständig neu zu definieren, sondern auch um den Aufstand zu wagen gegen alles, was uns zwar voll und satt, doch dadurch auch starr und unbeweglich macht. Denn was ganz voll ist, kann auch nichts mehr aufnehmen. Das ist das Ende der Veränderung und jeglicher Form des Wachstums – des inneren wie des äußeren.

Um unsere Unzufriedenheit wieder als Kraft zu erleben, müssen wir uns folglich leer machen. Wir müssen den Hunger nach Leben wieder spüren und den Wunsch und die Bereitschaft, täglich ein anderer zu sein. Wir dürfen keine Angst haben, Fehler zu machen, sondern sollten sie begrüßen, um an ihnen zu wachsen. Wir sollten ihnen nicht mit dem Gefühl des Versagens begegnen, sondern mit der Neugier des Lernenden. Vor allem aber sollten wir unser Licht nicht mehr unter den Scheffel stellen, sondern unser Anderssein als Auftrag erkennen, unsere Einzigartigkeit in den Dienst einer künftigen und zwar der Besten aller Welten zu stellen.

Essenz

Meine Situation: Meine Originalität wird nicht wahrgenommen – vielleicht nehme ich sie selbst gar nicht wahr. Ich habe das Gefühl, dass meine Individualität nicht zählt. Das Leben strömt gleichförmig dahin und ich spüre, wie ich Chance um Chance vertue, meinem Leben eine entscheidende Wende zu geben.

Mein Bedürfnis: Ich möchte meine Individualität zum Ausdruck bringen, ohne auf bestimmte Rollen fixiert zu werden – einfach mal anders sein. Ich möchte Fehler machen dürfen und den Mut zur Lücke haben.

Meine Herausforderung: Die eigene Individualität nicht als Selbstzweck betrachten, sondern als Weg, das System, in das ich eingebettet bin, durch mein Anderssein infrage zu stellen. Kurz: Profil gewinnen!

Meine persönliche Erkenntnis:

Übungen

Einzelübung: Einfach mal anders

Wozu ist ein Apfel da? Zum Essen, werden Sie wahrscheinlich sagen, ohne lange darüber nachzudenken. Irgendwann in unserem Leben gab es jedoch eine Zeit, in der uns diese Antwort noch nicht gleich auf der Zunge lag. Als wir noch Kinder waren, hatten die Dinge, die uns umgaben, noch keine festen Namen und Funktionen für uns. Damals war für uns alles neu – und faszinierend! Doch allmählich, im Laufe unserer Erziehung, lernten wir, die Realität um uns herum mit Namen zu versehen, und alles, was uns begegnete, wurde darunter abgespeichert. Dadurch wurde die Welt (scheinbar) einfacher und berechenbarer – doch sie verlor auch mehr und mehr ihren Reiz ... Ein Stuhl war nur noch zum Sitzen da. Eine Hose zum Anziehen. Ein Löffel zum Essen usw.

Durch die Benennung und Kategorisierung wird jedes Ding einer Funktion zugeordnet und dadurch zu einem Stück menschlicher Realität gemacht. »Die Dinge sind so – und nicht anders.« Das gibt Sicherheit. Inzwischen haben wir Gewohnheiten gebildet, wie wir uns und unsere Umwelt wahrnehmen. Begegnet uns etwas (oder jemand) Neues, wird es sofort mit dem, was wir schon kennen, verglichen, um so schnell wie möglich einen Namen dafür zu finden: »Das ist doch so wie ...«, »Der sieht doch aus wie ...« – und damit ist auch das Neue schon eingeordnet und abgehakt.

Unser Blickwinkel reduziert sich immer mehr auf das, was wir schon zu kennen meinen. Dinge, die sich unserem Blickwinkel entziehen, sind somit auch kein Bestandteil unserer Welt. Während das Kind noch Kleinigkeiten wahrnimmt, wie zum Beispiel die Unregelmäßigkeit im Holz des Stuhlbeins oder die

Form eines Grashalmes, der sich im Wind biegt oder aber die schwer an einem großen Blattstück schleppende Ameise, richten wir unsere Aufmerksamkeit nur noch auf »wichtigere« Dinge. Die Details, so glauben wir, sind nichts anderes als das »Gewohnte«, und das kennen wir schon!

Wir haben uns angewöhnt, aus der Mannigfaltigkeit der Welt nur noch gewisse Aspekte nach dem Prinzip der Nützlichkeit auszuwählen – und auch nur noch diese wahrzunehmen. (»Wozu ist das gut? Wofür könnte ich jenes gebrauchen?«) Ist etwas für unser jetziges Leben nutzlos, wird es als »unwichtig« abgelegt – und auch nicht mehr angeschaut. Damit verpassen wir aber die tausend anderen Aspekte und Möglichkeiten, die das Leben und unsere Umwelt uns bieten! Wir versäumen es, die Dinge auch einmal aus einem anderen Blickwinkel heraus zu betrachten, sie in einem anderen Licht zu sehen und damit neue Zusammenhänge zu entdecken, neue Wege zu gehen, kreativ zu sein. Die meisten Erfindungen fußen auf Dingen, die eigentlich schon da waren – sie wurden nur neu »gefunden«.

In der folgenden Übung wollen wir uns dieser Thematik leicht und spielerisch zuwenden. Entdecken Sie das Ungewöhnliche im scheinbar Gewohnten und Bekannten, und erlauben Sie sich, für eine Weile wieder ganz Kind zu sein ...

Übungsanleitung: Untersuchung eines Gegenstandes

- Nehmen Sie sich für diese Übung alles in allem eine Stunde Zeit, in der Sie ungestört sind. Suchen Sie sich bitte einen ganz »normalen« Alltagsgegenstand aus.

Wenn Sie diese Übung zum ersten Mal machen, empfehlen wir Ihnen, ein Stück Obst zu nehmen. Sie haben nun die Möglichkeit, diesen Alltagsgegenstand näher zu untersuchen. Dazu brauchen Sie nichts weiter als Ihre fünf Sinne sowie die Bereitschaft, auf Entdeckungsreise zu gehen und sich dazu ausreichend Zeit zu lassen. Um Ihre Aufmerksamkeit gut auf den Gegenstand fokussieren zu können, ist es wichtig, dass Sie sich in einem entspannten Zustand befinden und sich ganz allein auf sich und das »Ding« in Ihrer Hand konzentrieren. Deshalb finden Sie vor der eigentlichen Entdeckungsreise eine kleine Anleitung zur Entspannung

1. Schritt: Entspannung

• Setzen Sie sich gemütlich auf einen Stuhl, mit dem ausgewählten Gegenstand in der Hand.

Nehmen Sie zunächst einmal wahr, wie Sie auf dem Stuhl sitzen: Wie ist der Kontakt Ihres Gesäßes zur Sitzfläche? Wie stehen Ihre Füße auf dem Boden? Sie sollten in etwa hüftbreitem Abstand mit der gesamten Fußsohle auf dem Boden aufliegen. Ist Ihr Rücken gekrümmt oder gerade und dennoch entspannt und aufgerichtet? Stellen Sie sich vor, eine unsichtbare Schnur sei an Ihrem Scheitel befestigt, die Sie leicht nach oben zieht. Achten Sie bitte auch auf Ihre Schultern: Sind sie entspannt? Ist Ihr Nacken entspannt? Lockern Sie jetzt auch Ihren Kiefer, den wir im Alltag oft verspannen.

Allein durch die Konzentration auf Ihren Körper sitzen Sie wahrscheinlich schon jetzt etwas entspannter auf dem Stuhl.

• Achten Sie nun auf Ihren Atem, lassen Sie Ihren Körper ganz von allein atmen – und spüren Sie dem für ein paar Atemzüge nach: wie Bauch und Brustkorb sich beim Einatmen heben und beim Ausatmen senken ...

2. Schritt: Mit den Sinnen arbeiten

• Nun sind Sie in der richtigen Verfassung, um sich Ihrem Alltagsgegenstand zuzuwenden. Wichtig: Lassen Sie sich bei seiner Untersuchung genügend Zeit!

Nehmen Sie ihn zuerst in die rechte Hand: Wo genau berührt er die Handfläche? Wie schwer fühlt sich der Gegenstand an? Wo ist der Kontakt stärker, wo schwächer? Tasten Sie ihn mit den Fingern ab. Wie fühlt sich seine Oberfläche an? Ist sie glatt, wellig, rau, weich oder hart? Gibt es Unregelmäßigkeiten? Wiegen Sie den Gegenstand in der Hand, rollen Sie ihn, streichen Sie ihn über Ihre Haut ... Schließen Sie für eine Weile ruhig die Augen, sodass Sie sich einzig und allein auf Ihren Tastsinn konzentrieren können ...

Welche Temperatur hat der Gegenstand? Ist sie angenehm oder unangenehm? Ist die Temperatur überall gleich, oder gibt es Stellen, die sich wärmer oder kälter anfühlen? ...

Wechseln Sie die Hand: Wie fühlt sich der Gegenstand nun in der linken Hand an? Was ist anders? Was ist gleich? ...

Und wie fühlt sich der Gegenstand auf dem Handrücken an? Und wenn Sie mit ihm leicht über Ihr Gesicht streichen? Wo ist es Ihnen am angenehmsten, wo am unangenehmsten? ...

Halten Sie ihn nun an ein Ohr: Hören Sie etwas? Wie hört sich der Gegenstand an? Klopfen Sie mit den Fingerspitzen leicht darauf und horchen Sie genau hin. Reiben, klopfen, streicheln Sie ihn, mal mit den Fingernägeln, mal mit den Fingerkuppen, mal mit dem Handballen – hören Sie genau hin!

Und nun halten Sie sich den Gegenstand unter die Nase. Beschnuppern Sie ihn von allen Seiten: Was riechen Sie? Erinnert Sie der Geruch an irgendetwas? Ist der Geruch an verschiedenen Stellen unterschiedlich? Ist er angenehm, unangenehm? ...

Und nun öffnen Sie die Augen und schauen sich den Gegenstand ganz genau an: Was sehen Sie? Wie ist er gegliedert? Gibt es Stellen, die glatt oder unregelmäßig sind? Welche Stellen stechen hervor? Welche Farben können Sie erkennen und wie viele? Wie ändert sich das Spiel aus Licht und

Schatten, wenn Sie ihn ganz langsam bewegen: nach oben, nach unten oder wenn Sie ihn drehen? ...

Und wie schmeckt der Gegenstand? Lecken Sie an ihm: Was schmecken Sie? Wenn Sie ein Obststück gewählt haben: Beißen Sie hinein! Überlassen Sie sich seinem Geschmack. Kauen Sie bewusst und lange: Verändert sich der Geschmack? Passt der Geschmack zu dem, was Sie vorher gerochen haben? ...

3. Schritt: Reflexion

- Hat die Entdeckungstour Spaß gemacht? Wie war es? Was haben Sie erlebt?
- Gab es Neues im scheinbar Bekannten? Gibt es etwas, das Sie entdeckt haben? Worüber Sie staunen können?
- Wie war Ihr Zeitempfinden? Wie lange haben Sie sich dem Gegenstand widmen können? Ist die Zeit langsam oder schnell vergangen?
- Wie ist Ihr Verhältnis zu dem Gegenstand jetzt? Ist es anders als vor der Übung? Wenn ja: Was genau ist jetzt anders?

Die Welt steckt voller kleiner und großer Wunder. Jeder Apfel ist eigentlich gleich – und doch ist jeder auch anders und einzigartig. Es lohnt sich, seine Sinne im Alltag für all das zu öffnen, was uns umgibt, um es unmittelbar auf uns wirken zu lassen. Und diese erweiterte Wahrnehmungskraft lohnt sich: Wenn Sie die verlorene Unschuld und Sensibilität wieder zulassen, dann werden Sie eine ganze Welt voller Staunen und Tiefe zurückgewinnen.

Partnerübung: Warum ich dein bester Freund bin

Anderssein und Kernkompetenz

Wenn es darum geht, seinem Anderssein Ausdruck zu verleihen, haben viele Menschen erfahrungsgemäß Probleme. Sichtbar wird das zum Beispiel in den gefürchteten Bewerbungssituationen. Denn hier sind Sie aufgefordert, Ihr Licht nicht unter den Scheffel zu stellen, sondern aktiv zu zeigen, was in Ihnen steckt. Für viele ist es eine schreckliche Vorstellung, sich »gut verkaufen« zu müssen. Kein Wunder: Es ist schon schwer genug, a) herauszufinden, was in einem steckt, und b) seine Stärken zu benennen – und so empfinden viele ganz konsequent auch c) für sich selbst Werbung zu machen als besonders schwierig.

Dieses Phänomen begegnet einem sehr oft in Beratungen: Jemand ist hoch qualifiziert, mit vielen wertvollen Erfahrungen und Kenntnissen ausgestattet, doch um das Selbstmarketing ist es schlecht bestellt. Besonders Frauen neigen dazu, eine falsche Bescheidenheit an den Tag zu legen, wenn sie ihren Talenten und Fähigkeiten eigentlich möglichst gekonnt Ausdruck verleihen sollten.

Es scheint, als ob die meisten von uns eher gelernt haben, ihre Aufmerksamkeit auf die eigenen Schwächen zu richten und sich mit anderen zu vergleichen. Im Vergleich mit anderen werden dann wieder nur die eigenen Schwächen hervorgehoben: »Ich bin nicht so gut wie ...« oder »Im Vergleich zu ... kann ich nicht so gut ...« Selbstbewusst sein, seine Stärken nennen zu können, hat für viele schon einen Hauch von »Eigenlob«.

Dabei geht es doch nur darum, sich seiner ganz individuellen Stärken und Schwächen, eben seiner Einzigartigkeit bewusst zu sein und diesem »Inhalt« eine angemessene, ansprechende und vor allem *viel versprechende* Form zu verleihen.

Werbestrategien arbeiten nach der Marketingregel der drei großen »A«, nämlich: *Anders als Alle Anderen.*

Nur wenn sich ein Produkt von den anderen abhebt, auffällt, eben anders ist, wird es sich in den Köpfen der Verbraucher festsetzen. Doch in dieser AAA-Regel steckt eine große Falle, welche eine Erklärung dafür sein könnte, weshalb oft auch groß angelegte Werbestrategien so gut wie keine Wirkung zeigen: wenn sich nämlich die Form nicht mit dem Inhalt deckt. Wenn sich also das Anderssein rein auf die PR-Strategie bezieht, das Produkt selbst aber gar nicht wirklich anders ist.

Vielleicht gründet die Abneigung gegenüber jeglicher Art von Selbstmarketing in der berechtigten Angst, zu viel zu versprechen. Wir befürchten, dass wir unserer Selbstdarstellung letztlich nicht gerecht werden können. Das folgende Modell zeigt sehr anschaulich, worum es eigentlich geht:*

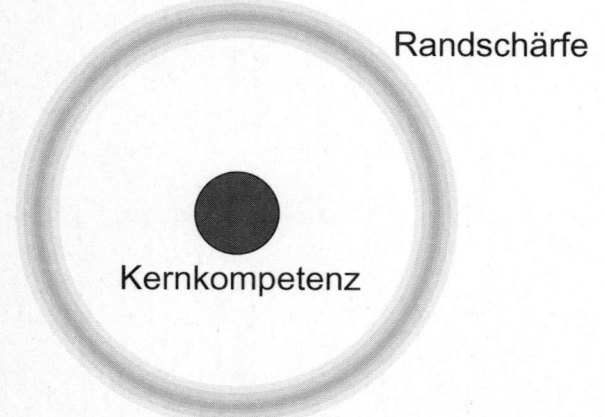

Abbildung 11: Kernkompetenz und Randschärfe.

* Dieses Modell wurde von Bernd Schmid, Institut für Systemische Beratung, Wiesloch, geprägt.

Es geht davon aus, dass jeder Mensch seine Einzigartigkeit in Form einer so genannten »Kernkompetenz« beschreiben kann. Diese Kernkompetenz macht genau diesen einen Menschen so unverwechselbar. Niemand anderes hat genau diese Kernkompetenz, die er im Laufe seines Lebens entwickelt hat. All seine Erfahrungen, Kenntnisse, Fertigkeiten, Werte und Visionen sind darin enthalten.

Und dann gibt es bei jedem Menschen auch noch die Bereiche, derer er zwar mächtig ist, die ihn jedoch nicht von anderen unterscheiden, weil diese das auch können, vielleicht sogar besser. Irgendwo endet die eigene Kernkompetenz und die eines anderen beginnt. Dabei ist es oft nicht so leicht auszumachen, wo die Grenzlinien der Kompetenz verlaufen: Der Bereich der Randschärfe entsteht.

Viel zu oft wird die Aufmerksamkeit auf diesen Randbereich gelegt. Wir fragen uns: Worin unterscheide ich mich vom anderen, wo muss ich die Grenzlinie noch deutlicher ziehen? Diese Grenzlinie wird dann zur Grundlage der Einzigartigkeit gemacht. Mit dieser Abgrenzungsstrategie ist man jedoch abhängig vom anderen, weil man sich selbst nur dann definieren kann, wenn man weiß, worin die Unterschiede zu ihm bestehen.

Würde man sich statt dessen auf die eigene Kernkompetenz konzentrieren, gäbe es einerseits nicht die Angst, der andere könnte mir etwas »wegnehmen«, und andererseits wäre es möglich, sich in den geteilten Bereichen der Randschärfe zusammenzutun:

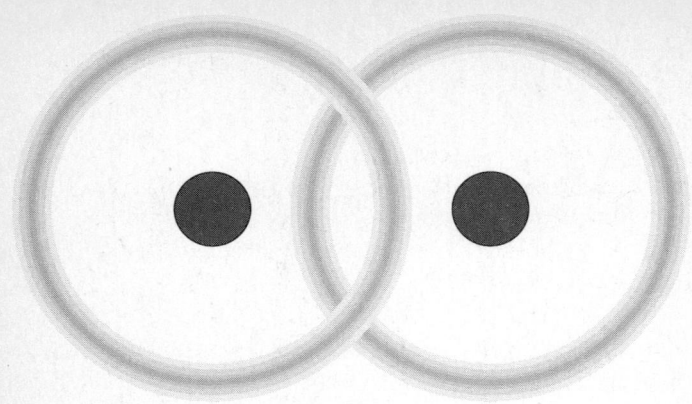

Abbildung 12: Überschneidungen im Bereich der Randschärfe.

In der folgenden Übung haben Sie nun die Möglichkeit, auf der Grundlage Ihrer Kernkompetenz eine Strategie des Selbstmarketings für sich zu entwerfen. Denn es geht ja nicht nur darum, die Kernkompetenz zu kennen und zu definieren, sondern seinem Anderssein auch mit den entsprechenden Mitteln Ausdruck zu verleihen.

Übungsanleitung

- Nehmen Sie sich für diese Übung etwa zwei Stunden Zeit. Im ersten Schritt wird jeder von Ihnen allein seine Kernkompetenz sowie eine Art »Werbestrategie« für sich erarbeiten. Im zweiten Schritt werden Sie sich dem anderen jeweils im besten Licht darstellen und in einzigartiger Weise »verkaufen«.

Dabei können Sie auch völlig aus dem Rahmen fallen, denn Sie sollen diesen geschützten Raum, in dem nur Ihr Partner und Sie selbst üben, nutzen, um über sich selbst hinauszuwachsen: um etwas wirklich ganz anders zu machen, so, wie Sie es immer schon mal wollten. Sie haben in dieser Übung Zeit und Raum, um Ihrer Einzigartigkeit ohne Angst vor eventuellen negativen Konsequenzen Ausdruck zu verleihen. Wenn es bei Ihnen ansteht, können Sie diesen zweiten Schritt auch im Rahmen eines Rollenspiels zum Thema Bewerbungsgespräch oder einem anderen wichtigen Auftritt trainieren.

1. Schritt

- Ziehen Sie sich bitte jeder für eine dreiviertel Stunde an einen Ort zurück, an dem Sie ungestört denken können.

Jeder von Ihnen sollte sich nun eine halbe Stunde über all das Gedanken machen, was seine Kernkompetenz ausmacht. Die restliche Viertelstunde überlegen Sie sich, wie Sie diese Kompetenz dem anderen gegenüber so vermarkten können, dass Ihre Besonderheit unmissverständlich zum Ausdruck gebracht wird.

– So entdecken Sie Ihre Kernkompetenz:

Schreiben Sie all Ihre Talente, Fähigkeiten und Stärken auf, die Sie ganz besonders auszeichnen. Und überlegen Sie sich auch, welche Bereiche Sie mit anderen Menschen teilen: Definieren Sie Ihr Gebiet der Randschärfe!
Lassen Sie sich von den folgenden Fragen anregen:
- Kernkompetenz

- Was beherrsche ich besonders gut?
- Was mache ich besonders gern?
- Welche Fähigkeiten habe ich bis zu einer gewissen Vollkommenheit ausgebildet? Worauf bin ich besonders stolz?

- Welche Fähigkeiten kommen privat, im Job, in der Partnerschaft, in der Familie, im Sport oder einem anderen
  Bereich besonders zum Tragen?
- Stellen Sie sich vor, die im Folgenden aufgezählten Personen würden jeweils drei Stärken von Ihnen definieren.
  Was glauben Sie, würden sie sagen? Ihre Mutter – Ihr Vater – Ihr Partner – Ihre Kinder – Ihr Chef – ein guter
  Freund/eine gute Freundin – ein Kollege – eine Person,
  die Sie überhaupt nicht mögen – Sie selbst in einer positiven Stimmung – eine Person, die Ihnen spontan einfällt ...

- Randschärfe:

- Was machen Sie gar nicht gern und was können Sie
  weniger gut?
- In welchen Bereichen müssen Sie noch lernen, Erfahrungen sammeln, zusätzliche Kenntnisse erwerben?
- Was überlassen Sie lieber anderen?

- Ihre Vermarktungsstrategie

Nun geht es an den Ausdruck Ihres »Anders-als-alle-anderen-
Seins«. Überlegen Sie sich Wege und Möglichkeiten, um Ihrem
Partner Folgendes zu vermitteln:
Warum gerade ich? Weshalb es sich lohnt, gerade mich als
Freund zu haben!

- Welcher Teil in mir, der mir wirklich entspricht, möchte
  ausgedrückt werden?
- Auf welche Weise würde dieser Teil am liebsten nach
  außen treten?
- Welche Art des Selbstausdrucks bewundere ich an anderen? Könnte die eine oder andere Form etwas für mich
  sein?

- Gab es schon mal eine Zeit oder einen Ort, da meine Umwelt mich wirklich beeindruckt hat? Wie war das damals – und was genau habe ich in der Situation gedacht, gefühlt und getan?
- Was würde ich gern einmal anders machen, habe mich jedoch bisher nicht getraut?
- Womit bin ich in der Gesellschaft unzufrieden – und möchte das durch mein Anderssein ändern? Was genau würde durch mich anders werden?
- Wie genau will ich nun vorgehen? Welche Argumentation werde ich benutzen? Was habe ich zu sagen?

1. Schritt

- Finden Sie sich nun wiederum an einem ungestörten Ort zusammen und »verkaufen« Sie sich nacheinander dem anderen.

Sie können diese Übung dazu nutzen, endlich einmal auszudrücken, was Sie bisher nicht wagten – was Ihnen aber eigentlich sehr wichtig wäre. Sie können jetzt keinen Fehler machen! Wichtig ist nur, dass sich die Freude am Tun und die nötige Ernsthaftigkeit die Waage halten.

Während Sie sich vermarkten: Achten Sie sowohl als »Verkäufer« als auch als »Käufer« auf Ihre Gefühle. Spüren Sie hin, ob Sie mit Ihrem eigenen Kern verbunden sind, ob Sie wirklich aus Ihrer Einzigartigkeit heraus agieren. Es ist wichtig, sich danach alles mitzuteilen, was Ihnen während der Übung an sich und dem anderen aufgefallen ist. Als »Käufer« können Sie durchaus mit kritischen Fragen dazwischengehen oder die Stirn runzeln, wenn Ihnen etwas unklar ist.

- Nach spätestens einer Viertelstunde wechseln Sie die Rollen.

2. Schritt

Legen Sie eine kleine Pause ein und setzen sich danach gemütlich zusammen, um über das, was Sie erlebt haben, zu sprechen.

- Teilen Sie sich mit, was Sie in den jeweiligen Rollen alles bewegt hat, was Ihnen aufgefallen ist, was Ihnen gefallen hat und was weniger, was Sie irritiert hat und was Sie in Zukunft wieder so machen würden.

Zum Schluss würdigen Sie die Einzigartigkeit des anderen dadurch, dass Sie ihm noch einmal in einem Satz sagen, worin genau sein Anderssein besteht.

Hilfreiche Affirmationen und Glaubenssätze

- Ich darf neue Wege beschreiten, dabei Fehler machen und dann aus ihnen lernen.
- Ich darf einzigartig und besonders sein und mich von anderen unterscheiden. Es ist in Ordnung, anderer Meinung zu sein.
- Ich bin offen, vertrauensvoll und zuversichtlich dem gegenüber, was mir begegnet.

Fische

»Frei wovon? Was schert das Zarathustra!
Hell aber soll mir dein Auge künden: frei *wozu?*«
Friedrich Nietzsche

»Am liebsten erinnere ich mich an die Zukunft.«
Salvador Dalí

»Während man es aufschiebt, geht das Leben vorüber.«
Seneca

»Nicht das, was ich erreicht habe, interessiert mich, sondern das,
was noch vor mir liegt.«
Karl Lagerfeld

Jeder kann ein Lied davon singen: Voller Elan und mit den besten Absichten machen wir uns daran, eine Aufgabe zu bewältigen oder ein Projekt in Angriff zu nehmen. Am Anfang nehmen wir jede Hürde mit Bravour, und je leidenschaftlicher wir bei der Sache sind, umso größer sind auch unser Erfindungsreichtum und unser Organisationsgeschick, um die Aufgabe einem erfolgreichem Ende entgegenzutragen. Doch bereits nach der Hälfte der Zeit sinkt unser Energiepegel merklich ab. Oft finden wir die Idee nach wie vor brillant und sind begeistert von den Aussichten – aber wir spüren, dass jede neue Hürde, die sich vor uns aufbaut, immer größere Anstrengung zu ihrer Überwindung bedarf. Wir merken, dass wir uns zusammenreißen müssen, um bei der Sache zu bleiben. Auch das geht noch eine Weile gut und vielleicht kehrt der alte Elan wieder zurück und beflügelt uns von neuem.

Doch nicht selten reicht die Energie nicht mehr aus, um die Aufgabe wirklich zu dem Ende zu bringen, welches wir als Erfolg erachtet hätten. Oft fehlt nur noch ein winziger Schritt bis ans Ziel – und doch türmt sich dieser zu einer schier unüberwindlichen Schwelle auf. Es liegt nicht einmal daran, dass es uns an Kraft mangelte, wir verlieren vielmehr kurz vor Schluss die Lust – und am Ende geben wir auf. Übrig bleibt ein Rest unvollendeter Arbeit, den wir weiter mit uns schleppen. Viele nicht erledigte Dinge, nicht zu Ende gebrachte Angelegenheiten lagern sich über die Jahre in unserem Leben an. Am Anfang kann man sie zumeist noch gut verbergen, sie in Schubladen packen und sich selbst beschwichtigen, dass irgendwann schon noch der Zeitpunkt kommen wird, an dem man sie herauskramen und vollenden wird. In den meisten Fällen aber legt sich der Schleier des Vergessens darüber. Unerledigt heißt aber, dass wir uns nie wirklich von einer Sache befreit haben: Wir werden sie immer mit uns herumtragen, selbst wenn sie nicht präsent ist. Jede Schublade hat nur begrenzte Aufnahmekapazität, und unweigerlich wird sie überquellen und eines Tages ihren Inhalt offenbaren, ob wir das wollen oder nicht. Dies sind die Momente, in denen wir uns bewusst werden, welche Leichen wir noch im Keller haben. So schwer es manchmal ist, eine Sache zu Ende zu bringen, so wichtig ist es für uns hinsichtlich der Entwicklung unserer Persönlichkeit zu größerer Freiheit. Denn das Unerledigte bindet uns an die Vergangenheit – und blockiert damit unsere Zukunft, so glanzvoll und strahlend wir sie uns auch ausmalen mögen.

Es scheint ein zutiefst menschliches Phänomen zu sein, sich dem Zustand der Vollendung zu verweigern. Vielleicht hat es etwas damit zu tun, dass wir unter Ende tatsächlich etwas Endgültiges verstehen, etwas Unumkehrbares. Wer sich einer Sache entledigt hat, der ist sie los, und damit frei von ihr. Es entsteht eine Lücke, ein Freiraum, den wir mit neuen Dingen füllen können. Das Neue aber ist immer auch das Fremde und Ungewohnte. Um unbefangen das Tor der Vergangenheit hinter sich zu schließen und ein neues Tor zu öffnen, bedarf es Mut und vor allen Dingen Vertrauen. Das Unerledigte mag auf der einen Seite eine große Belastung sein, ohne die wir uns freier bewegen könnten, doch auf der anderen Seite hat es auch etwas Beruhigendes, weil wir so das Ende der Dinge vor uns herschieben können und keine neuen Türen öffnen müssen. Die unerledigten Geschichten, selbst wenn sie uns drücken wie Steinchen im Schuh, sind wie Ankerpunkte in der Vergangenheit – sie geben uns das Gefühl, immer noch etwas erfüllen zu müssen und damit niemals leer genug zu sein, um wirklich neu anfangen zu müssen. Wir können uns immer sagen: »Die Zeit ist eben noch nicht reif.«

Wenn wir also den letzten entscheidenden Schritt nicht tun, selbst wenn uns das Ziel unbedingt erstrebenswert und für unser Leben wichtig erscheint, gründet dies auf der Angst vor der Freiheit danach. Wir wünschen uns, von den Lasten befreit zu sein, wir würden nur zu gern alles loswerden, was uns quält, Sorge bereitet und bedrückt. Andererseits fürchten wir uns vor der Frage, was wir dann mit all der neu errungenen Freiheit machen sollen: Wozu sollen wir uns befreien?

Aus dieser paradoxen Furcht erklären sich viele Schicksale, in denen Menschen lieber in für sie unerträglichen Lebensumständen ausharren, als den einen letzten befreienden Schritt zu tun. Tausend Gründe werden ins Feld geführt, warum wir unseren Partner nicht verlassen, unseren Job nicht aufgeben und von unseren ungesunden Lebensweisen nicht lassen können – tausend Gründe, die unser Leiden rechtfertigen und uns im Zweifelsfalle noch in ein tugendhaftes Licht tauchen: »Ich kann ihn doch nicht im Stich lassen«, »Ohne mich läuft der Laden nun mal nicht«, »Ich habe doch sonst keine Freude im Leben« etc. Tausend Anker, die uns an die Vergangenheit binden und uns davor bewahren, den Schritt in die Freiheit zu tun, selbst wenn wir die Kraft hätten, die Taue, die uns fesseln, zu zerreißen.

Jeden Tag geht die Sonne auf. Sie ist das Sinnbild dafür, dass jeder Nacht ein Morgen folgt und dass es kein Ende gibt, auf das nicht ein Neubeginn folgen würde. Die Morgensonne ist das Versprechen, dass wir uns jeden Tag aufs Neue definieren können, dass wir jeden Tag die Chance und vor allem das Recht haben, unseren alten Pfad zu verlassen und eine neue Richtung einzuschlagen. Manchmal muss sich die Morgensonne durch einen Nebel kämpfen, bevor sie ungehindert ihren Weg zum Zenit nehmen kann. In diesem Nebel lauern die Geister der Vergangenheit und versuchen sich wie Kletten an uns zu hängen. Sie versuchen aus dem Heute ein Gestern zu machen und das Morgen zu einer ewigen Wiederkehr des Gleichen.

Sich neu zu definieren, dass ist die große Chance. Diese Chance würden wir gern ergreifen, wenn wir wüssten, dass uns etwas Positives erwartet, wenn wir am Morgen aufwachen. Wenn das, was die Sonne an den Tag bringt, uns jedoch nur daran erinnert, wie sehr wir unserer Vergangenheit verhaftet sind, können wir genauso gut weiterschlafen – und nicht wenige Menschen, denen wir begegnen, wirken wie Schlafwandler in den Dingen, die sie tun: ohne Ziel und ohne Absicht wiederholen sie ihr Leben Tag für Tag. Deshalb ist es wichtig, die Vision eines Neuanfangs in sich zu tragen, bevor man das Alte zu Ende bringt. Es ist notwendig, aufwachen zu wollen, wenn man den Bann des Schlafes brechen möchte – so wie wir als Kind den Morgen unseres Geburtstages nicht erwarten konnten. Wir wussten zwar nicht, was der Tag uns bringen würde, aber wir wussten, es würde gut sein, selbst wenn wir nicht genau das bekamen, was wir uns gewünscht hatten.

Es geht darum, Anker in die Zukunft zu werfen anstatt in die Vergangenheit. Ein Anker in der Zukunft wird gehalten von unserer Hoffnung und unserem Vertrauen, dass das Leben es gut mit uns meint. Und auch ein Anker in der Zukunft kann uns halten – er ist wie der Haken, den wir in die Felswand schlagen, um daran das Seil zu befestigen, an dem wir uns in die Höhe ziehen wollen. Diese Anker erleichtern uns den Übergang vom Heute ins Morgen. Sie helfen uns, unsere Situation zu verlassen und Kapitel abzuschließen, an denen wir schon lange kein Gefallen mehr finden.

Eigentlich ist dieser letzte Schritt ganz einfach, wenn wir wissen, wozu wir ihn tun. Es geht gar nicht darum, dieses Wozu bis in alle Einzelheiten beschreiben zu können. Das ist gar nicht möglich und auch nicht wünschenswert, weil wir so nur versuchen würden, den Lauf des Lebens in eine bestimmte Richtung zu zwingen. Dieses Wozu ist eher eine Vision denn ein detailliertes Bild. Sie ist aus dem Stoff, aus dem die Träume sind, aber sie weckt uns auf, um uns zu sagen: Träume nicht das Leben, sondern lebe deinen Traum!

Essenz

Meine Situation: Ich fühle mich im Moment wie eingesperrt. Ich weiß, dass ich etwas verändern muss, aber ich scheue mich davor, den letzten Schritt zu tun. Ich habe Angst vor dem, was kommen wird.

Mein Bedürfnis: Eine klare Vorstellung von der Zukunft sowie den Mut und die Kraft, sie auch zu meinem Ziel zu machen. Neuland betreten.

Meine Herausforderung: Die Grenze überschreiten.

Meine persönliche Erkenntnis:

Übungen

Einzelübung: Der Anker in die Zukunft

Warum wir häufig nicht bekommen, was wir wollen, obwohl wir es uns von Herzen wünschen, hat seine Gründe oft darin, dass wir es mit der falschen Strategie angehen. Was nützt schon der schönste Wunsch, die beste Absicht und der eisernste Wille, wenn einem das Handwerkszeug fehlt, all dies in die richtigen Bahnen zu lenken. Hier bekommen Sie ein paar handfeste Tipps, wie Sie Ihren Anker in die Zukunft werfen können.

• Suchen Sie sich ein Ziel.

Viele Menschen sind zwar mit bestimmten Situationen unzufrieden, haben aber keine Idee davon, was sie eigentlich anders haben wollen. Dann aber ist es fast unmöglich, die Situation zu verbessern, und mit großer Wahrscheinlichkeit bleibt alles beim Alten. Selbst wenn Sie Ihre Vision gefunden haben, beginnt Ihre Reise dorthin immer mit dem ersten Schritt. Dieser Schritt fällt umso leichter, wenn Sie wissen, wo er hinführen soll. Darum sollten Sie sich ein klares Ziel setzen. Benennen Sie Ihr Ziel: Was wollen Sie eigentlich verändern?

• Formulieren Sie Ihr Ziel positiv.

Das Unterbewusstsein kann mit dem Wörtchen »nicht« nichts anfangen, es verarbeitet allein die Bilder, die Sie ihm geben. Ein bekanntes Beispiel: Bitte denken Sie jetzt *nicht* an einen rosafarbenen Elefanten! Und – woran denken Sie gerade? Wenn Sie also etwas verändern wollen, formulieren Sie am besten den gewünschten Endzustand, beispielsweise nicht:

»Ich will nicht mehr so schüchtern sein«, sondern »Ich will selbstbewusst und tatkräftig in dieser oder jener Situation agieren.« Also noch mal:

- Beschreiben Sie Ihr konkretes Verhalten.

Je genauer Sie im Vorfeld die Kriterien beschreiben können, an denen Sie später feststellen wollen, dass Sie sich verändert haben, desto genauer richten Sie sich auf den Zielzustand aus. Beschreiben Sie Ihr Verhalten: Was würden Sie oder Ihr Umfeld ganz konkret an Ihnen wahrnehmen? Also statt: »Ich werde eine Sportskanone« lieber: »Ich werde drei Mal in der Woche, nämlich Dienstag, Donnerstag und Samstag, jeweils um 17.00 Uhr mit Paul, Tina, Klaus oder/und Ulrike im Tennisclub XY mindestens eine Stunde Tennis spielen.«

- Fangen Sie bei sich an: Was können Sie tun?

Das heißt: Überprüfen Sie, ob die angestrebte Veränderung auch wirklich von Ihnen ausgehen kann! Nur wenn Sie bei Ihrem Ziel auch die aktive Rolle spielen, es also in Ihrem persönlichen Einflussbereich liegt, werden Sie auch Ergebnisse erzielen. Prüfen Sie deshalb genau, was Sie alles tun können – und wo Ihre Grenzen liegen, damit Sie Ihre Kraft und Energie auch genau dort einsetzen, wo es sich lohnt. Also: was können Sie tun; was können Sie nicht beeinflussen?

- Umwelt überprüfen: Wer oder was könnte Ihnen helfen?

Selten können wir uns ganz allein entwickeln – wir brauchen

andere Menschen, mit und an denen wir wachsen können. Vieles erreichen wir erst durch gemeinsame Anstrengungen. Gibt es also Menschen, Ressourcen oder noch ganz andere Dinge, die Ihnen helfen können? Wer fällt Ihnen alles ein? Gibt es auch innere Ressourcen (Eigenschaften, Talente), die Sie nutzen könnten?

✍

- Wer/was könnte Sie daran hindern?

Es ist wichtig, sich schon im Vorfeld über diesen Bereich Gedanken zu machen, um rechtzeitig Strategien zu entwickeln, um eventuelle Hindernisse und Nebenwirkungen aus dem Weg zu räumen. Wer oder was könnte etwas dagegen haben, wenn Sie sich ändern? Welche Hindernisse, innerliche wie äußerliche, könnten sich Ihnen in den Weg stellen? Wie könnten Sie dem begegnen?

✍

- Was wäre danach wirklich anders als jetzt?

Nur wenn Sie alle möglichen Konsequenzen geistig durchspielen und voll und ganz akzeptieren können, haben Sie das richtige Ziel gewählt – und die Chancen, es zu erreichen, steigen enorm. Lassen Sie den Zielzustand also vor Ihrem inneren Auge Gestalt annehmen – und beschreiben Sie, was Sie dort sehen, hören, fühlen, sogar riechen und schmecken. Je genauer Sie es sich in Ihrer Vorstellung ausmalen, desto besser werden Sie alle sich bietenden Gelegenheiten wahrnehmen, es zu erreichen. Notieren Sie hier Ihren Zielzustand samt sinnlicher Eindrücke.

✍

- Hat das Ziel eine angemessene Größe?

Zu große Ziele können genauso wie zu kleine Ziele die Motivation schwächen, weil sie in uns entweder ein Gefühl der Überforderung oder der Gleichgültigkeit wachrufen. Das heißt aber, ein richtig motivierendes Ziel sollte eine machbare und zugleich interessante Herausforderung sein. Also: Prüfen Sie Ihr Ziel – und wandeln Sie es bei Bedarf entweder in kleinere Ziele um oder erweitern Sie es etwas, sodass es eine größere Herausforderung für Sie darstellt. Notieren Sie eine eventuell abgewandelte Zielsetzung:

- Wie motiviert sind Sie, an sich selbst zu arbeiten?

Nur wer sich freiwillig dazu entscheidet, an der eigenen Person zu arbeiten, wird neugierig und offen genug für die Herausforderungen sein, die sich ihm stellen werden. Was immer Sie vorhaben, sollten Sie für sich tun und nicht, um anderen einen Gefallen zu tun. Anders ausgedrückt: Das Motiv sollte aus Ihrem Innersten entspringen. Wenn Sie Ihre Motivation jetzt auf einer Skala von 1 (= überhaupt nicht) bis 10 (= völlig begeistert) einschätzen: Welchen Wert würden Sie sich geben?

Wenn die Punktzahl 6 oder weniger beträgt: Was bräuchten Sie noch, um näher an die 10 heranzukommen?

Wenn Sie sich der 10 immer noch nicht nähern, überprüfen Sie noch einmal das Ziel: Vielleicht sollten Sie es noch einmal ändern oder sich doch ein anderes suchen?

Partnerübung: Ein gemeinsames Ritual

Die folgende Übung handelt davon, wie wir das Tor der Vergangenheit hinter uns schließen können, um ein Tor in die Zukunft zu öffnen. Diese Thematik findet sich in vielen Lebensübergängen wieder, in denen alte Lebensräume verlassen werden müssen, um neue betreten zu können, zum Beispiel in den verschiedenen Lebensabschnitten: Geburt – Kindheit – Pubertät – Erwachsenenalter – Alter – Tod. Auch Feste wie Geburtstage, Hochzeiten etc. haben etwas von diesen Übergängen, ebenso Veränderungen im Bereich von Partnerschaft, Wohnung, Arbeit usw. Übergänge sind ein Thema des Lebens selbst: Auch die Natur wandelt sich ständig, ist in einem fortwährenden Prozess des Werdens und Vergehens begriffen, in dem Altes sterben muss, um Neues hervorzubringen. Aus diesem Grund eignet sich kein Ort besser als die Natur, um sich mit diesem Thema näher zu beschäftigen.

• Unser Vorschlag besteht darin, zu zweit ein kleines, selbst gestaltetes Übergangsritual in der Natur zu vollziehen.

Ein Ritual hebt sich immer vom Alltag ab. Es bietet die Chance, bestimmte Lebensthemen in einer anderen, symbolhaften Wirklichkeit hervorzuheben und sie in dieser zu durchleben. Dadurch kann die Bedeutung und der Auftrag des jeweiligen Themas besser wahrgenommen und bewusst gemacht werden. Da ein Ritual über den rein bewussten Zugang hinausgeht, spricht es den Menschen auch auf seinen tieferen Ebenen an und kann eine enorme Kraft frei setzen. Wir haben jedoch in unserer modernen Welt die Tiefe und den Bezug zu Ritualen meist verloren: Feste wie Weihnachten und Ostern werden oft nur noch auf einer oberflächlichen Ebene gefeiert, ohne dass die Beteiligten innerlich berührt werden.

Das folgende Ritual ist so konzipiert, dass es einen eigenen und zeitgemäßen Zugang zu den tieferen Ebenen des

Bewusstseins schafft. Sie brauchen lediglich etwas Zeit, einen möglichst ungestörten Ort in der Natur, Papier, Stift und Feuerzeug sowie die Offenheit und Bereitschaft, sich auf symbolischer Ebene mit Ihrer Frage zu beschäftigen.

Das Übergangsritual soll Ihnen helfen, bestimmte Kapitel Ihres Lebens besser abzuschließen, sich auf der Schwelle zum Neuland für die Zukunft zu öffnen und letztlich in den neuen Lebensräumen gut anzukommen.

1. Schritt: Die Wahl des Ortes

- Nehmen Sie sich für diese Übung mindestens drei Stunden Zeit und begeben Sie sich gemeinsam mit Ihrem Partner an einen Ort in der Natur, den Sie beide mögen.

Richten Sie sich diesen Platz so her, dass Sie während der Übung immer wieder zu ihm zurückkommen können: Legen Sie eine Decke aus, nehmen Sie Getränke mit oder machen Sie es sich sonstwie gemütlich. Achten Sie bitte auch auf das Wetter – die Witterung sollte Ihnen angenehm sein und Sie nicht von Ihrem Vorhaben ablenken.

2. Schritt: Persönliche Gedanken

Bitte gehen Sie jeder für sich an einen Ort in der Nähe des Ausgangspunktes, an dem Sie aber noch Blickkontakt aufnehmen können. Dort widmen Sie sich für eine Stunde folgenden Fragen, die Sie schriftlich beantworten:

- Woher komme ich?
- Was war im alten Lebensabschnitt für mich wesentlich?
- Was war schön und gut, was hat mir gefallen? Mit welchen Werten von mir hatte es zu tun?
- Was war schlecht – und was habe ich daraus gelernt?

- Welche Werte wurden hier angesprochen?
- Was genau ist es, das ich zu einem guten Abschluss bringen und hinter mir lassen will? Was brauche ich dazu noch?
- Was macht mich traurig? Was will betrauert werden?
- Wie könnte ich dem Vergangenen seinen Platz einräumen, sodass ich es würdige und dass es gewesen sein darf?
- Wohin gehe ich?
- Was habe ich vor? Was genau ist es, das ich anstrebe? Was motiviert mich dabei? Welche Vision steckt dahinter?
- Wovor habe ich Angst? (Bin ich mir bewusst, dass alles, wovor ich Angst habe, ja schon hinter mir liegt?)
- Was glaube ich, wird mich im Neuland alles erwarten?
- Wo stehe ich jetzt?
- Bin ich wirklich schon auf der Schwelle, am Übergang zwischen Alt und Neu?
- Bin ich mir bewusst, dass Schwellensituationen, Durchgänge sich meist schmerzhaft und schwierig gestalten? Was ist das Schmerzhafte/Schwierige in meiner Situation?
- Was muss sterben, und was soll neu geboren werden?

3. Schritt: Ein erster Austausch

- Kommen Sie bitte zusammen und erzählen Sie sich gegenseitig kurz, welche Erkenntnisse Sie aus der Beantwortung der Fragen gewonnen haben. Hören Sie einander dabei nur zu, ohne Tipps, Hinweise oder eigene Geschichten beizusteuern.

4. Schritt: Die Suche nach einem Symbol

- Gehen Sie jetzt noch einmal getrennt für maximal eine Stunde spazieren. Ihre Aufgabe besteht einzig und allein darin, sich treiben zu lassen und zwei Symbole zu finden: ein Symbol, das für Ihre vergangene Situation steht, und eines, in dem Sie Ihre zukünftige Situation sehen.

Streifen Sie bitte möglichst ohne große Absichten durch die Natur und lassen Sie sich von den Gegenständen anziehen – ohne sie finden zu wollen. Das Symbol soll *Sie* finden. Setzen Sie sich nicht unter Druck, sondern bleiben Sie einfach offen und aufmerksam für das, was Ihnen während Ihres Spaziergangs begegnet und von Ihnen beachtet werden will. Erlauben Sie es Gedanken und Assoziationen, aus Ihrem Inneren aufzusteigen, die mit dem Thema zu tun haben, das Sie gerade beschäftigt.

5. Schritt: Ein weiterer Austausch

- Finden Sie sich wieder an Ihrem Ausgangspunkt ein. Legen Sie Ihre Symbole auf den Boden und berichten Sie sich gegenseitig wieder kurz, was Sie mit dem jeweiligen Symbol verbinden und wie es Ihnen während des Spaziergangs ergangen ist.

6. Schritt: Vorbereitung auf den Abschied

- Schreiben Sie jetzt bitte jeder für sich noch einmal auf zwei getrennten Blätter je einen Satz auf:

Blatt A: Was lasse ich hinter mir? Wovon verabschiede ich mich?

Blatt B: Wohin gehe ich? Was wünsche ich mir?

7. Schritt: Abschied vom Alten und Geburt des Neuen

Sie können nun das Ritual zum Abschluss bringen, indem Sie die Blätter A gemeinsam verbrennen und somit das Vergangene in Rauch auflösen und damit loslassen. Die Blätter B können Sie zusammenfalten und sie jeder für sich an einem geeigneten Ort vergraben, mit dem innigen Wunsch, dass Ihre Vorstellungen in Erfüllung gehen mögen. Damit haben Sie symbolhaft die neue Saat gelegt.

Ebenso können Sie mit den gefundenen Symbolen verfahren, oder sie auch als Erinnerung mit nach Hause nehmen. Gestalten Sie diese letzte Phase des Rituals so, wie es Ihnen am besten zusagt. Das Wichtigste dabei ist, dass Sie voll bei der Sache sind und die Handlungen mit großer Bewusstheit und Anteilnahme ausführen.

Verabschieden Sie sich dann auch von Ihrem Ort in der Natur, an dem Sie immer wieder während des Rituals zusammengekommen sind, und machen Sie sich langsam auf den Heimweg. Lassen Sie Ihre Eindrücke, Gefühle und Gedanken noch einmal im Geiste oder im Gespräch nachklingen – und gönnen Sie sich zum gemeinsamen Abschluss eine gute Mahlzeit: Um sich zu stärken und um das Leben mit seinen dazugehörigen Höhen und Tiefen so richtig zu feiern.

Hilfreiche Affirmationen und Glaubenssätze

- Ich darf Altes loslassen und mich für das Neue öffnen.
- Ich bringe die Dinge, die mir wirklich wichtig sind, zu einem guten Ende.
- Ich habe den Mut, die Kraft und das Vertrauen, die Schwelle zwischen dem Alten und dem Neuen zu überschreiten.

Weitere Möglichkeiten,
mit diesem Buch zu arbeiten

Der *Weg der Sterne* ist mit den hier vorgestellten Methoden noch lange nicht erschöpft! Im Folgenden finden Sie einige interessante Strategien, um immer wieder von Neuem und noch tiefer in die Welt dieses Buches einzutauchen und ganz neue Facetten der Persönlichkeitsentwicklung für sich zu entdecken.

Der Ariadne-Faden

Eine besonders schöne Methode ist der »Faden der Ariadne«. Sie kennen sicher den Mythos von der schönen Tochter des kretischen Königs Minos, die dem Jüngling Theseus mit ihrem Wollknäuel half, den Rückweg aus dem Labyrinth zu finden, nachdem dieser den Minotaurus – halb Stier, halb Mensch – getötet hatte. Einen Faden gibt es auch für das Labyrinth der Tierkreiszeichen: Sie können sich, wenn Sie einmal einen Ausgangspunkt gefunden haben (zum Beispiel mit Hilfe des Fragebogens), entlang der dem Tierkreis innewohnenden Systematik von Kapitel zu Kapitel leiten lassen. Wie vom Faden der Ariadne werden Sie Schritt für Schritt von einer Übung zur nächsten geführt, die sich inhaltlich aus der vorangegangenen ergibt.

Nach jedem Kapitel, das Sie gelesen und mit dem Sie gearbeitet haben, stehen Sie gewissermaßen vor einer neuen Ausgangssituation. Diese Situation hängt im Wesentlichen davon ab, wie Sie das Ergebnis der Übungen für sich bewerten. Je nachdem, ob Sie die gewonnenen Erkenntnisse und neu erworbenen Handlungsmöglichkeiten erfolgreich integriert haben oder nicht, können Sie sich in unterschiedliche Richtungen weiterbewegen. Insgesamt können vier »Türen« unterschieden werden, die jeweils eine andere Aufschrift tragen:

1. Die Tür der Entwicklung
2. Die Tür des tieferen Verständnisses
3. Die Tür der Kraft
4. Die Tür der Begegnung.

Um herauszufinden, welche der Türen für Sie die Richtige ist, müssen Sie den Hütern der vier Türen jeweils eine Frage beantworten. Nur derjenige Torhüter wird Sie passieren lassen, dessen Frage Sie mit einem »Ja« beantworten können. Wichtig ist, dass Sie sich nur für *eine* Tür entscheiden können – und durch diese müssen Sie dann auch gehen.
Je nach Ausgangspunkt werden Sie in einen neuen Raum des Labyrinths geführt. Welches Thema Sie in diesem Raum erwartet, erfahren Sie vom Torhüter.

Auf den folgenden Seiten finden Sie vier Grafiken, die Sie von oben nach unten lesen. Suchen Sie sich das Zeichen, mit dem Sie aufgehört haben: darunter finden Sie das Folgekapitel.

Die Tür der Entwicklung

Der Hüter dieser Tür wird Sie fragen:

»Hast du das Gefühl, dass die Erfahrungen, die du gerade gemacht, und die Erkenntnisse, die du gewonnen hast, größere Klarheit in deine augenblickliche Situation gebracht haben? Und spürst du jetzt den freudigen Wunsch, weiterzugehen, andere Herausforderungen anzunehmen und neue Erfahrungen zu machen? – Wenn du diese Frage mit einem klaren Ja beantworten kannst, dann tritt ein!«

Ausgangssituation											
Widder	Stier	Zwillinge	Krebs	Löwe	Jungfrau	Waage	Skorpion	Schütze	Steinbock	Wassermann	Fische
Zwillinge	Krebs	Löwe	Jungfrau	Waage	Skorpion	Steinbock	Schütze	Wassermann	Fische	Widder	Stier
Nächster Raum											

Die Tür
des tieferen Verständnisses

Hier wird der Torhüter Sie fragen:

»Hast du, nachdem du alle Übungen gemeistert und durchlebt hast, den Eindruck, dass noch einige Fragen offen sind? Haben sich vielleicht weitere Erkenntnisse offenbart, die dir das Gefühl geben, noch nicht im richtigen Raum gewesen zu sein? Möchtest du noch tiefer in das Thema eintauchen, um noch besser zu verstehen, was der Grund für deine Unzufriedenheit ist? – Wenn du diese Frage mit einem klaren Ja beantworten kannst, dann tritt ein!«

Ausgangssituation

Widder	Stier	Zwillinge	Krebs	Löwe	Jungfrau	Waage	Skorpion	Schütze	Steinbock	Wassermann	Fische
Krebs	Löwe	Jungfrau	Waage	Skorpion	Schütze	Steinbock	Wassermann	Fische	Widder	Stier	Zwillinge

Nächster Raum

Die Tür der Kraft

Dieser Torhüter stellt Ihnen die Frage:

»Bist du mit einem positiven Gefühl der Kraft aus den Übungen hervorgegangen? Fühlst du dich beflügelt und voller Tatendrang? Kamen die Erkenntnisse mit spielerischer Leichtigkeit und ohne Anstrengung zu dir? Möchtest du die gewonnene Kraft einsetzen, um sie noch zu vermehren und vielleicht zu einem späteren Zeitpunkt von ihr zu profitieren? – Wenn du diese Frage mit einem klaren Ja beantworten kannst, dann tritt ein!«

Ausgangssituation

Widder	Stier	Zwillinge	Krebs	Löwe	Jungfrau	Waage	Skorpion	Schütze	Steinbock	Wasser mann	Fische
Löwe	Jungfrau	Waage	Skorpion	Schütze	Steinbock	Wasser mann	Fische	Widder	Stier	Zwillinge	Krebs

Nächster Raum

Die Tür der Begegnung

Der Hüter dieser Tür wird Sie fragen:

»Du kannst die Erkenntnisse aus den Übungen zwar gut auf dein Leben beziehen, brauchst aber eine zweite Begegnung mit den dort angesprochenen Themen? Du suchst noch einmal die Konfrontation, aber diesmal aus einem anderen Blickwinkel? – Wenn du diese Frage mit einem klaren Ja beantworten kannst, dann tritt ein!«

Sie können so durch alle Räume des Labyrinths wandern. Jedes abgeschlossene Kapitel stellt Sie erneut vor eine Wahl, die Sie in eine bestimmte Richtung weiterführt.

Der »Faden der Ariadne« ist eine Strategie, welche sich die persönliche Einschätzung Ihrer Entwicklung zunutze macht, um einen ganz individuellen *Weg der Sterne* durch das Labyrinth des Lebens zu finden.

						Ausgangssituation						
Widder	Stier	Zwil-linge	Krebs	Löwe	Jung-frau	Waage	Skor-pion	Schütze	Stein-bock	Wasser-mann	Fische
Waage	Skor-pion	Schütze	Stein-bock	Wasser mann	Fische	Widder	Stier	Zwil-linge	Krebs	Löwe	Jung-frau
						Nächster Raum						

248

Arbeiten mit dem eigenen Horoskop

Auch wenn die Arbeit mit diesem Buch nicht voraussetzt, über astrologische Kenntnisse zu verfügen, ist es selbstverständlich möglich, mit Hilfe dieses Buches Persönlichkeitsentwicklung mit dem eigenen Horoskop zu verbinden.

Wenn Sie über eine entsprechende Grafik verfügen (im Anhang finden Sie Internetadressen, wo Sie sich online kostenlos eine solche Horoskopgrafik erstellen lassen können), müssen Sie nur noch in der Lage sein, die wesentlichen Elemente der Deutung zu verstehen.*

Eine ausführliche Anleitung zur Verwendung des *Weg der Sterne* in Verbindung mit dem persönlichen Horoskop ginge hier weit über den beabsichtigten Rahmen hinaus. Dennoch sollen den Astrologiekundigen und denen, die es noch werden wollen, ein paar spannende Anregungen nicht vorenthalten bleiben.

Arbeiten mit Aszendent und Deszendent

Beginnen Sie am besten mit dem Tierkreiszeichen, welches sich an der Spitze Ihres Aszendenten befindet – landläufig »der Aszendent« genannt. Hier sind Sie mit den Energien in Kontakt, welche Ihr Leben in Schwung halten und Sie mit der Kraft versorgen, die Sie benötigen, um Ihre grundlegenden Bedürfnisse durchzusetzen.

• Die Beschäftigung mit dem Zeichen am Aszendenten hilft Ihnen, sich der Kraft Ihres eigenen Lebens bewusst zu werden und die eigenen Bedürfnisse besser wahrzunehmen.

* Als leicht verständliche Einführung sei empfohlen: Christopher A. Weidner, *Astrologie für Einsteiger*, Knaur MensSana 2001

Eng verbunden mit dem Aszendenten ist der gegenüberliegende Punkt des Deszendenten. Es ist sinnvoll, das Zeichen, das sich dort befindet, zur Vertiefung der Arbeit mit dem Deszendenten heranzuziehen. Dennoch lohnt es sich natürlich auch, den Deszendenten selbst zum Ausgangspunkt für Ihre Persönlichkeitsarbeit zu machen. Dann werden Sie ganz besonders mit den Energien konfrontiert, die Sie von Ihrer Umwelt benötigen, um sich vollständig zu fühlen. Hier liegt auch Ihr größtes Lernpotenzial verborgen.

- Die Beschäftigung mit dem Zeichen am Deszendenten zeigt Ihnen, was Ihnen zum Leben fehlt. Diese Themen sind eine wichtige Herausforderung für Sie, denn sie stimulieren Ihren Aszendenten und verleihen Ihnen somit das Gefühl, lebendig zu sein.

Arbeiten mit dem Medium Cœli und dem Imum Cœli

Weitere wichtige Punkte im Horoskop werden durch die Himmelstiefe (Imum Cœli) und Himmelsmitte (Medium Cœli) gebildet. Wie Aszendent und Deszendent liegen sie sich genau gegenüber.

- Das Zeichen am Medium Cœli steht mit jenen Energien in Verbindung, die uns dabei helfen, ein Ziel im Leben zu bestimmen und eine Orientierung auf dem Lebensweg zu erhalten. Letztlich steht die Beschäftigung mit dem Medium Cœli für eine Auseinandersetzung mit dem Sinn, den ich meinem Leben geben möchte, und meine Berufung.

Das Imum Cœli ist der Gegenpol zum Medium Cœli und sollte bei der Persönlichkeitsarbeit auf der Grundlage des eigenen Horoskops auf keinen Fall vernachlässigt werden, denn es steht für den »inneren Ruf« unseres Lebens, jenen Auftrag, den zu erfüllen wir in der Welt angetreten sind.

- Das Zeichen am Imum Cœli verbindet uns mit jenen Kräften, auf denen wir im Laufe unseres Lebens unsere einzigartige Persönlichkeit aufbauen. Hier treten wir in das Reich unserer Talente und Begabungen ein.*

Arbeiten mit dem Mond

Zuletzt sei noch die Arbeit mit dem Mond empfohlen. Die Position des Mondes im Tierkreis ist eine besonders sensible Stelle der Persönlichkeit, denn hier befindet sich die Schnittstelle unserer Persönlichkeit mit der Umwelt. Der Mond ist gewissermaßen die »Brille«, durch die wir die Realität wahrnehmen und in eine individuelle Wirklichkeit umwandeln.

- Das Zeichen, in dem der Mond steht, bringt uns in Berührung mit den Wurzeln unserer ganz intimen Sicht der Dinge. Hier erfahren wir etwas darüber, wie wir uns grundsätzlich in die Welt eingebettet fühlen – wir erfahren, was für ein Ort diese Welt für uns ist, wie wir sie in uns aufnehmen und wie geborgen wir uns in ihr fühlen.

Wir sind uns sicher, dass diese Anregungen dem Einsteiger genügend Stoff bieten und gleichzeitig dem Kenner Anreiz sind, um sich die verschiedenen astrologischen Ebenen eines Horoskops zusammen mit den Übungen und Texten dieses Buches zu erarbeiten. Das Horoskop wird so zu einem individuellen Fahrplan der Persönlichkeitsentwicklung, der uns zu einem immer tieferen und breiteren Verständnis der Rolle unseres Lebens in dieser Welt führen kann.

---

* Zur weiteren Beschäftigung mit den Hauptachsen: Christopher A. Weidner, *Das Arbeitsbuch zum Horoskop,* Knaur MensSana 2001

Anhang

Tabelle der Tierkreissymbole

Symbol	Tierkreiszeichen	Tierkreiszeichen	Symbol
♈	Widder	Waage	♎
♉	Stier	Skorpion	♏
♊	Zwillinge	Schütze	♐
♋	Krebs	Steinbock	♑
♌	Löwe	Wassermann	♒
♍	Jungfrau	Fische	♓

Literatur und Lesetipps

Zur Persönlichkeitsentwicklung

Bouchardon, P.: The healing energies of trees. London 1998

Covey, Stephen R.: Der Weg zum Wesentlichen. Frankfurt a. M. 1997

Frankl, Viktor E.: ... trotzdem Ja zum Leben sagen. München 1998

Gawain, Shakti: Stell dir vor. Kreativ visualisieren. Reinbek bei Hamburg 1994

O'Connor, Joseph: Neurolinguistisches Programmieren: Gelungene Kommunikation und persönliche Entfaltung. Freiburg i. Br. 1996

Maaß, E. u. Ritschl, K.: Das Spiel der Intelligenzen. Paderborn 1998

Riedel, Ingrid: Lebensträume – Lebensräume. Freiburg i. Br. 1999

Sprenger, R. K.: Die Entscheidung liegt bei Dir! Frankfurt/New York 2000

Bennett, John G.: Transformation. Pittenhart 1986

Zur Astrologie

Weidner, Christopher: Astrologie für Einsteiger. München 2001

Weidner, Christopher: Das Arbeitsbuch zum Horoskop. München 2001

Weidner, Christopher: Kinderhoroskope richtig deuten. München 2001

Hamann, Brigitte: Die zwölf Archetypen. München 2001

Roscher, Michael: Das Astrologiebuch. München 1989

Rudhyar, Dane: Astrologie der Persönlichkeit. Mössingen 2001

Rudhyar, Dane: Die zwölf kosmischen Prüfungen. München 1990

Rudhyar, Dane: Die zwölf kosmischen Gaben. München 1990

Weitere interessante Lesetipps rund um die Astrologie auf der Homepage von Christopher A. Weidner unter www.phoenix-astrologie.de.

Adressen im Internet

Die offizielle Homepage *Weg der Sterne,*
Stair★Way – das Projekt:
- www.trans-formation.de

Kostenlose Horoskope unter
- www.astro.com

Astrologische Internetportale
- www.astrologix.de
- www.sternwelten.at

Astrologische Ausbildung, Kurse und Beratung
- www.phoenix-astrologie.de
- www.tpa-astrologie.de
- www.astropage1.de
- www.brigitte-hamann.de

Kontakt

Gern können Sie uns Ihre Rückmeldung zum Buch geben:
Was hat Ihnen gefallen? Womit hatten Sie Ihre Schwierigkeiten? Wo gibt es noch offene Fragen? Hat sich durch die
Übungserfahrungen etwas in Ihrem Leben verändert?
Schreiben Sie uns, faxen Sie uns, mailen Sie uns. Über die
unten stehenden Adressen können Sie Kontakt mit uns aufnehmen.
Wer einen tieferen Einblick in unseren Astro-Psycho-Logi-
schen Ansatz haben möchte, dem bieten wir eine 12-teilige,

aufeinander aufbauende Seminarreihe unter dem Titel »Transformation« zum Thema des persönlichen Wachstums an. Im Mittelpunkt steht der Mensch in Bezug zu all seinen Lebensschauplätzen. Ziel ist es, die Handlungskompetenz und Selbstbewusstheit des Einzelnen gezielt zu stärken. Angesprochen sind alle, die an sich arbeiten wollen, egal, aus welchem Kontext sie kommen. Wichtig ist nur, dass sie sich als ganzer Mensch einbringen möchten und ein ehrliches Interesse daran haben zu wachsen.

Phoenix Astrologie
Christopher A. Weidner
Fraunhoferstr. 13
D-80469 München
Tel./Fax: 089/22 96 47
E-Mail: phoenix.astrologie@comquest
URL: http://www.phoenix-astrologie.de

Truckenbrodt Development
Nicole Truckenbrodt
Baaderstr. 36
80469 München
Tel.: 089/69 37 38 50
Fax.: 089/69 37 38 51
E-Mail: n.truckenbrodt@web.de

Danksagung

Mein Dank gilt vor allen Dingen Sybille, in der ich, wie schon so oft zuvor, nicht nur Quelle der Inspiration, sondern auch tatkräftige Unterstützung fand. Er gilt Brigitte und Michael, die mir Astrologie nicht nur beigebracht, sondern mich sie auch lieben gelehrt haben. Und er gilt Nicole, die so viel Wertvolles aus ihrem reichen Schatz an Erfahrungen in dieses Buch einfließen und mich daran teilhaben ließ.

Christopher A. Weidner

Ich möchte all den Menschen danken, die meinem Leben viele wertvolle Impulse gaben – und ohne die die Gedanken in diesem Buch nicht entstanden wären. Vor allem Mia und Susanna, Karin, Claudia, Peter, Karl und Dieter.
Mein besonderer Dank gilt Aniko, die mir für meine Arbeit so engagiert den Rücken freigehalten hat – und von Herzen danke ich Christopher für die inspirierende und fruchtbare Zusammenarbeit!

Nicole Truckenbrodt